Tanrı'nın Hayali ve Sen

RUHSAL POTANSİYELİNİ HATIRLAMA KİTABI

BANU ÖZDEMİR

Güzeldünya
Kitapları

Genel Yayın Yönetmeni: Banu Özdemir Toros
Kapak Tasarımı ve Uygulama: Güzeldünya Kitapları
Yazar Fotoğrafı: Santral Fotoğraf - Murat Sarıaslan
Baskı ve Cilt: Umut Matbaacılık, Güngören-İstanbul
Tel: 0212 6370934 (Sertifika No: 22826)

Birinci ve İkinci Basım Nisan 2015
ISBN: 978-605-65033-8-2

Güzeldünya Kitapları Basım Yayın San. ve Tic. Ltd. Şti.
(Sertifika No: 15538)
Tel: 0212 2030136 Faks: 0212 2030137
www.guzeldunya.com.tr / info@guzeldunya.com.tr

Tüm tutsak ruhlara...

Özgürlük şerbetiyle dolu kadehlerimizi, şerefe kaldıracağımız, gelecekteki günlerin anısına...

Bu kitaptaki Kuran alıntıları,
Ali Bulaç Kuran Meali'nden yapılmıştır.

İÇİNDEKİLER

SUNUŞ

*B*ir varmış bir yokmuş… Dünyanın bir köşesinde bir ülke varmış… Masal bu ya, ülkenin halkı güneşin varlığını unutmuşmuş… Gündüzleri uyur, güneş battıktan sonra uyanırlarmış.

Karanlıkta önlerini göremedikleri için adımları ürkekmiş onların. Güvenli alanlarının etrafını çevirmişler, sınırlarını belirlemişler, dışına çıkmazlarmış. Çıkmak isteyeni de hainlikle ve ihanetle suçlarlarmış. Sanki görünmeyen bir Sistem varmış ve ülkede yaşayan herkesi içine tıkıvermiş.

Ülkenin çocukları, gündüz kelebek kovalamaları gereken yaşta olsalar da, geceleri ekmek alma yoluna giderlermiş. Tahmin edeceğiniz gibi bazıları pusu kurmuş kurtlara yem olurlarmış. Acıları çokmuş bu ülkenin.

Sabahları öten horozların sesini hiç bilmeyen halk, geceleri uluyan köpeklerin seslerine aşinaymış.

Güneş ışığı ile birlikte, bu ülkede tarım da unutulmuş. Gıda olmak üzere yetiştirilen hayvanlar, ömürlerini kapalı barakalarda, hareketleri engellenmiş olarak sürerlermiş. Halk taze sebze ve meyve yemeyi çok önceleri terk ettiğinden, besinlerinin tamamı kapalı ocaklarda pişirilen, gıdadan yoksun, içlerinde ne olduğu pişirenlerin insafına kalmış, kağıda sarılı şeylermiş. Karın doyurmaya yeten, ancak beslenmekten uzak bir yeme biçimiymiş onlarınki. Halk çalışmak dışındaki zamanını, barınaklarında eğlence kutularını izleyerek geçirirmiş. Tabii çalışacak bir işi olmak da her yiğide nasip değilmiş.

Dünyaya dair bildikleri renkler, kutunun yüzeyinde gördüklerinden ibaretmiş. Sanatçı atalarının yüzyıllar önce, güneşi bildikleri dönemde kaydettikleri anılarını, tekrar tekrar izleyip dururlarmış. Geleceği ile değil, geçmişiyle övünen bir toplummuş onlar.

Bu ülkenin gençleri, -ata sporu olan- top peşinde koşmayı hayal etmeyi unutmuşlar. Onlar, müteahhit olmayı isterlermiş. Çünkü anne-babalarının kendileri için hayali buymuş. Müteahhitlerin cepleri şişkin, sırtları pek olurmuş. Yedi sülalelerine yetecek kadar kazanırlarmış. Ancak nasıl müteahhit olunacağını kimse bilmezmiş. Kim seçiyor, kimi seçiyor ve ne zaman seçiyor, tam bir muammaymış. Ay tanrılarının işi mi? Kabile liderlerinin işi mi? Kader mi? Şans mı?

Ülkedeki tüm iyi işler, seçkin zümre arasında paylaşıldığı için halka da madenlerde çalışmaktan başka çare kalmazmış. Uzun çalışma saatleri boyunca, yukarı çıkıp ay ışığını görebilecekleri ve temiz hava soluyabilecekleri zamanları gözlerlermiş. Ay tanrılarının ne zaman öfkeleneceğini ve madenlerinde çalışırken canlarını alacağını da bilemezlermiş. Bunun madenciliğin kaderi olduğunu kabullenmişler bir kere. Bir gün bile isyan etmemişler kaderlerine.

Fakirlikten ailelerini geçindirmekten yoksun olan halk, kabile liderlerinin kendilerine dağıttığı akçelerle geçinirlermiş. Ne kadar verilirse o kadar alabilirlermiş. Kabile liderleri halkı asla bolluğa alıştırmaz, kemerleri sıktıkça sıkarlarmış. Böylece halk kendilerine daha bağlı hale gelirmiş.

Kabile liderleri, güçlerini daha çok artırmak için Ay'a ulaşmaları gerektiğine inanırlarmış.. Bunun için şehirlerine asfalttan yaptırdıkları duble kuleler inşa ederlermiş... Her yeni kulenin boyu bir öncekinden uzun olurmuş. Ülkede yegâne yükseltiler bu kulelermiş. Boyları bir metreye ulaştığında, başkaldırdıkları makul gerekçesiyle ağaçlar köklerinden sökülüverirlermiş. Atalarından kalan yapıların akıbeti de, yıkılıp-yakılmak ve yerlerine yeni kuleler dikilmesiymiş. Bu ülkenin silueti zamanla ucubeye dönmüş. 'Estetik'i, mitolojide bir tanrı zanneden müteahhitler, ucube eserlerine bakıp bakıp gururlanırlarmış.

Liderleri halka hep şöyle dermiş: "Biz varsak varsınız, biz yoksak siz de yoksunuz."

Halkın liderlerine bağlılığı, zamanla bağımlılığa dönüşmüş.

Ve ülkede sevginin yerini nefret, şefkatin yerini de öfke almış.

Bu halka, tarihi boyunca hep hatırlatıcılar gelmiş. Hatırlatıcılar, ay ışığının gerçek değil, aslında güneşin yansıması olduğunu, gündüz yaşamanın ve aydınlığın güzelliklerini anlatıp durmuşlar. Gün ışığında, parklarda ve bahçelerde vakit geçirmenin keyfinden, ağaçların gölgelerinden, gökkuşağındaki renklerden bahsedip durmuşlar. Aydınlığın, peşisıra bolluğu da getirdiğini anlatmışlar da anlatmışlar. Sevgiden, mutluluktan, umuttan, paylaşmaktan, dayanışmaktan, özgürlüklerden, adaletten, hakkaniyetten söz etmişler.

Ancak, bu Sistemin dışında nasıl yaşanacağını bilemediklerinden, içinden çıkmaya korkmuşlar. Karanlığı daha güvenli görmüşler. Bu yaşama kendilerini tutsak eden, Sistem değil, bizzat kendileri olmuş.

Oysa, Tanrı'nın onlar için hayal ettiği yaşam bu değilmiş...

Tanrı değil miydi, en başında Adem ve Havva'yı Cennet'e yerleştiren?

Tanrı değil miydi, yarattığı insana Cennet'te bir yaşamı layık gören?

"Orada dilediğiniz her şeyden yiyin" diyen

Tanrı değil miydi?

Sonsuz seçenekler arasında, insanı o tek bir ağaçtan yemeye ne sevk etmişti?

Diledikleri her şeye sahip oldukları bir diyârda...

Arayıp da bulamadıkları neydi ki?

Veya, ellerinde olup da göremedikleri neydi ki?

Tıpkı masaldaki insanların güneşi unutması gibi, Adem ve Havva da bir şeyi mi unutmuşlardı?

Bu nasıl bir şey olabilirdi?

Baştaki hayali masalda, "Güneş" ile insanın ruhsal tarafını simgelemiştim. "Ay" ise insanın bedensel tarafıydı. Güneş ışığını unutan insanlar, ruhsal taraflarını unutmuşlardı aslen. Kendilerini sadece bedenden ibaret sanıyorlardı. Bu durumu, ay ışığının tek gerçeklik olduğuna inanmakla simgeledim.

Neden "Güneş" ve "Ay"ı seçtim sembol olarak?

Bir bakalım...

Güneş ışığın kaynağıdır. Önüne bir engel konmaz, yani gölge yaratılmazsa, güneş ışığı uçsuz bucaksız, önüne kattığı her şeyi aydınlatır. Bir ayrım gözetmez. Ay ışığı ise, güneş ışığının bir yansımasıdır. Güneş, batışından sonra bile Dünyaya ışığını gönderecek bir yol bulmuştur. ☺ Güneşin doğuşuyla birlikte, her yeni gün, bizlere yeni başlangıçlar sunar. Önümüze yeni fırsatlar getirir. Her yeni gün, yeni bir heyecandır da.

Güneş, bizleri ısısıyla da sarıp-sarmalar. Sanki yeryüzü bir kucaktır ve güneş de, bu kucaktaki tüm canlı âleme, adeta şefkat akıtmaktadır.

Evet. Işığın kaynağı Güneş'tir. Bu bir realitedir. Bu realite değiştirilemez. El ile elektrik düğmesi kapatılır gibi, güneş söndürülemez. O her daim oradadır.

Ya ne yapılabilir? Göz kapatılabilir. Kişi gözünü kapattığı anda, işte o anda, zifiri bir karanlık kaplar her yanı. Güneşi, ancak kişi, kendi zihninde söndürebilir. Oysa güneş, yine hep orada olmaya devam eder. Kişi sadece, kendi zihnindeki elektrik şalterini indirmiştir. O andan sonra, artık kişi için güneş olmaz. Bu devasa gücü yok saydığında, kendini aydınlatmak için, kişi başka enstrümanlara ihtiyaç duymaya başlar. Gerçeği ve en güçlüsü dururken; Ay'daki ışık yansımasından, ampulün watt cinsinden ışığından veya mum ışığından medet umar.

İnsanın ruhu da, tıpkı güneş gibidir. Varlığının özüdür. Ancak bizler, ruhsal tarafımızı unuttuğumuzda veya görmezden geldiğimizde geriye sadece bedensel tarafımız kalır.

Güneş ve elektrik ampulü arasındaki ilişki, tıpkı ruhsal potansiyelimiz ve bedensel potansiyelimiz arasındaki ilişki gibidir. Ruhsal özümüzden gelen gücümüz, adeta güneş gibi dev boyutlarda ve devasa etkidedir. Oysa ki bedensel tarafımızdan gelen güç, ruhumuzla mukayese edilebilecek büyüklükte değildir. Bu yüzden ruhsal tarafını unutan insanlık, güç kazanmak için para, iktidar, makam, yetki vs. gibi suni kaynaklara yönelmiştir. "Watt'ını ne kadar yükseltirsen, o kadar güçlü olabilirsin" gibi bir anlayıştır bu. Para, iktidar, makam, yetki gibi güç kaynakları, eser miktarda güç içerdikleri gibi, aynı zamanda çok kırılgandırlar da. Yine tıpkı ampul gibi ☺

Bir gecede fakirleşilebilir. Hele iktidar, makam ve yetki bir dakika sonra bile sonlanabilir. Çünkü, başka insanlar da denklemin içindedirler ve her an tüm dengeler değişebilir.

Kişi ruhsal tarafını unuttuğunda, işte bu denklemin içine düşer. İktidarda değilse, ezilen taraf olur. Ezmek ve ezilmek arasında başka bir yer yoktur çünkü. Bir kez ezilmeyi içine sindirdiğinde, daha çok, daha çok, daha çok ezilir. Ezilmenin sonu yoktur.

Bugün birilerini ezenlerin, yarın ezilen olmayacağının da bir garantisi yoktur. Ezenlerin durumu, dalgalarla boğuşmak gibidir. Bir süre sonra yorulur ve kendilerini suya bırakırlar. Bu kez yeni ezenler, önceki ezenlerin üzerine basarak en yukarı çıkarlar. Onların ömrü, bir önce ezenlerden uzun olmaz.

Ezenin de, ezilenin de kaybetmeye mahkûm olduğu bir denklemin kazananı var mıdır?

Evet, vardır.

Kazanan Sistemdir.

Tarih boyunca nice ezenler tanıdık. Akıbetlerini gördük. Unutulup gitmelerine şahit olduk. Bir vardılar, şimdi yoklar.

Ancak Sistem halen varlığını sürdürüyor. Kendine yeni ezenler ve ezilenler üretiyor.

Ruhsal potansiyeline sahip çıkmış bir çoğunluğun oluşturduğu toplumda durum nasıl olur peki?

Bu bambaşka bir denklemdir. Önceki tabloda, insanların yerleşimi aşağıdan yukarıya hiyerarşik bir düzendi. Birbirinin üzerine basa basa yükselen bir hiyerarşi kulesi, yerden yukarı doğru ilerliyordu. Şimdiki tablomuzda ise, yatay sıralanmış bir insan topluluğu vardır karşımızda. Kimsenin kimseden üstünlüğü yoktur. Birlik-beraberlik vardır. Fırsat eşitliği vardır. Özgürlük vardır. Bolluk vardır. Barış ve huzur vardır. Neşe vardır, kahkaha vardır, muhabbet vardır…

Ruhsal potansiyelini kullanan insanlar, yaratıcı ve üretkendirler. En güzel kitapların yazıldığı, en güzel şarkıların bestelendiği, en güzel filmlerin çekildiği, herkesin fikrini rahatça ifade edebildiği, her farklı fikre kucak açılan bir toplum oluşturur onlar.

Burası aynı zamanda Sistemin dışıdır.

Tıpkı masaldaki insanlar gibi, Adem ve Havva bir şeyi unutmuşlardı: Ruhsal taraflarını!

Şeytanın onlara, sonsuzluk ağacını vaadetmesi bundandı. Oysa onlar, zaten sonsuzluğa sahiplerdi. Ancak, bunun farkında değillerdi.

İnsanın varlığı, bedensel taraf ve ruhsal taraf olmak üzere iki ayrı parçadan oluşmaktadır. Bedensel taraf, maddesel düzleme aittir ve sınırlıdır. Ölümlüdür. Ruhsal taraf ise, zaman ve mekândan bağımsızdır. Sonsuz genişliktedir. Ölümsüzdür.

Bedensel taraf, fizik ve doğa yasalarına tâbi iken, ruhsal taraf ilahi yasalara tâbidir. Fizik yasalara göre mümkün olamayan, ilahi yasalara göre pekala mümkün olabilir. Zaten mucize olarak tanımlanan şeyler, fizik yasaların üzerinde ilahi yasalara göre gerçekleşen şeylerdir.

İnsan, bir bedende birden fazla bilinç taşır. Yaşama, bir bilinç kümesi halinde bakar.

Hal böyle iken ruhsal tarafını unutup yaşama sadece bedensel tarafının bilinciyle baktığında, kişi ilk olarak sınırlanmaktadır. Yaşamındaki her şeyi ölçüp-biçmeye başlar. Önce, kendisi de dahil, her şeye ve herkese değer biçer. Bu değerlemeyle, kendinden üstün olanları ve kendinden aşağıda olanları belirler. Yaşamdan beklentileri, hayalleri aynı şekilde sınırlıdır. Basmakalıptır, taklittir. Sonsuz seçeneklerden haberdar olmadığı için, diğerleri gibi bir hayat yaşamaktan öteye geçemez.

Öte yanda, kişi her ne kadar, ruhsal tarafını unutmuşsa da, o vardır. Tıpkı Güneş'in söndürülememesi gibi, ruhsal tarafın bir açma-kapama düğmesi yoktur. Ruhsal taraf, zamandan ve mekândan bağımsız olduğu için sonsuzluğa ayarlıdır. Bu sebeple sınırsız düşünür, isteklerine de sınır koymaz. Bedensel taraf ise, maddesel düzlemde olduğu için doğal sınırlar içinde yaşar. Sınırlı kaynaklar ve sonsuz istekler, Homo Economicus'u ortaya çıkarır. Aynı zamanda, içsel çatışmaları da.

Ruhsal taraf ister, bedensel taraf frenler.

Hayalleri, mantık bastırır.

Oysa hayaller, mantıktan güçlüdür.

"Hayal edebilirseniz yapabilirsiniz. Her şeyin bir fareyle başladığını hiç aklınızdan çıkarmayın." Walt Disney

"Hiç gerçekleşmesinin imkansız olduğunu düşündüğün bir hayalin olmamışsa, henüz gerçek bir hayal düşleyebilmiş değisin demektir." Büyük İskender

"Siz kafanızı büyük hayallerle doldurmaya bakın. Kafanız sonradan cebinizi parayla dolduracaktır." Benjamin Franklin

Dikkat edilmesi gereken şudur:

Sınırları kendisine kişi koymaktadır. Bu sınırlandırma kişiyi Sistemin içine iter. Sistem içindeki bir yaşam hiçbir zaman iyiye gitmez. Kötünün iyisi bir yaşamdan söz ediyorum. Bir gün bir bakar, girişteki masaldaki gibi bir ülkede yaşarken bulur kendini. Kişisel yaşamı, her ne kadar "geçer" not alacak olsa da, yaşadığı düzlemde işler hiç de iyi gitmemektedir.

Bu bir bozulma dalgası gibidir. Suyun ortasına atılan bir taş ve o taşın halka halinde genişleyen dalgasıdır bu. Kişinin, özenle inşa ettiği kişisel alanına yaklaşır. Ayak sesleri, kapının hemen arkasındadır artık. O noktada, bırakın daha iyi yaşamayı, mevcudu korumak da mümkün gözükmez. Güvenlik tehdit altındadır.

Bir yerde bir sorun varsa, daima çözümü de vardır!

İlahi yasalardan ilki "Sen değişirsen, dünya da değişir."dir.

Burada değişimden kastedilen, kişide sorun olması değildir. Mesele, bir şeyleri farklı yapmaktır.

Mesele, bilincin alıcısını belirli bir frekansa ayarlamaktır. İlahi radyo yayınını almaktır. Bu yayının ışığının aydınlattığı yolda, yönünü bulmaktır. Yolunda ilerlerken, seçimlerini yine o yönün doğrultusunda yapmaktır.

Mesele, varlığının tüm parçalarının farkındalığıyla yaşamda olmaktır. Tüm parçalar arasındaki uyum ve dengedir. Ve en önemlisi, bu parçaları yöneten yasalara göre hareket etmektir. Hayatı topal, tek ayak aksayarak yaşamamaktır. Tam kapasiteyle yaşamda var olmaktır.

İşte bunu başardığında insan, önce Sistemin dışına çıkar, sonra yaşamını bir başyapıta dönüştürür. Bununla birlikte Dünyayı etkilemeye başlar. Bunlar sırayla değil, hepsi aynı anda gerçekleşir.

Bu kitabı yazma ilhamını bana Oprah Winfrey'in bir sözü verdi. Winfrey, içsel yolculuğunda bir farkındalık yaşamış. Önce kendine koyduğu sınırları fark etmiş; sonra da Tanrı'nın kendiyle ilgili hayalinin, kendi hayal ettiğinden çok daha büyük olduğunu idrak etmiş. Sonucu hepimiz biliyoruz. O bugün, Dünyanın en etkili ve en zengin kadınlarından biri. Sizinle, Oprah Winfrey'in bana ilham veren sözünü paylaşmak istiyorum:

"Hepimizin hayatımızla ilgili bir hayale ihtiyacı var. Bu hayali gerçekleştirmek için bir yandan çabalarken, diğer yandan onu kendimizden çok daha büyük bir güce teslim edebilmeliyiz. Bu, hayatımın en önemli prensiplerinden biridir. Sizinle de paylaşmak istiyorum. Kendin için hayal edebileceğinden çok daha büyük bir rüyayı, Tanrı senin için hayal edebilir. Bunu keşfetmeden önce, yaşıma uygun bir maaş hayali kurardım. 22 yaşımdayken yılda 22.000 USD kazanıyordum. Böyle devam edebilirsem, 40 yaşıma geldiğimde, yılda 40.000 USD kazanabileceğimi düşünürdüm! Fakat evren benim için çok daha büyük bir şey hayal ediyordu. Aynen bu sözlerimi okuyan herkesin hayal ettiği gibi... Başarı, kendini bu hayale teslim ettiğin ve onun, seni en iyi noktaya taşımasına izin verdiğin zaman gelecek."[1]

Oprah'ın farkındalığı çok önemlidir: "Tanrı, kendimiz için hayal edebileceğimizden çok daha büyük bir rüyayı bizim için hayal edebilir."

Etmiştir de.

Bu hayali gerçekleştirmeye giden yol, ruhsal potansiyelimizi keşfetmekten geçer. Ve ruhumuzun bizi davet ettiği yöne doğru, korkusuzca, güvenle adım atabilmeyi gerektirir. Bugün Tanrı'nın sanatının eseri bir yeryüzünde yaşıyoruz. Bu yaratımın üzerinde, potansiyelini keşfetmiş insanların buluşlarının meydana getirdiği konforu yaşıyoruz. Ruhsal potansiyelini kullanan insanlar, bir yandan kendi hayatlarını zirveye taşırken, diğer yandan Dünyayı daha da güzelleştiriyorlar.

Siz de bu insanlardan biri olabilirsiniz.

Bunu başarabilirsiniz.

Hiçbir metod, yöntem, teknik, inisiasyon, uyumlamaya ihtiyaç yok. Nefes almak kadar doğal, bisiklete binmek kadar kolay...

Bu zaten sizin bildiğiniz, ancak unuttuğunuz bir şey.

Bu kitap da, unuttuğunuzu size hatırlatmak için yazıldı.

Kitapta, iki yönlü bir araştırma bizi bekliyor:

---

1 Hayat Bilgesi, Mümin Sekman, Alfa Yayınları, 2014, sf. 42

Birinci yönümüz, adeta *"Dünya'nın Merkezine bir Seyahat"*-[2]tir. Kendimize koyduğumuz sınırlardan dolayı içine düştüğümüz, insanı köle gibi kullanan ve onu yöneten Sistemi deşifre edeceğiz. Sistem nedir? İnsanı nasıl avucunun içine almaktadır?

İkinci yönümüz, adeta *"80 günde Devr-i Güneş"*tir. Ruhsal tarafımızın tüm kodlarını çözeceğiz birlikte. Bugüne kadar duymadığınız, bu kitaptan başka hiçbir yerde de okuyamayacağınız bir yaratılış öyküsünü gün yüzüne çıkaracağız. İnsanın yaratılışının bilinmeyen öyküsüdür bu. Adem ve Havva yeryüzündeki ilk insanlar mıydı? Tanrı Adem'i ne amaçla yarattı? Bugünkü insanın yaratılış evreleri nelerdir? Bugünkü insanın özellikleri nelerdir? Tanrı bugünkü insandan neler beklemektedir? İnsanın ruhsal tarafı hangi katmanlardan oluşmuştur? Ne işe yararlar ve çalışma mekanizmaları nasıldır?

Bu bilgilerle bir yandan kendimizi keşfederken, diğer yandan dünyada ve ülkemizde büyüyen karanlığın nedenlerini, niçinlerini de fark edeceğiz. Yaşananların, bizimle ilgili kısmını anlayacağız. Çözümü göreceğiz.

En son olarak da, kitap boyunca edindiğimiz bilgilerle, *"Denizlerin Altında"* değil, Gökyüzünde *"20 bin Fersah"* uçacağız sizlerle. Kitabın sonunda, tıpkı gökyüzündeki yıldızlar gibi, her birimiz özgürlüğünü eline almış ve ışığını parlatmış olacak. Kendini aydınlatırken, yeryüzüne birer kandil olacak.

Kitaba başlamadan önce, masalımıza bir son düşünelim.

Bilirsiniz, masallar hep mutlu sonla biterler. Ancak, bizim masalımız biraz hüzünlü. Neyse ki, henüz sona ermedi.

Siz bu masalın anlatıcısı olsaydınız, nasıl bir finalle tamamlardınız onu?

---

2 Jules Verne'nin "Dünya'nın Merkezine Seyahat, 80 Günde Devr-i Alem ve Denizlerin Altında 20 bir Fersah" kitaplarına gönderme yapılmıştır.

Masalı biraz değiştirsek ve "Bir ülke varmış, oradaki kabile liderlerinin zihniyeti şöyleymiş, halka da böyle davranıyorlarmış," desek, finali belirlemek çok kolay olurdu. Bir Kurtarıcı çıkardı bir yerlerden. Kabile liderlerini siler süpürürdü. Bu masal da burada biterdi. Sihirli bir dokunuş yeterdi, ülkenin çehresini değiştirmek için.

Bir perinin ortaya çıkıp külkedisini saraydaki partiye göndermesi gibi. Yakışıklı prensin, pamuk prensesi gerçek sevgi öpücüğüyle büyülü uykusundan uyandırması gibi. Alaaddin'in sihirli lambasındaki cinin üç dilek sorması gibi...

Oysa, masalımızdaki mesele farklıydı. Ülkedeki sorunun kaynağı kabile liderleri değildi. Kabile liderleri, sorunun sonuçlarından biriydi sadece. Geniş açıdan bakıldığında, durumu buralara sürükleyen başka etkenler vardı:

Ülkede güneşin varlığı unutulmuş, ay ışığı gerçek zannediliyordu.

Halk,

- Kendine sınırlar belirlemiş, onun içinde yaşıyordu,

- Gruplar halinde hareket ediyor, grubun dışına çıkan kınanıyordu,

- Korkular vardı,

- Kendine biçilen hayata razı olmuştu,

- Talepkâr değildi, fazlasını aramıyordu, küçüldükçe de küçülüyordu.

- Gücüne sahip çıkmıyordu,

- Hayaller kurmayı unutmuştu,

- Günü kurtarma derdindeydi,

- Kendi derdiyle meşguldü; bütüne yaptığı etkiyi düşünmüyordu.

Aslen, bu ülkede süregelmiş bir Sistem vardı.

Sistem var olmaya devam ettiği sürece, bir kabile lideri gider, başka bir kabile lideri gelir.

Ancak sonuç hep aynı olur.

Dolayısıyla, masalımıza mutlu bir son arıyorsak şayet, çözüm bireyin kendisindedir.

İlahi yasalardan ilki için ne demiştik?

"Sen değişirsen, dünya da değişir."

İnsanın bedensel tarafı, dünyada yaşayan milyarlarca insandan sadece biridir. Koca dünyayı nasıl değiştirebilir ki, öyle değil mi?

Evet, insan dünyayı bedensel tarafıyla değiştiremeyebilir belki. Ancak insanın ruhsal tarafı, tüm dünyanın ve evrenin merkezindedir.

İsa Peygamber'in söylediği gibi;

"Size doğrusunu söyleyeyim, bir hardal tanesi kadar imanınız olsa şu dağa, 'Buradan şuraya göç' derseniz, göçer; sizin için imkânsız bir şey olmayacaktır."[3]

İnsan, dilediğinde dağları bile yerinden oynatacak bir güce sahiptir. Bu gücün kaynağı, "özü"dür.

Tüm kalbimle dilerim ki, bu kitabın okurları "öz"leriyle, yani güçlerinin gerçek kaynağıyla buluşmayı başarırlar. Ve hem dünyayı, hem de güzel ülkemi bir cennet bahçesine dönüştürenlerden olurlar.

Olacaklardır da.

Çünkü, Tanrı'nın hayali, insana cennetsi bir yaşamı hak görmüştür.

Ve Tanrı'nın hayali, gerçekleşmesi kaderde olan bir hakikattir.

---

3 İncil, Matta 17, 20-21

Kitabın Terminolojisi

Ruhsallık, temel itibariyle inançlar konusuna girer. Yaratılışa ve ölümden sonra yaşama inançtır söz konusu olan. Yaratılışı konuştuğumuzda, Oprah'ın deyişiyle "Kendimizden çok daha büyük bir güç" ten bahsetmeye başlarız. Bu güce kimileri "Tanrı" der, kimileri "Allah", kimileri "Yehova", kimileri "Evren", kimileri de "Sevgi".

Bu kitabı satın alıp okumaya başladığınıza göre; yazar ve okurları olarak ortak bir inanca sahip olduğumuza inanıyorum. Yaratıldığımız ve bir yaratıcımız olduğunda hem fikiriz. Kitap boyunca ben, yaratıcımız için "Tanrı" adını kullanacağım. Bunun sebebi, Türkiyeli bir yazar olmamdır. "**Tanrı**" Türkçe bir kelimedir ve "Tengri"den gelmektedir. Kuran alıntılarında "**Allah**" adını korudum. **Böylece, tüm etnik kökenleriyle atalarımı, halkımı ve Müslüman kimliğimi onurlandırdım.** Siz kitap boyunca, "Tanrı" yerine, kendi tercih ettiğiniz kelimeyi kullanabilirsiniz.

Kitapta Kullanılan Kaynaklar

Yaşam çok boyutlu bir yerdir ve onu anlamaya bilim yeterli gelmemektedir. Doğası gereği bilim yaşamın maddesel boyutunu araştırır. Bilimsel araştırmalar da, zihinle, beyin gücü ve deneylerle yapılır. En mükemmel yapılan deneyler, tümüyle objektif olarak değerlendirilseler bile, elde edilen sonuçlar ancak yaşamın maddesel boyutuna ışık tutabilir. Yeterli değildir. Çünkü, yaşamın bir de ruhsal tarafı vardır.

Ruhsal konularla ilgili sorularımızı araştırmak için kutsal kitaplardan başka kaynaklarımız yoktur. Bu yüzden kitapta, en son metin ve yaratılışa dair çok detaylı bilgiler verdiği için sıkça Kuran alıntıları kullanılmıştır. Yanısıra İncil ve Tevrat alıntıları da bulunmaktadır. Yer yer, bilim insanlarına da söz vermektedir.

Kitap, sadece okurunu "özü"yle buluşturmakla kalmayacaktır. Evrensel değerler üzerinden konuşarak tüm dinlerin de "öz"lerinde bir olduklarını gösterecektir.

Bu Kitap Nasıl Okunmalıdır?

Bu kitap saf sevgi ile yazıldı, bu yüzden okuyucusunun kalbine seslenmektedir. Kitapta, yaratan ve yaratılan arasına girebilecek 3. Kişilere asla yer yoktur. Okumaya başlamadan önce, üçüncü kişileri alanımızın dışına kovalayacağız. Sonra, yaratan ve yaratılan olarak, alanda başbaşa kalacağız. İlk işimiz temizlik yapmak olacak. Bugüne kadar, yaratılışa ve yaşama dair bize öğretilen her şeyi zihnimizden uzaklaştırıp mukavva kutulara yerleştireceğiz. Bu kutuları, evlerimizin bodrumuna ve tozlu rafların üzerine koyacağız. İleride lazım olurlar.

Belki, onları bir müzeye bağışlarız. Çocuklarımız, torunlarımız ve geleceğin insanlarına, geçmişte yaşanan karanlık çağın kalıntıları olarak sergileriz onları.

Kitap boyunca zihinlerimiz tıpkı dünyaya yeni gelen bir bebek gibi, çıplak olmalı.

Tıpkı dünyayı keşfetmeye çalışan bir çocuk gibi, her şeyi sorgulamalıyız.

Bu sorgulamayı da kutsal kitaplar içinde yapmalıyız.

Sadece yaratan ve yaratılan olarak başbaşayız çünkü.

Tanrı, yeryüzündeki tüm canlılardan sadece insana peygamberler gönderdi ve kitaplar verdi. Belli ki, insana iletmek istediği mesajları var.

Kitap boyunca okuyacağınız yorumlar içerisinde katılmayacaklarınız olabilir. Herkes inancında özgürdür. Okuyacaklarınızı farklı bir perspektif olarak değerlendirebilirsiniz. Kanaati, zihniniz ve ezber bilgileriniz yerine, kalbinize bırakmalısınız. Emin olun kalbiniz, en doğrusunu size bildirecektir.

GİRİŞ

"Aynı anda hem savaşa hazırlanıp, hem de savaşı önleyemezsiniz." Albert Einstein

Bugün dünyada durumlar iyi değil. İnsan eliyle hazırlanan bir kıyamete sürükleniyoruz.

Ülkeleri yönetenler, silahlanmaya milyarca dolarlık bütçeler ayırıyorlar. Yeni silahlar ve mevcut silahların modernizasyonu... Sanki, ilan edilmemiş bir savaş yaklaşıyor ve bu hazırlıklar onun için yapılıyor.

Yüzbinlerce çocuk asker yetiştiriliyor.

Zenginler daha zengin, yoksullar daha yoksul oluyor.

Göller kuruyor, iklimler değişiyor. Kimi hayvanlar insanların şiddetinden kaçıp, karadan denize atarlarken kendilerini... Denizde yaşayan hayvanlar, intihar edip karaya vuruyorlar.

Endüstrileşme, canlıların sağlığını ve çevreyi, adeta atık bertaraf eder gibi öğütüyor.

Halklarının refahını arttırmaları için seçilen siyasi iktidarlar, sorunlara çözüm arayacaklarına, ateşi odunla besliyorlar.

İnsanlara, iyiyi ve güzeli öğütlemesi gereken dinler ise çoktan iflas etmişler. Siyasetin hizmetine girip, müesseselere dönüşmüşler. Özlerinden fersah fersah uzaklaşmışlar. Bölünmeyi, ayrışmayı körüklüyorlar.

Vicdanlar esir alınmış, insani refleksler felç edilmiş.

Sanki görünmeyen bir güç, bir zekâ var. Kıtaları kaplayacak büyüklükte bir makina gibiy çarklarıyla insanlığı ağzında çiğniyor. Sonra da un-ufak parçalara ayırarak, tükürüp atıyor.

Evet, her geçen gün birbirimizden uzaklaşıyoruz. Yalnızlaşıyoruz. Ayrışıyoruz.

SİSTEM

Ruhsal potansiyelimize kanat açmak istiyorsak, daha önce de belirttiğim gibi Sistemle vedalaşmamız gerekir. Sistem kimi zaman ayaklarımızda prangalar, kimi zaman boyunlarımızda tasmalar olarak bizi aşağı çekmektedir.

Sistem, yeryüzünde aktif olarak çalışan bir mekanizmadır. Ruhani bir zekânın ürünü müdür, yapay bir zekânın ürünü müdür veya dünya dışı varlıkların eseri midir? Bu soruların cevaplarını bilemiyorum. Tek bildiğim, Sistem yeni değildir. Kökeni çok eski çağlara dayanmaktadır..

Sistem, çarkları vasıtayla işler. Çarkları döndüren, köleleşmiş insandır.

Bu çarklar nelerdir? Dinler, inanç kalıpları, korkular, para, mevki, kariyer vs. Meseleyi örneklerle açarsam, daha anlaşılır olacak:

Sistem tek tip insan ister. İnançları tek tip, fikirleri tek tip, giyim-kuşamları tek tip, tüketim alışkanlıkları tek tip. Böylelikle onları kolayca yönetebilir.

Anne-babalar, çocuklarının iyi yetişmesini ve hayatta başarılı olmasını isterler. Ancak, Sisteme yeni insan yetiştirmekten kurtulamazlar. Anne-babalarımız dün avukat, doktor, mühendis yetiştirmeye çalışıyorlardı. Oysa bugün, dün bilinmeyen ne çok meslek var, öyle değil mi? Çocuklar en iyi okullarda okutulmak gayesiyle; kilometrelerce ötelerdeki okullara taşınıyorlar servislerle. Memuriyetleri şimdiden başlamış. "Okul ne zaman tatil olacak?" diye soran yavrularımız, emeklilik planlarını şimdiden yapıyorlar. Anne-babalar inançlarını da çocuklarına dayatıyorlar. Ateist anne-baba, dindar bir çocuk yetiştirmek istemiyor. Dindar bir anne-baba da ateist bir çocuk yetiştirmek istemiyor. Çocuğa yaşama dair tezleri sunup, kendi doğrusunu bulmasını öğütleyen anne-babalara pek rastlanmıyor.

Bugün dünyada, faturalarını ödeyebilmek için sevmediği işlerde çalışan, hayallerine ket vurmuş milyonlarca insan yaşıyor. Çalıştıkları şirketlerdeki küçük başarılarına razı olmuşlar ve ücretli hapis hayatı yaşıyorlar. Gün boyu dört duvar arasında, bilgisayar ekranlarına bakıyorlar. Güneşi göremiyorlar. Mutsuzlar. Çıkış yolu bulamıyorlar; çünkü sistemin dışına çıkmak için adım atacak cesaretleri yok. Sistem, bu insanları, maaş, süslü ünvanlar, şirket arabaları, şirket bilgisayarları, cep telefonları havuçlarıyla hükümdarlığı altına alıyor.

Sevgili okurum, kariyer, ne olduğu belli-belirsiz bir havuçtur. 30'lu yaşlarında ve kentli-kariyerli kadınların kitabını yazan ve onbeş sene uluslararası şirketlerde yönetici olarak çalışmış biri olarak, bu yorumu yapıyorum. Tepe yönetimdeki kişilerin ünvanları, maaş paketleri, yönetici konforları çok çekicidir. Çok çalışırsanız bir gün size de sıra geleceğine inandırılırsınız. Kendinizi işinize adar ve 7/24 çalışırsınız. Oysa tepedekilerin çoğu, üst yönetime çok çalışarak gelmemişlerdir. İlişkileri, karizmaları veya hiçbir zaman anlayamayacağınız başka bir özellikleri nedeniyle oradadırlar. Benim kanaatim, bu özellikleri de Sistemi koruyup-gözetme konusundaki mahirlikleridir. Her neyse, kariyer havucunuz sürekli hareket halindedir. Bir parça rehavete düşseniz, burnunuza yaklaşır. Havucun kokusunu hatırlayınca tekrar vurursunuz kendinizi çalışmaya. Şayet bir üst mevkiye terfi alma şansı yakalarsanız, havucunuz da, önünüzdeki üst seviyeye çıkar. Geçmiş çağlarda kullanılan kırbaçların yerini, motivasyon aracı kılıfıyla havuçlar almıştır, bana göre. Bir şirkette, bir avuç tepe yönetici pozisyonu varken, aşağıda kaç kişi o pozisyonlara ulaşmak için koşuyordur? 100, 200, 500? Şirketin büyüklüğüne göre değişir.

Dünyada çok az şirket, çalışanlarının yeteneklerini tümüyle sergileyebilecekleri bir çalışma ortamı sunarlar. Prosedürler, standart çalışma talimatları, şirket kültürleri, karar mekanizmalarının işleyişi vs. zamanla çalışanların yaratıcılıklarını öldürür. Dünyanın bugün en büyük şirketlerinin kurucularının, en büyük buluşlarını amatör zamanlarında yapmış oldukları da bir gerçektir. (Bkz. Apple, Google, Facebook) Zamanla, şirketleri büyüdükçe, onlar da Sisteme uymaktan kurtulamamışlardır.

Sistemin içerisinde hayallerimiz bile tek tiptir. Piyango, miras, yarışmada ödül kazanmak vb. yollarla "elimize büyük miktarda para geçmesidir" bu hayal. Diyelim, hayaliniz gerçek oldu. Ne yaparsınız bu parayla? Bu sorunun cevabı, tek tiptir: Ev al, araba al, dünya turuna çık. Başka? Bir yardım kuruluşuna para bağışla. (Vicdan rahatlatmak için gereklidir.l) İlginçtir, en zenginlerimizin evleri, en yolsul olanlarla aynı tiptedir. Yaşam gustosu diye bir şey bilinmediğinden, para pahalı klozetlere ve altın musluklara akıtılır. Daha ötesi bilinmez.

Hatırlar mısınız, çocukken misafir odalarımız vardı. Evin en geniş, en ferah odalarıydı onlar. Ev sahibinin parasal durumuna ve zevkine göre en güzel eşyalarla döşenirlerdi. Ne var ki, bu odalarda oturulmazdı. Ne zaman geleceği belli belirsiz misafirler için ayrılmışlardı onlar. Tüm aile küçücük bir oturma odasında balık istifi biçiminde yaşardı. Kullanılmadığı için misafir odası ısıtılmazdı da. Konuklar geldiğinde, buz gibi soğuk olduğundan, yine keyifle oturulamazdı o odalarda. Yengeç adımlarıyla, yan yan, yine oturma odasına sıvışırdı ev halkı. Kendine, evin en güzel odasını layık görmeyen bir nesil olarak yetiştik biz. Oturma odalarımızla sınırlandırıldık.

Tüm sınırlar gibi, ülkelerarası sınırlar da Sistemin marifetidir. Sistemin en büyük hizmetkarlarından olan Siyaset ve politikm çıkarlar belirlemiştir ülkelerarası sınırları. Böylece dünya bölgelere ayrılarak, hem çıkarlar paylaşılmış, hem de daha kolay yönetilmesi sağlanmıştır. Böl ve fethet!

Oysa ki, dünyanın tamamı insanın yurdudur. Uzaydan bir bakın, herhangi sınır görebiliyor musunuz?

Şimdi size, dünya sinema tarihinin en büyük isimlerinden, Charlie Chaplin'in *"Büyük Diktatör"* filminin final sahnesindeki konuşmasını sunmak istiyorum. Konuşmasında, Sistemi tarif ediyor. O Sistemi fark etmiş ve dışına çıkmayı başarmış bir insandır. Bu yüzden işinde usta olmuştur. Bakalım, ne diyor Charlie Chaplin:

"Özür dilerim, ama ben bir diktatör olmak istemiyorum. Bu benim işim değil. Kimseye hükmetmek veya boyun eğdirmek istemiyorum. Elimden gelen herkese yardım etmek isterim. Yahudi olan, olmayan, zenci veya beyaz. Hepimiz karşımızdakine yardım etmek isteriz. İnsanın yapısı böyledir. Biz birbirimizin mutluluğu için yaşamak isteriz, kötülüğü için değil. Birbirimizden nefret etmek ve hor görmek istemeyiz.

Bu dünyada herkese yetecek yer var. Ve toprak hepimizin ihtiyacını karşılayacak kadar bereketlidir. Yaşam biçimimiz özgürce ve güzel olabilir. Ama biz yolu yitirdik. Açgözlülük insanların ruhunu zehirledi, dünyayı bir nefretle kuşattı. Hepimizi kaz adımlarıyla sefaletin ve kanın içine sürükledi.

Hızımızı artırdık, ancak kendimizi bir tuzağın içine düşürdük. Bolluk getiren makineleşme bizi yolsul kıldı. Edindiğimiz bilgiler bizi alaycı yaptı, zekâmız ise katı ve acımasız. Çok fazla düşünüyoruz, ama çok az hissediyoruz.

Giriş

Makineleşmeden çok, insanlığa muhtacız. Zekâdan çok, iyilik ve anlayışa muhtacız. Bu değerler olmadan hayat korkunç olur, her şeyimizi yitiririz.

Uçaklar ve radyo bizleri birbirimize yaklaştırdı. Bu buluşların varoluş nedeni, doğaları gereği, insanın içindeki iyiliği ortaya çıkarmak, evrensel kardeşliği oluşturmak ve hepimizin birleşmesini sağlamaktır.

Şu anda bile sesim, dünyadaki milyonlarca insana, acı çeken milyonlarca kadın, erkek ve küçük çocuğa, suçsuz insanları hapse atan, işkence eden bir Sistemin kurbanlarına ulaşıyor.

Beni işitenlere şunu söylemek istiyorum: "Umutsuzluğa kapılmayın." Üstümüze çöken bela, vahşi bir hırsın, insanlığın gelişmesinden korkanların duyduğu acının bir sonucudur. İnsanlardaki bu nefret duygusu geçecek ve diktatörler ölecektir. Ve halktan aldıkları güç, yine halkın eline geçecektir. Son insan ölene kadar, özgürlük asla yok olmayacaktır.

Askerler! Kendinizi bu vahşilere teslim etmeyin. Sizleri hakir gören ve esir eden, hayatlarınızı yönetmeye çalışan, ne yapmanız, ne düşünmeniz, ne hissetmeniz gerektiğini size emredenlere, sizleri bir hayvan terbiye eder gibi şartlandırıp topun ağzına sürenlere boyun eğmeyin. Bu doğa dışı adamlara boyun eğmeyin. Makine kafalı, makine kalpli bu adamlara.

Sizler birer makine değilsiniz! Sizler insansınız! Kalbiniz insanlık sevgisiyle dolup taşmaktadır! Nefret etmeyin! Yalnızca sevilmeyenler nefret eder! Sevilmeyenler ve doğaya aykırı olanlar...

Askerler! Kölelik uğruna savaşmayın, özgürlük için savaşın! St Luke'un İncilinin onyedinci bölümünde şunlar yazılıdır: "Cennet insanların içindedir," Tek bir insanın ya da bir zümrenin değil. Tüm insanların içinde, sizin içinizdedir.

Güce siz insanlar sahipsiniz. Makineleri yapacak güce, mutluluğu yaratacak güce. Bu hayatı güzel ve özgür kılacak güce sizler sahipsiniz. Bu hayatı olağanüstü bir maceraya çevirecek olan yine sizlersiniz.

Öyleyse demokrasi adına, haydi bu gücü kullanalım. Haydi birleşelim. Yeni bir dünya için savaşalım. İnsanca bir Dünya için. Herkese çalışma şansı verecek, gençlere gelecek, yaşlılara güvenlik sağlayacak bir dünya için savaşalım.

Zalimler de böyle sözler vererek iktidara geldiler. Ama yalan söylediler. Sözlerini tutmuyorlar. Hiçbir zaman da tutmayacaklar. Diktatörler kendilerini özgürleştirirler, ancak halkı esarete mahkûm ederler.

Haydi, şimdi bu sözleri tutmak için savaşalım. Dünyayı özgürleştirmek için savaşalım. Ulusal sınırlar olmadan yaşayabilmek için, hırstan, nefretten ve hoşgörüsüzlükten kendimizi arındırmakk için, sağduyulu bir dünya için savaşalım. Bilimin ve gelişmenin bütün insanlığa mutluluk getireceği bir dünya için savaşalım.

Askerler! Demokrasi adına hepimiz birleşelim!"

Okuduğunuz metinde, 1940 yılında, bugünden tam 75 yıl önce Chaplin, Sistemi tarif etmiş. O günden bu yana, anlaşılan dünyada hiçbir şey değişmemiş. Chaplin, bu konuşmada zalimlikle ilgili de bir tespitte bulunmuş. Çok önemli bir tespittir ve kitabın ilerleyen sayfalarında bu konuyla ilgili bazı açılımlar bizi beklemektedir.

Yine Sistemin dışından bir isme daha kulak verelim. Einstein, dünyanın en zeki insanı olarak tanımlanmaktadır. Çok önemli buluşlara imza atmıştır. Sistemin dışına çıkmayı başarmış insanlar, böyle büyük buluşlara gebedir işte. Bu yüzden "İnsanlar küçük başarılara razı olmaktadırlar" diyorum. Aşağıdaki sözünden, Einstein'ın Sistemi çocuk yaşlarda gözlemlemeye başladığını görebiliyoruz.

"Ben okulda başarısız oldum, okul da bende başarısız oldu. Sıkıldım. Öğretmenler çavuş gibi davranıyordu. Ben bilmek istediklerimi öğrenmek istedim, onlar sınavda çıkacak konuları öğrenmemi istediler... Bilgiye olan açlığımın, öğretmenlerim tarafından boğulduğunu hissettim; tek ölçütleri notlardı. Bir öğretmen böyle bir sistem içinde nasıl olur da gençliği anlayabilir?"[4]

Sistem ve Liderlik

Sistemin organizasyon şeması, hiyerarşiye göre şekillenir. Hiyerarşinin başında liderler vardır. Şirketler ve bürokrasi Sisteme yeni liderler yetiştiren mekanizmalardır. Piyasaya yeni lider arzı, bu mekanizmalar tarafından yapılır. Temel ekonomi bilgisinden yola çıkarak, şöyle bir çıkarım yapabiliriz: Piyasada talep yoksa, arz bir işe yaramaz. Siz dilediğiniz kadar ürün üretin, alıcı olmazsa ne yapacaksınız? Tüm mallarınız elinizde kalır, öyle değil mi?

Liderlikte durum aynen böyledir. Piyasa lider talep etmektedir. Ve tıpkı yeni ürünler gibi, yetişmiş liderler piyasaya sürülür. Bir ürünün tutması ile bir liderin tutması, hemen hemen aynı şeydir.

Genelde en çok liderlik modelleri konuşuluyor-tartışılıyor. Sosyal bilimciler, liderliği anlamaya çalışıyorlar. Şahsen bunlar benim merakımı cezbetmiyor. Ben en çok, "İnsanlar neden liderlere ihtiyaç duyuyorlar?" bunu merak ediyorum. İnsanlar neden bir kişiyi takip etme eğilimdedirler?

Bu konuda sizlerle, meşhur *Blink* kitabının yazarı Malcolm Blackwell'in bir tespitini paylaşmak istiyorum. Blackwell'in "Fortune 500" şirketleri liderleriyle ilgili yaptığı araştırmanın sonuçlarından biri çok ilginçtir. "Fortune 500" şirketlerinin tepe yöneticileri olan CEO'ların çok büyük çoğunluğu beyaz ırktanmış ve uzun boylularmış. Uzun boylu ve beyaz. Bu bulgu size bir çağrışımda bulundu mu?

Acele etmiyoruz. *"Alfa Erkeği Sendromu"* kitabının yazarları Kate Ludeman ve Eddie Erlandson'un bulguları belki daha

---

4 Hayat Bilgisi, Mümin Sekman, Alfa Yayınları, 2014, sf. 91

güçlü bir çağrışım yaratabilir. Yazarlara göre, dünyamız alfa erkeklere ihtiyaç duyuyormuş. "Karizmatik, saldırgan, rekabetçi, cesur, yaratıcı, ısrarcı ve inatçı" bu liderlerin ortak özellikleriymiş. Ancak tabii alfa erkekliğinin bazı yan etkileri varmış: "Kabalık, korku yaratma, aşırı eminlik, gerçekleri eğip-bükme, dik kafalı ve kibirli olma, hataları kabul etmeme vb."

Anladığım kadarıyla, liderlik piyasasında tüketicinin talebi beyaz ve uzun boylu alfa erkekleri oluyor. Bu özellikleri karşılayan liderlere, halkın itimadı ve bağlılığı da yüksek oluyor.

Sizce bu kölelik anlayışı değil de, nedir?

Sistem ve Dinler

Dinler, sistemin dişlilerinden en büyüğüdür. Çünkü bir insana, para, kariyer vs. gibi havuçlarla yaptırabileceklerinizin sınırı vardır. Sistemin planı ise daha büyüktür.

Sistem, kusursuz bir cinayet planlar gibi, arkasında hiçbir iz, delil, ipucu bırakmadan işler. Perdenin arkasındadır. Onu görmezsiniz. Sahnede başka aktörler vardır.

Bir insanı, inancı ile tasma altına alırsanız, ona makul gerekçeler üreterek her türlü kötülüğü yaptırabilirsiniz. Bunun böyle olduğuna, her gün şahit oluyoruz. İnsanlar din adına terör yapıyorlar. Sözde dini gerekçelerle, fahişelik, hırsızlık, yalancılık, cinayet, uyuşturucu ticareti, silah ticareti, kara para aklama…. Yapıyorlar da yapıyorlar.

Sistem işte böyle bir şeydir.

Din çarklısı, öyle iyi çalışır ki, en yüksek seviyede güvenlik önlemleri ile korunmalıdır. Kimse din alanına giremez, fikir beyan edemez. Üzerinde düşünemez, sorgulayamaz. Akla bir soru gelecek olursa, derhal "Alo fetva" hatlarına başvurmalıdır. Birileri sizin yerinize düşünmektedir nasılsa. Paket sipariş, hızlı teslimat, kapıda ödeme.. her türlü hizmet sınırsızdır. Yeter ki siz düşünmeyin. Yeter ki siz sorgulamayın. İşte böylece, içinizde küçücük, miniminnacık bir merak oluştuğu ve başınızı kaldırdığınız anda, cevabınız tokmak gibi kafanıza inecektir.

Din, sadece âlimlerin anlayabileceği, süper zekâ gerektiren, son derece karmaşık, sade vatandaşın aklının ermeyeceği derin bir mevzu mudur!

Neyse ki, biz bu kitapta dini konulara girmiyoruz. Din âlimleri, o konuları aralarında görüşmeye devam etsinler.

Biz bu kitapta, sadece ve sadece yaratan ve yaratılanla ilgiliyiz.

İnançlar, kişisel konulardır. İnsanın mahremidir. İnançlar, memuriyet konusu yapılamaz. Devlet, inançları müesseseleştiremez. Mesele, namazda bir kişinin imamlık etmesi ise, cemaatin içerisinden bir kişi seçilebilir. Mesele ölülerimizi gömmekse, dualarımızı kendimiz edebiliriz. Bu işler memuriyet altına alınamaz.

Düşünün ki, hayal kuracaksınız.

Hayalleriniz de sizin için kişiseldir. Sizin mahreminizdir. Kimse bilmez sizin ne hayal ettiğinizi. Bilmemelidir de.

Bir devlet düşünün ki; "Hayal İşleri Başkanlığı" diye bir müessese kurmuş. Hayali bir devletten bahsediyorum tabii ☺ Bu konuda bize fikir vermesi için, kendi ülkemin Diyanet İşleri Başkanlığının web sitesinden, iki kurumsal tanıtım cümlesi aldım. Cümlelerde de "din" kelimelerini çıkardım, yerlerine "Hayal Etme" kelimelerini yerleştirdim. Sonuç şu oldu:

> "Sosyal hayatın vazgeçilmez bir unsuru olan HAYAL ETMEYE dair işlerin yürütülmesi için kurumsal bir hüviyete her hâlükârda ihtiyaç bulunduğu açıktır. Ülkelerde HAYAL ETME hizmetlerinin sunumu her ülkenin kendi gelenek ve kültüründen gelen özelliklere göre şekillenmektedir."

Kişisel olması gereken dua ve ibadetlerin içerisine, âlimler, hocalar, devletler ve kurumlar dahil olduğunda ne olur: Kontrol altına alınırsınız. Bu kişilerin veya kurumların öngördüğü biçimde dua ve ibadet edebilirsiniz. Bu kurumların öngörmediği şekilde ise edemezsiniz. Üçüncü kişiler **Tanrı ve yarattığı arasındaki ilişkinin ne yöne gittiğini hiç umursamazlar.** Çünkü asıl amaçları, inancını yöneterek, kişiyi kontrol altına almaktır.

Devletler, kurumlar, kendilerine 'özel' ve 'seçilmiş' yakıştırması yapan kişiler, insanları kendilerine öyle bağlamışlardır ki, tasmaları daha da güçlendirmek isterler. Bu yüzden kişileri inançlarını sağlamlaştırmaya teşvik ederler. Kendileri de, en inançlıdan daha inançlı, en dindardan daha dindar, en takvadan daha takva görüntü sergilemektedirler.

Tüm bu şov, kendilerine köleler edinmek ve onları emirleri altında tutabilmek içindir.

'*Sistemin sistemi*' tıkır tıkır çalışmaktadır.

İktidarını kuvvetlendirmek için Sistemin tek şeye ihtiyacı vardır: Daha çok köle...Ve böylelikle Sistem her geçen gün büyür.

Tanrı elbette doğurmamış ve doğurulmamıştır. Ancak Anne-çocuk ilişkisinde, yaratan ve yaratılan arasındaki ilişkiyi andıran benzerlikler vardır. Yaratan, yarattığını çok sever mesela. Anne de çocuğunu çok sever. Çocuk tarafından bakıldığında, kendisine bakıp-büyüttüğü için annesine karşı bir şükran duygusu vardır. Yaratılan da yaratanına şükran duyar. Nasıl ki anne-çocuk arasındaki ilişkide, üçüncü kişileri görmemiz mantık dışıysa, Yaratan ve yaratılan arasında da üçüncü Kişilerin yeri yoktur.

Kutsal kitaplara baktığımızda, peygamberlerin özde hep aynı şeyleri anlattıklarını fark ederiz. O zaman, nedir dinleri birbirinden ayıran, farklılaştıran? Dinler, neden birbirlerinden bu kadar uzaklaştılar? Neden peygamberler insanları özgürleştirmeye çalışmışlarken, arkalarından devam eden "dinleri" adeta boyunluklara dönüştü? İnsanlar neden, Sistemin dışına çıktıklarında, dinden de çıkmış olacaklarını zannediyorlar?

Size 2014 yapımı bir Hint filminden alıntı yapmak istiyorum. Filmin adı "PK". İMDB puanı 8,6. Bu puan öyle yüksek ki, adeta 'seyret beni' diyor. Bu söze itibar ederek, gerçekten de izlemenizi tavsiye ederim. Film, Sistemi ve Sistemin dinleri nasıl avucuna aldığını ve insanlarla oyuncak gibi oynadığını anlatıyor. Kabaca konusu şu: Dünyaya bir uzaylı gelir. Gördüğü her şeyi sorgulamaktadır. Çok temiz, çok naif bir kişiliktir bu uzaylı. Karakteri, Aamir Khan canlandırıyor. PK'nın yeryüzü deneyiminde başına bir sürü gülünç olay gelir. Sisteme dair çok önemli tespitler yapar. Bu tespitlerden biri şöyledir:

"Hangi Tanrı'ya inanacağız? Sürekli 'sadece bir tane Tanrı var' diyorsunuz. Bense 'hayır' diyorum. 'İki Tanrı var'. Biri bizi yaratan, biri de sizlerin yarattığı. Bizi yaratan hakkında bir şey bilmiyorum, ama sizin yarattığınız tıpkı sizin gibi. Küçük, yalancı, hastalıklı, boş vaatler veren, zenginlere öncelik tanıyan, fakirleri sırada bekleten, övgü aldığında mutlu olan, küçük şeylerle insanları korkutan. Doğru numara oldukça basit. Bizi yaratan Tanrı'ya inanın. Ona güvenin. Kendi yarattığınız sahte tanrıları ise yok edin."

Ne düşünüyorsunuz? Katılıyor musunuz PK'nın[5] tespitine?

Dinler, özlerinden uzaklaştıkça ve farklılaştıkça; insanlar da ayrışıyorlar. Bir dinin mensubu, diğer dinin mensubuna kibir duyuyor. Kişiler kendi inançlarıyla övünüp, diğerinin inancına burun kıvırabiliyor.

Ve nerede sevgi?

Tanrı'nın sonsuz sevgisiyle yarattığı bir evrende ve bir yeryüzünde yaşıyoruz. Tanrı, yaşamın varolması ve devam etmesi için

---

5 PK: PiKey okunuyor.

asgari gerekenleri yaratmamış. Birkaç çeşit canlı yaratıp, arkasına yaslanmamış.. Yeryüzündeki canlı türlerini, bilemiyorum 'bilim' sayabildi mi? ☺

Dünyada tüm yaşananlara rağmen Tanrı'nın bizlere olan sevgisi her daim sürüyor. Her yeni günde, yaşamlarımızda yeni sayfalar açma fırsatı sunuyor bizlere. Bizlerin doğru yolu bulacağına inancı tam.

Şimdi artık biz de üzerimize düşeni yapalım.

Sıfırdan araştıralım,

Tanrı insanı niye yarattı? İnsandan ne bekliyor? Peygamberler ve kutsal kitaplar aracılığıyla insana mesajları neler olabilir? Tanrı, insan için nasıl bir yaşam hayal ediyor?

Bunları keşfedelim.

Keşif yolculuğumuz tıpkı bir "Define Avı" gibi olacak. Heyecanlı ve gizemli. Elimizdeki define haritamız da kutsal kitaplar. Her bulduğumuz ipucu, bizi bir sonrakine götürecek. Define sandığınızı bulduktan sonra, içinden çıkanları nasıl değerlendireceğiniz, tümüyle size aittir.

Benim yazar sorumluluğum, tıpkı bir tur rehberi gibi size refakat edip, sizi gideceğiniz yere güvenle ulaştırmaktır.

Keyfini çıkarın ☺

1. BÖLÜM

İLERİ GEÇMİŞ

TARİHE KISA BİR BAKIŞ VE YARATILIŞ TEORİLERİ

Evrenin yaratılışı ile ilgili en geniş kabul gören teori Big Bang (Büyük Patlama) dir. Bu teoriyi ortaya atanlardan biri kozmolog ve matematikçi, diğeri de bir papazdır. Dinin ve bilimin temsilcilerinin birarada geliştirdiği başkaca teoriler var mı, bilmiyorum. Bu açıdan ilgi çekicidir ve bugün en yaygın olarak kabul görmekte olan evrenin yaratılışı teorisidir. Teoriyi açıklayıcı olması ve yaratılışa inanan bir astrofizikçi olması bakımından Hugh Ross'un bir sözüyle alıntı yapmak istiyorum:

> "Zaman, olayların meydana geldiği boyut olduğuna göre, eğer madde, Big Bang'le ortaya çıkmışsa, o halde evreni ortaya çıkaran sebebin evrendeki zaman ve mekândan tümüyle bağımsız olması gerekir. Bu da bize Yaratıcı'nın evrendeki tüm boyutların üzerinde olduğunu göstermektedir."[6]

---

6 Hugh Ross, The Creator and the Cosmos: How Greatest Scientific Discoveries of The Century Reveal God, Colorado: NavPress, revised edition, 1995, s. 76

Yeryüzünün yaratılışı, Tevrat'ta yazıldığına göre 7 gün, Kuran'da yazıldığına göre 6 gün sürmüştür.

İnsanın ortaya çıkışı ile ilgili de birçok teori vardır. Bunlardan, Adem ve Havva'dan geldiğimiz, tüm tek tanrılı dinlerce kabul edilmektedir. Dinlere göre Adem ve Havva ilk insanlardır.

Bilim insanları çoğunlukla evrim teorisine inanmaya yatkındırlar. İnsan türünün maymundan evrilerek bugünkü haline geldiğini düşünürler. Bir başka teori de, dünya dışı varlıkların insanlığı yarattığıdır. Anunakilerin kendi türleriyle, Lulu adlı bir maymun türünü, genetik çalışmayla bugünkü insana dönüştürdükleri söylenir. Bu teori, kimi zihinlerin aklına yatabilir. Ancak benim aklıma yatmaz. İnsan türünün genetik yapısıyla oynanmış olması mümkündür. Ancak insanı yaratmak? Kainattaki hiçbir varlığın, böyle bir güce sahip olabileceğini düşünmüyorum ben.

Yeryüzünde bir dönem yaşadığı söylenen Atlantisliler de, benzer genetik düzenlemelerle anılırlar. Atlantis döneminde, insanlığın DNA'sının aslen 12 sarmal olduğu ve genetik çalışmalarla 2 sarmala düşürüldüğü yazılıp-çizilmektedir. Bilim de beynimizin potansiyelinin ancak yüzde 10'unu kullanabildiğimizi söylemektedir. Kimbilir, belki bu sebeple beyin tam kapasite kullanılmıyordur. Zira baktığımızda, insanlığın köleliğe yatkınlığı da ortadadır. Nitekim, sözkonusu potansiyel olduğunda, peygamberlerin gösterdikleri mucizeler de malumumuzdur. Şu halde, insanın fiziksel özellikleri geriletilmiş olsa bile, insanın mucizeleri yerli yerindedir. Belki de bu mucizeleri meydana getiren, fiziksel değil ruhsal potansiyellerdir.

Yaratılışla ilgili teorilerden evrime bakacak olursak, bu çok eski bir tartışmadır. Bilmiyor ve merak ediyorsanız, konu ile ilgili yazılmış kitapları okuyabilir, internetten araştırma yapabilirsiniz. Ben bu alana girmeyi zaman kaybı olarak görüyorum. Evrimin alternatifi, "Akıllı Tasarım" teorisidir. (Intelligent

Design) Kısaca, tüm canlı organizmaların "aşağı yukarı günümüzdeki halleri ile akıllı bir tasarımcı" tarafından tasarlandığını söyler. Konu ile ilgili detaylı bilgiye ihtiyaç duyarsanız, yine başka kaynaklardan temin edebilirsiniz. Biz daha heyecan verici konulara geçiyoruz şimdi.

ADEM İLK İNSAN MI?

Bize Adem ile Havva'nın ilk insanlar oldukları öğretildi. Onlar yeryüzünün ilk çiftiydiler ve insanlık onlardan türemişti. Cennet'te başlayan Adem ile Havva'nın hikayesi, işledikleri bir günah yüzünden lanetlerek Dünyaya sürülmeleri ile devam etmişti. Bu önemlidir; çünkü bilinçaltlarımızda -nesiller boyu- Adem ile Havva'nın ilk günahının bedelini ödediğimiz inancı yerleşiktir.

Derin bir bilinçaltı temizliği yapmak ve en mühimi de kendimizi keşfetmek için hikâyenin aslını öğrenmemiz gerekmektedir. Çünkü Adem'in yaratılışı, Tanrı'nın insanla ilgili hayalini, Tanrı'nın bizimle ilgili hayalini anlayabilmemiz için önemlidir.

Adem'in Yaratılışı

Yeryüzünün en gizemli hikayesine, bir film sahnesi çekermiş gibi bakacağım müsadenizle. Ben bir yönetmen olsaydım, nasıl kurgulardım Adem ile Havva'nın filmini?

İlk sahnem, yemyeşil ve koskocaman bir bahçede geçerdi. Önce geniş açıdan ve yukardan çekimle girerdim bahçeye. Arka planda kuş cıvıltıları ve uzaktan gelen kahkaha sesleri olurdu.. Kameram kahkahaların geldiği yöne doğru ilerlerdi ve kahramanlarıma yaklaştıkça sesler daha yükselirdi. Alabildiğine zarif bir kadını görüntülerdim önce. Üzerinde ışıltılı, vücudunun tüm hatlarını ortaya çıkaran uzun bir elbise olurdu. Taze çiçekler tutundurulmuş saçları beline kadar uzanan, müthiş güzel gözleri ve müthiş güzel ifadesi olan bir kadın. Erkeği ile birlikte şakalaşıyorlar; el ele, göz göze müthiş bir aşk yaşadıkları belli oluyor....

İkinci sahnem bir flashback olurdu. Geriye giderdim ve Tanrı ile melekleri arasındaki konuşmayı verirdim seyirciye. Diyalog şu olurdu:

- Muhakkak ben, yeryüzünde bir halife var edeceğim.

- Biz seni şükrünle yüceltir ve takdis ederken, orada bozgunculuk çıkaracak ve kan dökecek birini mi var edeceksin?

- Şüphesiz sizin bilmediğinizi ben bilirim.[7]

Tanrı'yı, Hollywood'un en iyi sesi Don LaFontaine seslendirirdi benim filmimde. Kendisi şu an hayatta değil. Zaten ben de film çekmediğim için sorun yok ☺

Tanrı ve melekler arasında geçen bu diyaloğun devamında, Kuran'da Tanrı'nın Adem'e isimleri öğretişi ve meleklerden Adem'e secde etmelerini isteyişi anlatılıyor.

Adem'in Yaratılış Amacı

Bu yaratım sırasında, dikkat edilmelidir ki, Tanrı'nın yaratacağını söylediği varlık insan değildir. Tanrı, bir "Halife" yaratacağını söylemektedir. Yaratılmasını takiben, bu halifenin Adem olduğunu anlıyoruz.

Yukarıda Tanrı ile Melekler arasında geçen diyalogda çok önemli bir bilgi daha var, fark ettiniz mi? İlk olarak, Tanrı "Yeryüzünde" halife var edeceğim diyor. Yeryüzü yaratacağım demiyor. Yeryüzü daha önceden yaratılmış. Melekler de zaten, "Yeryüzü mü? O da nedir ?" diye sormuyorlar. Yeryüzünü gayet iyi biliyorlar. Nitekim verdikleri cevap da çok ilginç: "Orada

---

7 Kur'an, Bakara 30 (Hani Rabbin, Meleklere: 'Muhakkak ben, yeryüzünde bir halife var edeceğim' demişti. Onlar da: 'Biz seni şükrünle yüceltir ve takdis ederken, orada bozgunculuk çıkaracak ve kan dökecek birini mi var edeceksin?' dediler. (Allah:) 'Şüphesiz sizin bilmediğinizi ben bilirim' dedi.)

bozgunculuk çıkaracak ve kan dökecek birini mi var edeceksin?" Melekler geleceği bilmezler. Bu ayette ve devamında Tanrı "bilmediğinizi ben bilirim", "Göklerin ve yerin gaybını gerçekten ben bilirim" diyerek bu bilgiyi bize veriyor. Şu halde, açık bir zihinle baktığımızda şunu görüyoruz:

Yeryüzü daha önceden var; üzerinde de bozgunculuk çıkaran ve kan döken birileri yaşıyor. Acaba kim onlar?

"Ey kavmim, <u>ölçüyü ve tartıyı -adaleti gözeterek tam tutun</u> ve insanların eşyasını <u>değerden düşürüp eksiltmeyin</u> ve yeryüzünde bozguncular olarak karışıklık çıkarmayın."[8]

"İnsanların eşyasını <u>değerden düşürüp-eksiltmeyin</u> ve yeryüzünde bozguncular olarak karışıklık çıkarmayın."[9]

Yukarıdaki ayetlerden ve buraya koymadığım daha pekçoğundan, açıkça, bozguncuların insanlar olduklarını anlayabiliyoruz. Hayvanlar, elbette ölçme ve tartma işlerinden anlamazlar. Adaleti de, değer-düşürüp eksiltmeyi de bilmezler. Yeryüzünde bunları tek yapabilecek canlı, insandır. Şu halde, anlayabiliyoruz ki, **Adem ilk insan değil, ilk halifedir**. Adem'den önce de, Dünyada insanlık yaşıyordu.

HALİFE İNSANIN YERYÜZÜNE GELİŞİ

Şu halde, Dünyada insanlar önceden beri var idiyse; ilk halifenin yeryüzüne ne zaman geldiğini sorgulamamız gerekir. Az önceki çıkarımımız doğruysa, Kitap'ta bunu da teyit eden bilgiler verilmiş olmalı, öyle değil mi?

Bu noktada size bir sürprizim var:

"… <u>Nuh kavminden sonra</u> sizi halifeler kıldığını ve sizin <u>yaratılışta gelişiminizi arttırdığını</u> hatırlayın. …"[10]

---

8 Kur'an, Hud 85
9 Kur'an, Şuara 183
10 Kur'an, Araf 69

"Fakat onu yalanladılar; biz de <u>onu ve gemide onunla birlikte</u> olanları kurtardık ve <u>onları halifeler kıldık</u>…"[11]

"<u>Ad (kavminden) sonra sizi halifeler kıldığını</u> ve <u>sizi yeryüzünde yerleştirdiğini</u> hatırlayın…"[12]

Açık zihinle, sabit fikirlerden ve ön yargılardan uzak, sadece sorgulamayla bakın ne öğrendik… Ruhsal âlemde Tanrı halife yaratmaya karar veriyor; sonradan ona Adem ismi veriliyor. Ne var ki, Adem ilk insan değil; Yeryüzünde insanlar zaten yaşıyorlar. Ancak yeryüzünde işler iyi gitmiyor. Bozgunculuk yapan ve kan döken insan toplulukları var karşımızda: Nuh ve Ad Kavimleri

Halifelerin yeryüzüne gelişi için verilen zaman:

1- Ad'dan sonra, ve

2- Nuh'tan sonra.

İki ayrı topluluk var karşımızda. Nuh ve Ad kavimleri Kuran'da sıklıkla birarada kullanılmaktadır. Nuh Peygamber de, Ad kaviminden Hud da, kavimlerini büyük bir azaba karşı uyarıyorlar.

Nuh'un kavmini uyarısı:

"Andolsun biz Nuh'u kendi kavmine (halkına bir elçi olarak) gönderdik. Dedi ki: 'Ey kavmim, Allah'a kulluk edin, sizin O'ndan başka ilahınız yoktur. Doğrusu <u>ben, sizin için büyük bir günün azabından korkmaktayım</u>."[13]

Hud'un kavmini uyarısı:

"Ad'ın kardeşini hatırla; onun önünden ve ardından nice uyarıcılar gelip geçmişti; hani o, Ahkaf'taki kavmini: 'Allah'tan başkasına kulluk etmeyin, gerçekten <u>ben, sizin için büyük bir günün azabından korkarım</u>' diye uyarmıştı."[14]

---

11 Kur'an, Yunus 73
12 Kur'an, Araf 74
13 Kur'an, Araf 59
14 Kur'an, Ahkaf 21

Hem Nuh peygamber, hem de Hud, kavimlerini "Büyük bir günün azabı"na karşın uyarmışlar. Acaba, bu iki kavim aynı olabilir mi diye düşünebilirsiniz. Öyle değil. Çünkü Nuh'un kavmine gelen azab Büyük Tufan'dır. Hud'un ise kavmine gelen azab "Rüzgar"[15]dır. Şu halde,anlıyoruz ki, Nuh ve Ad kavimleri farklı coğrafyalarda yaşamaktadırlar.

Tıpkı Nuh ile gemide kurtulanlar gibi, Ad kavmine gelen büyük azabtan sonra, Hud ile birlikte kurtulanlar vardır.

"Emrimiz geldiği zaman, tarafımızdan bir rahmet ile Hud'u ve onunla birlikte iman edenleri kurtardık. Onları şiddetli-ağır bir azabtan kurtardık."[16]

Görebiliyoruz ki, Adem'in ilk halife olarak yaratılışı ve halifelerin yeryüzünde ilk kez görünmesi, Nuh ve Ad kavimlerine gelen büyük azaplardan sonra olmuştur. Ve bu iki felaketten sonra, yeryüzünde yeni bir düzenleme olmuştur.

YERYÜZÜNDEKİ YENİ DÜZENLEME

Nuh ve Ad kavimlerinden sonra halifeler kılınma ayetlerinde, "yaratılışta gelişiminizi artırma" ve "yeryüzünde yerleştirme" ifadeleri dikkat çekicidir. Halifelerin yeryüzüne gelişleri ile birlikte bir değişim olduğunu düşünmeliyiz. Yaratılışta gelişimin artırılmasını bir sonraki başlıkta konuşacağız. Ondan önce, bu değişimin gerçekleştiği büyük doğal afetleri, insanlık tarihinde bir çizgi, bir milat olarak anlayabiliriz. Bunun sebebi, bu milat çizgisinde, Tanrı'nın yeryüzünde yeni bir düzenleme yapmış olmasıdır.

Hatırlayalım:

Tanrı, meleklere "Yeryüzünde halife yaratacağım" diyordu. Melekler de, "Orada bozgunculuk çıkarıp, kan dökecek birini

---

15 Kur'an, Zariyat 41
16 Kur'an, Hud 58

mi yaratacaksın?" diye cevap vermişlerdi. İşte ruhsal âlemdeki bu konuşma, yeryüzünde aşağıdaki ayetlerle karşılık buldu:

"...düzene konulmasından sonra yeryüzünde bozgunculuk çıkarmayın..."[17]

"...düzene konulmasından sonra yeryüzünde bozgunculuk çıkarmayın"[18]

Yeryüzünde bozgunculuk çıkaran insanlar, onlara gelen büyük afetler ve sonrasındaki değişim, yukarıdaki ayetlerde "düzene konulması" olarak karşımıza çıktı. Bu ayetlerde, "düzene konulması" olarak çevrilen ifade Arapça "ıslah" kelimesidir. Anlamı da, "tamir Etmek, iyileştirmek, geliştirmek"tir. Yeryüzünde adeta ilahi bir tamirat olmuştur. Büyük Tufan'dan sonraki sürece dair ayetler ile "ıslah" kelimesinin anlamları tam bir uyum içerisindedir. Gelin, "ıslah" kelimesinin anlamlarıyla, "Büyük Tufan"dan sonra yaşananlara, adım adım bakalım:

1. Aşama: Tamir etme, İyileştirme

"Denildi ki: 'Ey yer, suyunu yut ve ey gök, sen de tut.' Su çekildi, iş bitiriliverdi, (gemi de) Cudi üstünde durdu..."[19]

"'Ey Nuh' denildi. 'Sana ve seninle birlikte olan ümmetler üzerine bizden selam ve bereketlerle (gemiden) in..."[20]

2. Aşama: Geliştirme

"... (Allah'ın) Nuh kavminden sonra sizi halifeler kıldığını ve sizin yaratılışta gelişiminizi arttırdığını hatırlayın..."[21]

---

17 Kur'an, Araf 56
18 Kur'an, Araf 85
19 Kur'an, Hud 44
20 Kur'an, Hud 48
21 Kur'an, Araf 69

İnsanın Donanımının Yükseltilmesi

Yeryüzündeki yeni düzenlemenin ikinci aşaması çok önemlidir. Çünkü, bu aşama, insanın ruhsal potansiyelini anlamaya açılan bir kapıdır.

"Yaratılışta gelişiminizi arttırdığını" diye çevrilen kelime Arapça "**zade**"dir. "**Ötesine Geçmek, üstün olmak, güçlendirmek, imar etmek, yükseltmek, artırmak, çoğaltmak, birdenbire Yükseltmek**"[22] gibi anlamları vardır. Ben insanın donanımının yükseltilmesi olarak tarif ediyorum. Bilgisayar teknolojisi diliyle *upgrade* ile de ifade edilebilir.

Bu yeni insan türüne bir isim de verilmiştir: **Ademoğulları**

"Andolsun, biz Ademoğlunu yücelttik; onları karada ve denizde taşıdık, temiz, güzel şeylerden rızıklandırdık ve yarattıklarımızın bir çoğundan üstün kıldık."[23]

Ademoğulları ayetinde, "yaratılışta gelişimi arttırmak" ile benzer bir ifade karşımıza çıktı, bu kez. "Yücelttik" olarak çevrilen bu yeni ifadeyi anlamak için yine Arapçasına dönebiliriz. "**faddalna**", başka tercümelerde, "**Üstün, saygıdeğer, asaletli, şerefli, onurlu, izzetli**" olarak çevrilmiştir. Kelimenin "**İlerilik, erdem, mükemmeliyet**" gibi anlamları da vardır. Yaratımı geliştirilen insanın, ne nitelikler kazandığını anlamak açısından, önemli bir kavramdır.

Yeni nitelikleriyle donanımı yükseltilmiş olan insan, aynı zamanda erdemler geliştirecek bir insandır da. Ve Tanrı, bu düzenlemeden sonra insanın yeni donanımıyla nasıl davranacağını gözlemeye başlamıştır.

"... sizleri yeryüzünde halifeler kılacak, böylece nasıl davranacağınızı gözleyecek..."[24]

---

22 Bu anlamın İngilizce karşılığı: Skyrocket (Uzay roketi)
23 Kur'an, İsra 70
24 Kur'an, Araf 129

Yeni insanı iyi anlayabilmek için, insanın önceki versiyonunu iyi analiz etmek gerekir. Ruhsal potansiyeli keşfe çıktığımız bir yolculukta önemli bir konaklama yeridir burası.

ESKİ İNSAN

İnsanın önceki halini araştırmak için bakılacak en doğru yerler, Adem'in yaratılışı, Nuh kavmi ve Ad kavminin anlatıldığı ayetlerdir.

Tanrı ve melekler arasındaki konuşmayı tekrar hatırlayalım.

"Yeryüzünde bir halife yaratacağım" diyen Tanrı'ya melekler ne cevap vermişti? "Orada bozgunculuk çıkaracak ve kan dökecek birini mi var edeceksin?"[25]

Bu bölümde inceleyeceğimiz ayetler, kitap boyunca işleyeceğimiz konulara temel oluşturduğu için, yine kelime kelime, titizlikle bakmayı gerektiriyor. '*Bozgunculuk çıkaran*' diye tercüme edilen kelime,[26] "**Hasar verme, yozlaşma, bozulmaya uğratma, dejenerasyon, kötüleştirme, harap eden**" anlamlarına gelir.

Şu halde, yeryüzünde, halife olarak yaratılan *yeni insanların* yerleşmesinden önce yaşayan *eski insanların*, "*kan döken, yozlaşmış, dejenere, çevresine hasar veren*" insanlar oldukları kanaatine varabiliriz.

Bu insanlarla ilgili Nuh kavmindeki anlatımlar aşağıdadır.

"Nuh'un kavmi de, elçileri yalanlandıklarında onları suda boğduk ve insanlar için bir ayet kıldık. Biz zulmedenlere acıklı bir azab hazırladık."[27]

---

25 Kur'an, Bakara 30
26 Arapça "Fe-sin-dal" köklerinden gelmektedir.
27 Kur'an, Furkan 37

"Andolsun, biz Nuh'u kendi kavmine gönderdik... Sonunda onlar zulme devam ederlerken tufan kendilerini yakalayıverdi."[28]

"Daha önce Nuh kavmini de. Çünkü onlar, daha zalim ve daha azgındılar."[29]

Eski insanın karakteristiğine ilişkin bilgi veren Ad kavmi ile ilgili ayet örneği de şudur:

"Hani onlara kardeşleri Hud: 'Sakınmaz mısınız?' demişti."[30]

Ad kavmine gönderilen Hud'un "Sakınmaz mısınız?" ifadesi, iyi ve kötüyü ayırt edemeyen veya iyiyi bilip de kötüyü seçmekte ısrar eden bir halkı tanımlamaktadır. Kitabın ilerleyen bölümlerinde, iyi-kötü kavramlarına değineceğiz. Bu yüzden, Nuh kavminde, baskın karakter olan *zalimliğe* odaklanalım şimdi.

Zalim Karakteri

Hepimiz biliyoruz ki, zulmeden kişiye, *Zalim* deniyor. Ancak bu kelimenin anlamını bütünüyle tanıyor muyuz? Zalim Arapça bir kelimedir ve Türkçe'deki karşılığı, anlamın tamamını vermez. Zalim, Türkçe'de *"gaddar, zorba, kötü"* anlamlarıyla kullanılır. Ne var ki, "zalim"in anlam spektrumu çok daha geniştir. Kitap genelinde, bu kavram bize pekçok açılım yaratacağı için iyi anlaşılması gerekiyor.

Arapça "zalim" kelimesinin, dünyada en çok konuşulan ve kelime haznesi çok geniş dillerinden İngilizce karşılığına baktığımızda şu anlamlarla karşılaşıyoruz:

Arbitrary: Gaddar, başkalarını dikkate almayan, despot

Atrocious: Vahşi, acımasız

Bloody-minded: Kana susamış, eli kanlı

---

28 Kur'an, Ankebut 14
29 Kur'an, Necm 52
30 Kur'an, Şuara 124

Brutal: Vahşi, yabani, hayvanca

Cruel: Kıyıcı, yırtıcı, canavar, hissiz

Cuthroat: Cani, katil, canavar ruhlu

Draconian: Aşırı haşin, Atinalı Dragon gibi

Draconic: Gaddar, merhametsiz

Ill-natured: Belalı, aksi, sert, kaba

Savage: Vahşi, yırtıcı, yabani

Outrageous: Acayip, korkunç, ölçüsüz, acımasız

Sanguinary: Kana susamış, kan dökücü

Oppressor: Esen, gaddar, baskıcı

Tyrannic: Acımasız, gaddar

Truculent: İnsafsız, saldırgan, vahşi

Stony: Taş kalpli, soğuk, duygusuz

Zalim kelimesinin anlamını hepimiz yakalayabildik, değil mi? **"Vahşi, yırtıcı, hayvani, yabani, kan döken"** bir tür olarak **eski insan** ile tanıştık. Halife yaratılma aşamasında, meleklerin Tanrı'ya cevaplarında, *"bozgunculuk çıkaran ve kan döken biri"* ifadesi ile *zalim* tanımı da birebir örtüşmektedir. Edindiğimiz bilgilerin sağlamasını yapmak adına önemlidir.

Demek ki, donanımı artırılmadan önce yeryüzünde "zalim" olarak isimlendirilen, hayvani, vahşi, bir insan türü yaşıyormuş. Aslına bakacak olursanız, bu tür halen daha dünyada yaşamını sürdürmektedir. Eski insan, dünyayı felaketlere sürüklemişti. Bugünkü zalim insan da dünyayı insan mahsulü bir felakete sürüklüyor. Tanrı'nın armağanı yeni donanımına rağmen, kimi insanlar *eski insan* gibi yaşamaya devam ediyorlar.

Kitabın devamında, zalim ve "hayvani insan" için *Yaban İnsan* tanımını da kullanıyor olacağım.

Tanrı muhteşem bir yeryüzü ve canlı âlemi yaratmış. Ciltler dolusu kitaplar, bu yaratımlardaki aklın, zekânın, matematiğin, estetiğin, uyumun, dengenin, biyoteknolojinin bilebildiğimiz kadarını anlatmaya yetmez. Halen daha yeryüzünde yeni türler bulunmaya devam ediliyor, yeni keşifler yapılıyor.

Bu bir tablo olsaydı, insan türü de bu tabloya ressamın attığı imza olabilirdi. İnsan elinin yapabildiklerini başka hangi canlıda görebiliriz? Hangi başka canlı türü konuşabilir, edebi eserler kâleme alabilir, şarkı söyleyebilir, dans edebilir, heykeller yapabilir, gökyüzünün hareketlerinden yola çıkarak takvimi bulabilir, doğadaki altın oranı gözlemleyebilir?

Elbette insanın özelliklerini tek tek ele aldığımızda, ondan daha iyi gören, daha iyi koku alan, daha iyi duyan canlı türleri vardır. Ancak bütün olarak bakıldığında, insan gerçekten de en gelişmiş türdür.

Bilgisayar teknolojisi ile şöyle açıklayabilirim: iPad, iPhone ve iPod cihazlarını ve iMac bilgisayarlarını zihninizde yanyana getirin. iPad, iPhone ve iPod cihazları üzerlerindeki sınırlı yazılımlarla belirli fonksiyonları yerine getirebilirler. Ne var ki, iMac bilgisayarlar çok ileri donanımlardır. Onlara yüklenecek sofistike yazılımlarla, bugün dünyadaki hemen tüm yaratıcı işleri yapabilmek mümkündür. Animasyonlar, efektler, grafik tasarımlar, ses düzenlemeleri vs. Bu yönüyle iMac bilgisayarlar insana benzer. Her ikisi de, kendi türleri içerisinde en gelişmiş olanlardır.

"Yaban İnsan" Doğada...

"Yaban İnsan", bu gelişmiş donanımıyla, doğanın içerisinde ve diğer canlılarla paylaştığı yaşamda nasıl davranır?

İki seçenek vardır: Birinci seçenek, doğa ile uyum içinde yaşamasıdır. İkinci seçenek ise, diğer canlılardan kendini üstün görmesi ve yeryüzünün sahibi benim diye dolaşmasıdır. Ki böyle de olmuştur.

Yaban İnsan, çok kabiliyetli olan fiziksel bedeniyle önce diğer hayvanlar arasında tahakküm kurdu. Sonra diğer insanlar arasında üstünlük arayışı, iktidar edinme savaşları başladı. Büyük küçüğü, güçlü zayıfı ezdi. Bunları tarihi araştırmalara bakarak yazmıyorum. Maalesef, bugünlere bakarak yazıyorum. Canlı yaşamını hiç dikkate almayan işletmeler kuruluyor, bina-yol yatırımları yapılıyor. Bu yatırımların havaya, suya, toprağa, flora faunaya, ekosisteme, habitata olası etkileri dikkate alınmıyor. Bugün hâlâ, zararları aşikar olduğu halde, kömürlü termik santraller, nükleer enerji santralleri kurmaya çalışan bir zihniyetle karşı karşıyayız.

Hayvanlar inşaatlardan kaçmak için şehirlere sığınıyorlar. Denizlerden yabani domuzlar topladığımızı hatırlayın. Aynı şekilde avcılardan kaçıp yine şehre sığınan domuzlara, modern zannettiğimiz insanlık taşlarla saldırıyorlar. Kürkleri yumuşak olduğu için bebek fokların avlandığı bir dünyada yaşıyoruz biz.

Sadece doğa mı? Hayvansal içgüdüler nerelere kadar uzanıyor? Temel İçgüdü filminden bahsedeceğimi zannetmeyin. Ben size, en eğitimli olanlarımızın yönettiği, en karmaşık denklemlerin, parametrelerin kullanıldığı ekonomik piyasalardan bir örnek vermek istiyorum:

Ve sözü (OECD) Ekonomik İşbirliği ve Kalkınma Örgütü'nün tahvil piyasaları ve kamu borcu yönetimi birimi Başkanı *Hans Blommestein*'a bırakıyorum. Blommestein'in Financial Times'daki röportajından:

"Piyasaların hali hazırdaki psikolojisi oldukça negatif ve gerçek verilere dayalı olarak ilerlemese de tahvil piyasalarında çoğu zaman, hayvansal içgüdüler gelen verilerin abartılmasını ve aşırı satışı tetikliyor. Bu durum yatırımcıların şimdiye kadar güvenli gördükleri ülke varlıklarına olan talebi bir anda azaltıyor ve piyasaların uçurumdan düşer gibi bir hızla gerilemesine neden oluyor. Bu aynı zamanda, ülke risklerindeki değişimi güvenilir şekilde değerlendirmeyi ve piyasaların hangi yöne gideceğini anlamayı da zorlaştırıyor. Bloommestein, Hayvansal içgüdünün yüksek miktardaki borç yükleri nedeniyle ABD ve İngiltere gibi gelişmiş ekonomileri de olumsuz etkileyebileceğini vurguluyor."[31]

Değerli okurlarım,

Yaban İnsanlar, bugün hayatın her alanında bizlerle birlikte aramızda yaşıyorlar. Kadına şiddette bulunan, çocukları suistimal eden, çocuk pornosu izleyerek kendini tatmin eden, inşaat ustası olduğunda amelelere kök söktüren, gücünün yettiğine savuran, madende "dayı" olup işçilere köle gibi davranan bir türdür bu. Makamı olsun olmasın, eğitimi olsun olmasın, hiç fark etmiyor. İlkel, kaba, yontulmamış bir insan modelidir bu. Kendini bedenden ibaret görür. Gücün kaynağının kas, para, koltuk, yetki, eğitim, zekâ vs. olduğunu zanneder. Etobur bir zihniyettir. Holigandır. Fanatiktir. Gittiği her yere, beraberinde orman kanunlarını da taşır. Bir spor müsabakasını izlemeye gitse taşkınlık yapar ve hadise çıkarır. Demokratik hak onun için, kolunu kestiğinde akan iki renkli kandır. Takım tutar gibi siyasi parti taraftarlığı yapar.

Sistemin en sevdiği, en makbul gördüğü insan modelidir. Çok kolay yönetilir. Çabuk gaza getirilir. Dini, ideolojisi, taraftarlığı kullanılarak, el şıklatmasıyla hemencecik meydanlara sürülüverir. Üzerinden geçtiği yerleri yakar-yıkar. Doğruyu-yanlışı bilmez. Şakşakçıdır. Azarlanmaktan, aşağılanmaktan, ezilmekten sadistçe zevk alır.

Başta "Liderlik"ten bahsederken değindiğim gibi, "Yaban İnsan"dır kendine takip edecek bir lider arayan. Sürü halinde hareket etmeyi sever çünkü. Sürünün içinde kendini güvende hisseder. Yaşamak için asgari ihtiyaçlarını karşılamak, karnını doyurmak onun yaşamdan tek beklentisidir. Yaşamı, midesinden ibaret zanneder. Bu yüzden karnını kim doyuruyorsa, kayıtsız-şartsız iradesini teslim etmekte sakınca duymaz. Onun için en büyük ziyafet, kocaman bir "Aferin" ile başının okşanmasıdır. Efendisinin onayını ve takdirini kazanmak, koskoca bir yaşama bedeldir.

İşte, içinde yaşadığımız dünyayı bugünkü haline, Sistem ve sadık hizmetkarları olan Yaban İnsanlar getirmiştir.

Bugünkü "Yaban İnsan"ın yaşama olumsuz etkilerini çok iyi biliyoruz. Peki, merak ediyor muyuz, eski "Yaban İnsan"ın canlı hayata verdikleri zararın boyutları nerelere kadar uzanmıştı? Bu konuda fikir sahibi miyiz?

Yeryüzündeki yeni düzenleme milat çizgisine bakacağız yine. Nuh Peygamber ile ilgili bir anlatım, bize bu konuda da ışık tutacak.

Hatırlayacaksınız, eski insanı anlayabilmek için baktığımız Nuh kavmi ayetlerden birinde *"Daha zalimlerdi, daha azgınlardı"*[32] ifadesi dikkat çekiciydi. Yeryüzündeki yeni düzenlemeden önce, bu zihniyetin eli nerelere kadar uzanmıştı ki, zalimlikte zirve yapmışlardı?

Aşağıdaki ayette verilen bilgi çok dikkat çekicidir:

"Andolsun, biz Nuh'u kendi kavmine gönderdik, içlerinde elli yılı eksik olmak üzere bin sene yaşadı. Sonunda onlar zulme devam ederlerken tufan kendilerini yakalayıverdi."[33]

Evet, Nuh Peygamber tam 950 yaşında iken Büyük Tufan gerçekleşmiş. Nuh Peygamber, zulmeden kavmi ile birlikte 950 yıl yaşamış. Tufandan sonra ne kadar daha yaşadığını bilemiyoruz. Gerçek milat çizgisindeki Nuh peygamberin, böylesine uzun bir ömre sahip olması önemlidir. Zira, Giriş bölümünde bahsettiğim Atlantis dönemini ve 12 DNA sarmallı uzun

---

32 Kur'an, Necm 52
33 Kur'an, Ankebut 14

ömürlü insanları akla getirmektedir. Hatırlayacaksınız, bu dönemde insanların DNA'ları ile oynandığı ve 2 sarmala düşürüldüğü söylentilerinden bahsetmiştim. Kuran'da verilen bilgilerle çok uyumlu bir söylentidir bu.

Halife'nin yeryüzüne inişinin zamanlaması için Kuran'daki 3 ayetten ikisinin Nuh kavminden, bir tanesinin de Ad kavminden sonrasını işaret ettiğini hatırlayın. Nuh ve Ad kavimlerinin sıkça birlikte kullanılmasını ve aynı dönemlerde farklı coğrafyalarda yaşamalarını da hatırlayın.

Bazı kaynaklar, Ad kavminin Atlantis olduğunu söylemektedir. Tabii, doğrunun ne olduğunu tam olarak bilebilmemiz mümkün değildir. Ne var ki, insanın DNA sarmallarıyla oynanması söylentisi ile Nuh'un yaşına dair Kuran'dan aldığımız bilgiler de uyumludur.

Eski insanın zalimliğinin boyutlarını anlayabilmek açısından Nuh'un yaşının güçlü bir ipucu olduğunu düşünüyorum. Eski insanın, "kafa yapısını" vermesi açısından, Ad kavmiyle ilgili bir ayeti de not düşmek istiyorum:

> "Ad (kavmin)e gelince; onlar yeryüzünde haksız yere büyüklendiler ve dediler ki: 'Kuvvet bakımından bizden daha üstünü kimmiş?..'"[34]

İnsanın DNA'sıyla oynamayı kendinde hak gören, güç budalası bir zihniyete benziyor, gerçekten de.

Bugünkü Yaban İnsanın zalimliğinin boyutları da, gezegenin ekosistem dengesini bozma yolunda hızla ilerlemektedir. Yaban atalarla adeta bir zalimlik yarışı ya da yeni bir zalimlik rekoru denemesi görüntüsü sergilenmektedir. Zira, insanın genetiğiyle oynanması bağlamında, bugün tarih tekerrür etmektedir. Özellikle bir GDO'lu[35] tohum konusu vardır ki, tek başına bu bile insanlığın sonunu getirebilecek niteliktedir.

---

34 Kur'an, Fussilet 15
35 GDO: Genetiği değiştirilmiş organizmalar

Bu tohumlarla beslenen farelerde, 4. nesilden sonra bağışıklık sistemleri ve üreme genleri bozulmuş. Sperm sayılarında düşüklük gözlenmiş ve daha ufak tefek, çelimsiz, maraz hayvanlar ortaya çıkmış. Bu tohumların ekildiği topraklar da zarar görmekteymiş. Topraktaki mikroorganizmalar ve bakteri popülasyonları bozulmaktaymış. Ülkemizde, 2006 yılından beri yerli tohumun üretiminin, satılmasının, kullanılmasının ve dahi barındırılmasının yasaklanmış olması, halkımız için ciddi bir tehdit oluşturmaktadır.

Benzer şekilde, dünyada aşılarla ilgili tartışmalar gittikçe büyümektedir. Peki ya antibiyotikler? Sadece hastalandığımızda içtiklerimiz değil, etlerini yediğimiz hayvanlara verilen antibiyotikler de bünyemize geçmektedir. Bu durum, bedenlerimizde antibiyotik direnci oluşturmaktadır. Bu sebeple 2050 yılında insan nüfusunun dramatik oranlarda kıyıma uğrayacağı tahmin edilmektedir.

Yeni insanın, yeni donanımıyla misyonunun önemli kısmının yeryüzünü ve tüm canlı alemini korumak olduğuna inanıyorum ben. Bu yüzden, doğa aktivistlerinin, çevre gönüllülerinin, hayvan hakları savunucularının sayıları gün be gün artmaktadır. İnsanlık sağlıklı yaşama, organik tarıma vs. yönelmeye başlamıştır. Hepsi de insanın aydınlanmasıyla birlikte, yaşam misyonlarına uyanmasındandır. Ruhsal potansiyelini hatırlamanın, doğal sonucudur bu.

Elinizde tutmakta olduğunuz bu kitap da, bu misyonun bir parçası olarak kaleme alınmıştır. "İlahi Ressam"ın, yeryüzü tablosunda herkes üzerine düşeni yapmaktadır.

"Eski ve Yaban" insanı tanıdık. Halen daha, insanın gelişiminin tam olarak nasıl arttırıldığını merak ediyoruz. Daha önce, **"asaletli, erdemli"** gibi kavramlarla karşılaşmıştık. Bu gelişimin, fiziksel olmaması muhtemeldir. Yine de kesin bir kanaate varmak için tüm alanlara bakmalıyız.

Bu gelişim, şayet fiziksel olsaydı, Dünya Süperman'lardan, Spiderman'lardan geçilmez, bunlar animasyon karakterleri değil, sıradan insanlar olurlardı. Veya gelişim fiziksel olsaydı, en azından, insanın ömrünün eski-uzun haline dönmesini bekleyebilirdik. Ancak böyle olmamıştır. İnsan ömrünün eski haline döndürülmesi için insanlığın seçimlerine müdahale edilmemiştir.

Tanrı, kendi yarattığı ilahi yasalarına en başta kendisi uyarak onları koruma altına almıştır. İlahi yasalardan ikincisi *"Özgür İrade"*dir. Tanrı seçimlere karışmaz, direkt müdahale etmez.

İlerleyen sayfalarda konuşacağımız, insanın donanımına eklenen yeni parça da, Tanrı tarafından kişiye seçim hakkı vermektedir. Şimdilik yeri geldiği için bu parçaya kısaca temas etmiş olduk. İlerleyen sayfalarda detaylıca ve ismini vererek konuşuyor olacağız.

Yine yeri gelmişken, ilahi yasalardan üçüncüsünden de kısaca bahsetmekte yarar var. Zira Büyük Tufandan ve Ad kavmine gelen Rüzgar felaketinden birkaç kere söz ettik. Bu afetleri de, Tanrı'nın yaşam sistemine direkt müdahalesi olarak algılamamak gerekir. Her şey, Tanrı'nın bilgisi ve izni ile gerçekleşmektedir. 4. Bölümde, Tanrısal Zihin bahsinde bu konuyu daha detaylı konuşuyor olacağız.

Şimdilik, vurgulamak istediğim şudur: *"Her etki, bir tepki doğurur."* Bu, üçüncü ilahi yasadır. İnsan seçimlerinde özgürdür. Doğanın tüm unsurları gibi, insanın seçimleri de ekosisteme bir etkidir. Bu etki, bir tepki yaratır. İyi seçimler iyi tepkileri, kötü seçimler de kötü tepkileri yaratır. İnsanlığın zalim davranışları, Nuh ve Ad kavimlerine doğa içerisinde karşı tepki yaratmıştı. Bu tepki, Büyük Tufan ve Rüzgar afetleri oldu. Bugün de doğa, etki-tepki yasasına göre çalışmaktadır. Güzel ülkemde kesilen yüzbinlerce ağaca karşılık doğa tepkilerini vermektedir. Vermeye de devam edecektir. Tanrı'nın yarattığı yasalardan belki de en büyüğü olan "İlahi Adalet" yasası gereği bu böyledir. Tanrı, "ilahi adalet" sistemiyle çalışan mükemmel bir evren yaratmıştır. "İlahi adalet" sisteminin insan eliyle kurulan ve kitabın başında bahsettiğimiz Sistem ile ilişkisi yoktur. İnsanın sistemi, kendini köleleştirmek için çalışır. *Tanrı'nın sistemi ise özgürlüğe ve yaşama hizmet eder.*

İnsanın yaratımının yükseltilmesine geri dönecek olursak, aradığımız gelişim insanın zekâsıyla ilişkili olabilir mi?

Hayır. Yeryüzünde bilinen en eski uygarlıklardan Mayalar, tekerlek gibi araç gereçlere sahip olmaksızın devasa yapılar inşa etmiş; gerek mimarileri, gerekse de olağanüstü matematik, takvim ve astronomi bilgileri bakımından çok ileri bir uygarlıktı onlar. Zekâ olarak, bugünkü insandan geri kalmak bir yana, gayet ilerideydiler. Bugün halen daha onların eserlerindeki bazı gizemler çözülememiştir.

Şu halde, insanın yaratımının yükseltilmesinin fiziksel olmadığını anlıyoruz. Yeni insanı ve özelliklerini anlamamız çok önemlidir. Zira yeni insan, bizden başkası değildir. Yaratımımızı anlamamız, yaşamımıza ışık tutacaktır. Ruhsal potansiyelimizi hatırlamaya giden kapıyı aralayacaktır.

2. BÖLÜM

YENİ İNSAN VE RUHSAL TARAFININ PARÇALARI

"Bir insan acı duyabiliyorsa canlıdır. Bir insan başkasının acısını duyabiliyorsa insandır." Tolstoy

"Yeni İnsan"ın gelişiminin fiziksel olmadığına emin olduktan sonra, bu gelişimin mana boyutunda, somut olmayan bir özellik olduğunu düşünmeye başlıyoruz. Zira ayetlerde **"Yaratılışta gelişimin artırılması"** olarak çevrilen kelimenin **"artırmak, çoğaltmak"** anlamları vardı. Ayrıca **"yüceltme"** de **"erdemler, mükemmeliyet"** anlamına geliyordu.

Zaten Tanrı da, meleklere "Ben bir halife yaratacağım," demişti.

Yeni İnsan, halife olmak üzere yaratılmış bir insandır. "Yeni" donanımı da, bunu mümkün kılmaktadır.

Halife Nedir?

Halife, **"vekil, temsilci, halef"** demektir. Kelimenin bizde bıraktığı çağrışım, anlamlarıyla uyumludur. Ancak kelimenin bir başka anlamı daha vardır ki; kavramın altını çok iyi doldurmaktadır. İngilizce'deki tam karşılığı Successor'dır. "Success"-den yani "başarı"dan türeyen bir kelimedir. Kişileri tanımlamak için kullanılır. Başarı yakalayıcı, başarıya ulaşıcı, **başaran** olarak çevrilebilir. Ancak içinde şöyle bir anlam da saklıdır: Elini attığı her işte başarılı olan, adeta başarı skorcusu bir kişidir bu. İş dünyasında çok kullanılan, yeni trend bir kavramdır. Üst düzey yöneticilerde aranan önemli bir özelliktir.

Elbette, halifenin Tanrı'yı yeryüzünde temsil eden bir kişi olarak tanımlanması müthiştir. Ne var ki, Tanrı'yı temsil ve başarı anlamlarını yanyana koyduğunuzda halife kavramı adeta bir roket gibi fırlar gider…

Halife kavramımızı yerli yerine oturttuktan sonra şimdi geçelim 'an be an' yaratılışına.

Kuran'da Adem bahsi, adeta bir film gibi, planlar halinde anlatılmıştır. Önce halifenin yaratılışıyla sahne açılır, sonra Adem ortaya çıkar, ardından Adem eşi Havva ile birlikte görüntülenir. Adem bahsi bu kitabın bel kemiğidir. Planları çok detaylı inceleyeceğiz. İleri-geri gidişlerimiz olacak, yer yer ağır çekim yapacağız, yer yer görüntüyü donduracağız.

Birinci plan ile başlayalım:

1. Plan

"Hani Rabbin, Meleklere: 'Muhakkak ben, yeryüzünde bir halife var edeceğim' demişti. Onlar da: 'Biz seni şükrünle yüceltir ve takdis ederken, orada bozgunculuk çıkaracak ve kan dökecek birini mi var edeceksin?' dediler. (Allah:) 'Şüphesiz sizin bilmediğinizi ben bilirim' dedi."[36]

Tanrı, yeryüzünde bir "Halife" var edeceğini söylüyor. Konuşmanın Tanrı ve melekler arasında geçmesinden, bu planın ruhsal âlemde geçtiğini anlıyoruz. Tanrı'nın "Yaratacağım" de-

---

36 Kur'an, Bakara 30

mesiyle birlikte, ruhsal düzlemde "Halife" yaratılmıştır. Halifenin bu aşamada bir ismi yoktur.

2. Plan

"Ve Adem'e isimlerin hepsini öğretti. Sonra onları meleklere yöneltip: 'Eğer doğru sözlüyseniz, bunları bana isimleriyle haber verin' dedi. Dediler ki: 'Sen yücesin, bize öğrettiğinden başka bizim hiçbir bilgimiz yok. Gerçekten sen, her şeyi bilen, hüküm ve hikmet sahibi olansın.' (Allah:) 'Ey Adem, bunları onlara isimleriyle haber ver' dedi. O, bunları onlara isimleriyle haber verince, dedi ki: 'Size demedim mi, göklerin ve yerin gaybını gerçekten ben bilirim, gizli tuttuklarınızı ve açığa vurduklarınızı da ben bilirim."[37]

Bu planda Halife, Adem olarak isimlendirilmiş. İsimleri öğrendiği bir yerde yaşıyor. Bu ayette geçen "İsim" kelimesini araştırdığımızda, "**Kişiler, yerler, eşyalar, hayvanları tanımlayan kelime; maddi, maddesel**" anlamlarıyla karşılaşıyoruz. Adem, ruhsal düzlemden, maddesel düzleme geçmiş. Çünkü artık bir ismi ve cinsiyeti var. Ayrıca Adem ile Tanrı arasında geçen konuşma, direkt-yüzyüze bir konuşmaya benzemiyor. Bu konuşmanın nasıl gerçekleşmiş olabileceğini, "Tanrısal İlham" başlığı altında 4. Bölümde konuşacağız.

Bu planda Adem'in yaşıyla ilgili bir fikrimiz var mı? Sonraki planı bildiğim için, şimdiden bebek veya çocuk diyebilirim. İsimlerin, eşyaların vs. öğrenildiği bir yaş evresine benziyor.

3. Plan

"Ve meleklere: 'Adem'e secde edin' dedik. İblis hariç secde ettiler. O ise, diretti ve kibirlendi, kafirlerden oldu."[38]

Biraz sonra değineceğiz.

---

37 Kur'an, Bakara 31-33
38 Kur'an, Bakara 34

4. Plan

"Ve dedik ki: '<u>Ey Adem, sen ve eşin</u> cennette yerleş. İkiniz de ondan, neresinden dilerseniz, bol bol yiyin; ama <u>şu ağaca yaklaşmayın, yoksa zalimlerden olursunuz.</u>"[39]

Bu planda, Adem'in yanında eşini görüyoruz. Cennet'e yerleşiyorlar. Bolluk içinde yaşıyorlar. Ancak bir ağaç var ki, ona yaklaşmamaları gerekiyor. Yaklaşırlarsa zalimlerden olacaklar.

Adem'in yanında eşini gördüğümüzde, 2. Plan'da yaşıyla ilgili yaptığımız yorum anlam kazanıyor. 2. Plan'da Adem sorumluluğu olmayan bir yaştaydı. Ancak 4. Plan'a geldiğimizde artık bir yetişkin. Bir eşi var ve seçimlerinden sorumlu.

Buraya kadar "Halife" olarak yaratılıp, sonradan kimlik kazanan Adem'in düz çizgi halinde başından geçenleri gördük. Şimdi, Adem'in yaratılışını atom mikroskobuyla inceleyelim.

Önce İnsanın yaratılışına bakalım:

"<u>Ey insanlar,</u> eğer dirilişten yana bir kuşku içindeyseniz, gerçek şu ki, <u>biz sizi topraktan yarattık, sonra bir damla sudan, sonra bir alak'tan, sonra yaratılış biçimi belli belirsiz bir çiğnem et parçasından;</u> size (kudretimizi) açıkca göstermek için."[40]

Kuran'a göre insan çamurdan, karmaşık bir sudan ve "alak"-tan yaratılmıştır. Bu tanım, insanın bedensel tarafını tarif etmektedir.

Oysa Adem'in yaratılışı ise daha farklıdır: Adem yoktan varolur, sonra suret kazanır. Çünkü Adem, bir halife olarak ruhsal alemde yaratılmıştır. İnsanın ruhsal tarafını temsil etmektedir.

"Andolsun, <u>biz sizi yarattık, sonra size suret verdik,</u> sonra meleklere: 'Adem'e secde edin' dedik...."[41]

---

39 Kur'an, Bakara 35
40 Kur'an, Hac Suresi 5
41 Kur'an, Araf 11

Dikkat edilirse, "biz sizi yarattık, sonra size suret verdik" anlatımı iki ayrı aşamadan bahsetmektedir. Yaratma evresinde (1. Plandaki gibi) isim yoktur. Suret verilmesini takiben isim ortaya çıkmaktadır.

Suret nedir?

"<u>Döl yataklarında size dilediği gibi suret veren</u> O'dur. O'ndan başka ilah yoktur; üstün ve güçlü olandır, hüküm ve hikmet sahibidir."[42]

Suret ile kastedilen, bedenmiş. Halife, ruhsal düzlemde yaratıldıktan sonra insan olarak bedenlenmiş ve kimlik kazanmış.

Gördük ki, insanın iki ayrı tarafı vardır. Birinci tarafı ruhsal, ikincisi de bedensel tarafıdır.

İnsanın bedensel tarafı çamurdan, karmaşık bir sudan ve alaktan yaratılmıştır. İnsanın ruhsal tarafı ise, ruhsal âlemde yaratılmış ve sonradan bedenlenmiştir.

İnsanın ruhsal tarafının çoğalması ile, bedensel tarafının çoğalma şekilleri farklıdır. Beden üreyerek çoğalır. Ruhsal âlemde ise, önce bir nefis yaratılmış, sonra o nefis çoğaltılmıştır:

"Ey insanlar <u>sizi tek bir nefisten yaratan, ondan eşini yaratan</u>..."[43]

"...<u>ondan eşini var etti</u>..."[44]

"Sizi <u>tek bir nefisten yarattı, sonra ondan kendi eşini var etti</u>..."[45]

Bu ayetlerde dikkat çekici olan, bedensel kimliği işaret eden herhangi bir isim kullanımının olmamasıdır. Çünkü sözkonusu yaratım, ruhsal düzlemdedir.

Ayrıca görmekteyiz ki, insanın ruhsal tarafının adı Nefis'tir.

---

42 Kur'an, Al-i İmran 6
43 Kur'an, Nisa 1
44 Kur'an, Araf 189
45 Kur'an, Zümer 6

İNSANIN RUHSAL TARAFI: NEFİS

"Nefis" kelimesinin anlamlarına baktığımızda, **"Öz, Varlık, Benlik, Ben kavramı, Zihin, Tin"** kavramları ile karşılaşırız. Nefis, tam olarak ruh değildir. Çünkü Kuran'da "ruh" kelimesi farklı bir anlatım için kullanılmaktadır. O noktaya biraz sonra geleceğiz. Nefis, "can" demek de değildir. Can, insanın yanısıra diğer canlı varlıklarda da vardır. Ayrıca, Kuran'da canı ifade etmek için kullanılan kelime "dal elif be" köklerinden gelmektedir. Nefis insana özeldir. Tıpkı melekler gibi, Tanrı tarafından ruhsal düzlemde yaratılmış, ruhsal bir varlıktır. Ruhsal bir bilinçtir. İnsanın yüksek tarafıdır. Ona yön gösterir. Belirli nitelikleri ve belirli bir çalışma mekanizması vardır.

Adem'in yaratılışına tekrar döncek olursak; *"Tek bir nefisten yaratım"* ayetleri Adem'e özel anlatımlar değildir. Genel bahislerdir.

Ayrıca nefis, insanın donanımına eklenmiş yeni bir parça değildir. Adem'den önce, Nuh kavminde de nefis vardı. Bunu, Nuh Peygamberin kavmi ile yaptığı bir konuşmadan anlıyoruz:

"Ben size Allah'ın hazineleri yanımdadır demiyorum, gaybı da bilmiyorum. Melek olduğumu söylemiyorum ve gözlerinizin aşağılık gördüklerine, Allah kesin olarak bir hayır vermez de demiyorum. Nefislerinde olanı Allah daha iyi bilir. Bu durumda (bunun aksini yaparsam) gerçekten o zaman zalimlerdenimdir.' 'Ey Nuh,' dediler "bizimle çekişip-durdun, bu çekişmede ileri de gittin. Eğer doğru söylüyorsan, bize vaadettiğini getir."[46]

Nuh Peygamber, kavmine "Nefislerinde olanı Allah daha iyi bilir." diyor. Eski insanda "Nefis" bulunduğuna dair tek anlatım, bu ayette yapılmıştır. Başka hiçbir bahis yoktur.

Bu durumu, insanın yaratımının yükseltilmesinin, onun yaratımına yeni bir parça eklenmiş olmasının yanısıra, mevcudun

---

46 Kur'an, Hud 31-32

da geliştirilmesi olarak algılıyorum. Yani, eski insandaki "Nefis"in geliştirilip, üst versiyona çıkarıldığını düşünüyorum. İlerleyen sayfalarda, değineceğim "Nefis"in çalışma mekanizmasındaki işleyiş de bu savımı güçlendiriyor. "Nefis" önceden var mıydı, sonradan mı insana eklendi, bu çok önemli bir tartışma değildir. Önemli olan "Nefis"in ne olduğunu ve nasıl çalıştığını anlamamızdır. Çünkü "Nefis", bizim varlığımızın çok önemli bir parçasıdır.

İnsanın varlığını bir buz dağına benzetecek olursak; buzdağının görünürdeki ucu, insanın bedensel tarafıdır. Oysa ki, buzdağının asıl kütlesini, suyun altındaki görünmeyen kısmı oluşturur. Tıpkı insanın ruhsal tarafının, varlığının büyük kısmını oluşturması gibi.

Nefisin, insandan ayrı bir parça olduğuna dair Kuran'da çok fazla vurgu yapılmıştır. Nefisten, ikinci bir taraf olarak bahsedilir.

"...Kim böyle yaparsa artık o, <u>kendi nefsine zulmetmiş olur</u>...."[47]

"... Hayır olarak her ne infak ederseniz, <u>kendiniz (nefsiniz) içindir</u>...."[48]

"...Allah, onlara zulmetmedi, fakat onlar kendi <u>nefislerine zulmetmektedirler</u>."[49]

"...<u>nefislerine zulmettikleri</u> zaman..."[50]

"Kim kötülük işler veya <u>nefsine zulmedip</u> sonra...."[51]

Son olarak, öldüğümüz zaman, bedenimizden ayrılıp giden ruhsal varlığımız, "Nefis"ten başkası değildir:

---

47 Kur'an, Bakara 231
48 Kur'an, Bakara 272
49 Kur'an, Ali İmran 117
50 Kur'an, Ali İmran 135
51 Kur'an, Nisa 110

"Allah, <u>ölecekleri zaman</u> canlarını <u>(Nefislerini) alır</u>; ölmeyeni de uykusunda (bir tür ölüme sokar). Böylece, kendisi hakkında ölüm kararı verilmiş olanı(n ruhunu) tutar..."[52]

İNSANIN RUHSAL TARAFINA EKLENEN PARÇA

Nefis en önce yaratılmış, sonra insan bedeni kazanmıştır. Bedenlenmeyi takiben de, Tanrı insana kendi ruhundan üflemiştir.

Evet, yeryüzündeki yeni düzenlemeden sonra, insanın gelişiminin artırılması, yükseltilmesi, ona Tanrı'nın ruhundan üflenmesidir. İnsanın varlığı, Tanrı'nın ruhuyla taçlanmıştır.

"'<u>Ona bir biçim verdiğimde ve ona ruhumdan üflediğimde hemen ona secde ederek</u> (yere) kapanın.' Böylece meleklerin tümü, topluca secde etti. Ancak İblis, secde edenlerle birlikte olmaktan kaçınıp-dayattı."[53]

"Hani, meleklere: 'Adem'e secde edin' demiştik. İblis'in dışında secde etmişlerdi. Demişti ki: '<u>Bir çamur olarak yarattığın kimseye ben secde eder miyim?</u>"[54]

Adem'e beden ve isim verildikten sonra (Adem insanlaştıktan sonra) Tanrı ona ruhundan üflemiştir. Adem bir insan olduğu için İblis ona secde etmeyi reddetmiştir.

Tanrı'nın insana ruhundan üflediğini bildirdiği ayetlerde, ikili bir anlatım vardır. Az önce gördüğümüz 'ruh üfleme' ayetinde, bahis konusu olan Adem değildir. Tanrı "beşer"den bahsetmektedir:

"Hani Rabbin meleklere demişti: '<u>Ben, kuru bir çamurdan, şekillenmiş bir balçıktan bir **beşer** yaratacağım.</u>' 'Ona bir biçim verdiğimde ve <u>ona ruhumdan üflediğimde</u> hemen ona secde ederek (yere)

---

52 Kur'an, Zümer 42 (Ayette 'can' olarak çevrilen kelime aslen Nefistir.)
53 Kur'an, Hicr 29-31
54 Kur'an, İsra 61

kapanın. Böylece meleklerin tümü, topluca secde etti. Ancak İblis, secde edenlerle birlikte olmaktan kaçınıp-dayattı."[55]

Yukarıdaki ayetteki akış, Tanrı'nın meleklere "bir beşer yaratacağım," demesi, onu yaratıp biçim vermesi, meleklerden ona secde etmelerini istemesi ve İblis'in secde etmeyişi, birebir Adem'in halife olarak yaratılış süreci ile aynıdır.

Tanrı, kendi ruhundan üfledikten sonra, hem Adem, hem de beşer için meleklerden secde etmelerini istemiştir. Yine hem Adem, hem de beşer anlatımlarında İblis insana secde etmemiştir.

Bu anlatımlar önemlidir. Birebir Adem'in yaratılışı ile aynı akışın, beşer için de verilmesi, bize sadece Adem'in değil, tüm insanların halife olarak yaratıldığını göstermektedir. Nuh ile birlikte gemide kurtarılanların ve Hud ile rüzgardan sağ kalanların halifeler kılınması da bunu doğrulamaktadır. Gemide kurtarılanların bir kısmı değil, tamamı halifeler kılınmıştır. Çünkü, bu konuda bir istisna bildirilmemiştir. Mesela bir kadın-erkek ayrımı yoktur. Nitekim Kuran'da, Tanrı'nın Meryem'e "ruhundan üflediğine" dair ayetler vardır.

"İmran'ın kızı Meryem'i de. Ki o kendi ırzını korumuştu. Böylece Biz ona ruhumuzdan üfledik."[56]

"İffetini koruyan (Meryem); ona kendi ruhumuzdan üfledik, onu ve çocuğunu insanlığa bir ayet kıldık."[57]

Tanrı'nın kendi ruhundan üflemesi ile ilgili ayetlerde, özellikle bir kadına da vurgu yapmasının üzerinde düşünülmelidir.

İnsanı köleleştiren Sistem, ataerkil bir yapıdır. Erkek egemen bir zihniyettir ve tarih boyunca kadın ikinci plana itilmiştir. Kadın, Sistem içinde var olabilmek için sertleşmek, erkek gibi

---

55 Kur'an, Hicr 28-29
56 Kur'an, Tahrim 12
57 Kur'an, Enbiya 91

olmak zorunda kalmıştır. Kariyerine ve ekonomik bağımsızlığına sahip olmayan bir kadının, bugün Sistem içerisinde ezilmekten başka bir şansı yoktur.

Siyasi liderler, dini liderler, hacılar, hocalar... hepsi erkeklerden çıkar. Kadının söz hakkı binlerce yıldır kısıtlanmıştır. Her nedense, yakılan, aşağılanan, şiddete uğrayan, tecavüz edilen hep kadınlar olmuştur.

Sistem neden kadınları bastırmaya çalışmaktadır?

Sistem, neden kadınlardan korkmaktadır?

Çünkü kadın, Sistemin bekası için büyük bir tehlikedir. Çünkü Sistem gücünü, maddeden alır. Erkeklerin zihin yapısı maddeciliğe yatkındır. Bu yapıdır Sistemi ayakta tutan. Oysa kadının zihin yapısı sevgi odaklıdır. Kadın, karşılıksız sevgi vermeye doğası itibariyle yatkındır. Sistemin ekonomisi ise çıkar ilişkileriyle döner. Karşılıksız vermek, Sistemin raconuna ters düşer.

Şayet bir toplumda kadın-erkek dengesi yitirilirse o toplum sertleşir, katılaşır, maddeye bağımlılık geliştirir. Sistem bakterisinin çoğalıp bünyeyi ele geçirmesi için ideal koşul olan *asidik ortam* meydana gelir.

Sevgili okurum,

Tanrı tüm insanlara ruhundan üflemiştir. Kadın ve erkeğin, bedensel tarafları elbette birbirlerinden farklıdır. Ancak, ruhsal âlemde kadın ve erkek diye bir fark yoktur. Ruhlar arasında, yeryüzünde kadın veya erkek olarak bedenlenmiş olmaları bir fark yaratmamaktadır. Kadın da, erkek de kutsal varlıklardır. Çünkü her iki cins de, varlıklarında Tanrı'nın ruhundan taşımaktadırlar.

Kuran'da İnsana "Ruh Üflenmesi vs. Ruh İndirilmesi"

Az önce gördük ki, "Adem, beşer, halifelik, Tanrı'nın ruhundan parça" hepsi birbiriyle ilişkilidirler. İçiçedirler. Tanrı, tüm beşerlere kendi ruhundan üflemiştir.

Üfleme kelimesi Kuran'da, Sur'a üflenme, İsa'nın çamurdan yaptığı kuşa üflemesi için de kullanılmaktadır.

İnsanın ruhsal potansiyelinin nerelere uzandığını anlayabilmek adına, ruh kavramının, Kuran'da ikinci bir kullanımına da kısaca temas etmek istiyorum: *El Ruh*

"Sana ruh'tan (**El Ruh**) sorarlar; de ki: <u>'Ruh (**El Ruh**), Rabbimin emrindendir,</u> size ilimden yalnızca az bir şey verilmiştir."[58]

Başındaki "El" takısı ile, belirli bir Ruh'tur ayette anlatılan. İngilizce'deki "The" takısı gibi. Ruh, Tanrı'nın emrine göre, tümüyle Tanrı'nın iradesiyle hareket eden "Yüce" bir varlıktır. Bu "Yüce" varlık ile ilgili bilgi verilen bir başka ayete daha bakalım:

"<u>Kullarından dilediklerine</u>, <u>melekleri emrinden ruh ile indirir</u>: "Benden başka ilah yoktur, şu halde benden korkup-sakının, diye uyarın."[59]

Tanrı'nın emrinden olan Yüce Ruh, Tanrı'nın dilediği insanlara meleklerle birlikte inmektedir. Bu konuda örnek olarak, Ruhu'l Kudüs olarak anılan İsa Peygamber, Ruhu'l Emin olarak Muhammed Peygamber akla gelmektedir. Melekler ile birlikte Yüce Ruh'un, sadece peygamberlere indiğini düşünmemeliyiz. Çünkü Tanrı "Kullarından dilediğine" sözüyle ucu açık bir ifade kullanmıştır. Meleklerle birlikte insana, Tanrı'nın emriyle inen Yüce Ruh, asla ve kesinlikle bir makam olarak algılanmamalıdır. Ruhsal potansiyelini kullanan, ilahi yasalara göre yaşayan ve Tanrı ile ilişkisinde çok ileri seviyelere gelmiş insanlardır sözkonusu olan. İnsanlık tarihinde, peygamberler dönemi kapanmış-

---

58 Kur'an, İsra 85
59 Kur'an, Nahl 2

tır. Ancak, her dönemde ve her devirde, Tanrı'nın melekleriyle birlikte Yüce Ruh indirdiği insanlar olmaya devam edecektir. Bu kişilerin kim olduklarını biz bilemeyiz. Çünkü bu Tanrı ile kulu arasında, mahrem bir konudur. Zaten bu seviyeye gelmiş bir insan, bunu dillendirmez. Herkesin, ruhsal gelişimi için hedefleyebileceği, arzulayabileceği ve Tanrı'dan isteyebileceği, yüce bir destektir O.

Tanrı'nın emrinden olan Yüce Ruh, Kuran'da sıklıkla melekler ile birlikte anılmaktadır:

"Melekler ve Ruh (El Ruh), ona, süresi elli bin yıl olan bir günde çıkabilmektedir."[60]

"Melekler ve ruh (El Ruh), onda Rablerinin izniyle her bir iş için inerler."[61]

İngilizce'de Soul - Spirit Kavramları

İnsanın ruhsal varlığında taşıdığı Tanrı'nın ruhundan olan parça, İncil'de de geçmektedir.

İngilizce'de ruh iki ayrı kelime ile ifade ediliyor: *Soul* ve *Spirit*. Gelin şimdi İncil'e uzanalım ve Soul-Spirit kavramlarına bakalım. Oradaki kullanımlarını görelim.

"Esenlik kaynağı olan Tanrının kendisi sizi tümüyle kutsal kılsın. Ruhunuz (Spirit), canınız[62] (Soul) ve bedeniniz Rabbimiz İsa Mesihin gelişinde eksiksiz ve kusursuz olmak üzere korunsun."[63]

"Tanrının sözü diri ve etkilidir, iki ağızlı kılıçtan daha keskindir. Canla (Soul) ruhu (Spirit), ilikle eklemleri birbirinden ayıracak kadar derinlere işler; yüreğin düşüncelerini, amaçlarını yargılar."[64]

---

60 Kur'an, Mearic 4
61 Kur'an, Kadr 4
62 İncil ayetinde Soul olarak geçen ve Türkçe'ye 'can' olarak çevrilen kelime 'Nefis'tir.
63 İncil, Selanikliler 5, 23
64 İncil, İbraniler 4,12

İngilizce araştırma yaptığım kaynaklar, Soul ve Spirit kavramlarının birbirlerine karıştırılmasından çok şikayetçiler. Farklılıklarına özellikle dikkat çekiyorlar. Ve Spirit kavramını şöyle açıklıyorlar: "Spirit, bize Tanrı ile yakın ilişki kurma yeteneği veren, içimizdeki bir parçadır."[65] Aynı kaynak açıklamasını şöyle sürdürmüş: "*Spirit* olan bir varlığız; bir bedende yaşıyoruz ve bir *Soul'a* sahibiz. İçmizdeki gerçek kişi bizim *Spirit* imizdir. *Soul'*umuz, zihinden, arzulardan ve duygulardan ibarettir. Bedenlerimiz de, çok açık bir şekilde, Dünyadayken bizi içinde taşıyandır."

Soul-Spirit başlığını, İncil'den iki ayetle sonlandırıyorum. Tanrı ile Spirit kelimesi birlikte kullanılmış:

"Ama içtenlikle ibadet edenlerin Babaya Ruhla (Spirit) ve Hakikatle ibadet edecekleri saat geliyor. İşte, o saat şimdidir. Baba da kendisine böyle ibadet edenleri arıyor. Tanrı Ruhtur (Spirit), Ona ibadet edenler de Ruh (Spirit)la ve Hakikatle ibadet etmelidirler."[66]

Tanrı'nın, insanın yaratımını yükselterek, ona "ruhundan üflemesi" insana yaşamda pekçok alan açar. Sınırsız hareket imkanı verir. Tanrı'nın hayalindeki insanın, gücünün ve potansiyelinin ucu bucağı yoktur. Ancak, insan bundan habersiz yaşamaktadır. Tıpkı, Adem ve eşinin yerleştirildikleri Cennet'te bu güçlerini unutmaları gibi.

"Andolsun, biz bundan önce Adem'e ahid vermiştik, fakat o, unuttu. Biz onda bir kararlılık bulmadık. Hani biz meleklere: 'Adem'e secde edin' demiştik, İblis'in dışında (diğerleri) secde etmişlerdi, o, ayak diremişti."[67]

Yukarıdaki ayette görebildiğimiz gibi, kararlılık göstermediği için, Adem bir şeyi unutmuş. Adem'in unuttuğu ahidin ne

---

65 www.gotquestions.org
66 İncil, Yuhanna 4, 23-24
67 Kur'an, Taha 115-116

olduğunu anlamak için, ayetin devamına bakıyoruz. "Hani" ifadesiyle, Tanrı'nın meleklerden Adem'e secde etmelerini emretmesi hatırlatılıyor.

Biz de hatırlayalım. Tanrı, ne zaman meleklerden Adem'e secde etmelerini istemişti? Adem bedenlendikten ve Tanrı ona ruhundan üfledikten sonra, meleklerden ona secde etmelerini istemişti. İşte, Adem'in unuttuğu, varlığında taşıdığı Tanrı'dan parçasıydı. Gücünün kaynağıydı. Bu güçtü onu Cennet yaşamında tutacak olan. Bolluk içinde ve eşiyle birlikte keyifle yaşatacak olan. Ancak, Adem unutmuştu işte.

Aslına bakarsanız, yeryüzünde geçmişte yaşamış ve şu anda yaşamakta olan herkes birer Adem ve Havva gibidir. Adem bir peygamber değildir. Kuran'da Adem'in peygamber olduğuna dair bir anlatım yoktur. Yerleşik algıda böyle bir inanç, böyle bir önkabul vardır. Bu da, bir çeşit insanın kendisini sınırlandırmasıdır. Birini, diğerinden üstün görme eğilimidir. Oysa, tüm insanlığın tek bir nefisten yaratıldığını ve tüm insanlıkta Tanrı'nın ruhundan birer parçanın mevcut olduğunu düşündüğümüzde, birbirimizden farkımız kalmamaktadır. Birlik bilinci budur. Birlik, insanın ruhsal tarafındadır. Bizleri birbirimizden farklılaştıran bedensel taraflarımız ve kimliklerimizdir.

Şu halde, tekrar vurgulamak isterim ki, herkesin hikayesi Adem ve Havva gibi başlamıştır. Hepimiz, onlarla aynı yaratım yolculuğundan geçtik. Demek istediğim, hepimiz Tanrı tarafından Cennet'e yerleştirildik. Korunduk, gözetildik, ihtiyaçlarımız karşılandı. Sonra ruhsal tarafımızı ve "öz"ümüzden gelen gücümüzü unuttuk. Bunu takiben, çoğumuz, bilerek ya da bilmeyerek, isteyerek ya da istemeyerek, kendini sınırladı. Veya başkaları tarafından sınırlandırıldı. Sonra da kaçınılmaz olarak, Sistemin altına sıkıştı.

Kitabın ilerleyen sayfalarında, Tanrı'nın Adem ve Havva'yı yerleştirdiği Cennet'i araştıracağız. Yerini bulacağız. Bu bilgiler çok önemlidir, çünkü bugünkü yaşamlarımızı yakından ilgilendirmektedir.

Ruh ile ilgili, ilerleyen bölümlerde tekrar konuşacağız. Ruhsal potansiyelini kullanan insanlardan örneklere bakacağız.

Şimdi, insanın ruhsal benliği olan Nefisi konuşmaya devam edelim.

NEFİS NEDİR, NE DEĞİLDİR? NE İŞE YARAR?

Buraya kadar, insanın ruhsal tarafını oluşturan parçaları konuştuk. Tek bir nefisten yaratımı ve insanın yaratımına eklenen parça olarak "Tanrı'nın üflediği ruhu" gördük.

Nefisin kelime anlamını tekrar hatırlayalım: "**Öz, varlık, benlik, ben kavramı, zihin, tin**" karşılıkları vardı. Dilerseniz, Nefis için, Ruhsal Benlik kavramını kullanabilirsiniz. Ben de yer yer bu kavramı, nefisten bahsederken kullanıyor olacağım.

Bilime Göre Nefis

Psikanalizin babası *Sigmund Freud* 1930'lu yıllarda, insanın bilincini incelemiş. Freud'un araştırmalarına göre, insan bilinci üç katmandan oluşuyor. *İd, Benlik, Üst Benlik.*

Freud'un tespitlerine göre "İd" içimizdeki doyumsuz hayvandır. Bedenin ilkel bilinci olarak düşünülebilir. Sadece kendi ihtiyaçlarına ve kendi güdülerine göre hareket eden bir bilinçtir bu. Bu ihtiyaçlara örnek olarak, cinsellik, açlık verilebilir. Hazzın doyumu ilkesine göre çalışır. Hiçbir sosyal kuralı önemsemeyen "İd"in tek istediği, arzusunu anında karşılamaktır.

Benlik ise, Freud'un sözleriyle "*Şahlanmış bir at üzerindeki şövalye gibidir.*" Çevrede bulunan maddelerin uygunluğunu tarafsız bir zeminde kontrol eder ve bunların uygun olup olmadığını belirler. Güdüleri durdurmak ile ilgilenir. Örneğin *İd* acıktığı zaman hemen bir şeyler bulup yemeyi amaçlar. Ancak

Benlik bunun daha uygun bir zamanda olması gerektiğini hatırlatıp onu dizginler.

Freud'a göre Benliğin çalışma sistematiği şöyledir:

- **İçten Gelen Dürtüyü Fark Ediş:** Açlık, Cinsel ihtiyaç vb.
- **Dışarıdaki Koşulları Değerlendiriş:** Yiyecek nerededir, ona nasıl ulaşılır?
- **Dış Koşullara Göre Dürtüyü Düzenleyiş:** Ekmek almak için para öde, Hırsızlık yapma.

Sizce, "Büyük Tufan"dan önceki "Yaban İnsan"ın "benlik" mekanizması çalışıyor muydu? İnsanlığı sürüklediği felaketi düşünecek olursak, ben bu kanıda değilim. Peki bugünkü Yaban İnsan? Kısmen "evet" olabilir. Benlik, bugünkü insanın bazı güdülerini durdurabiliyordur belki. Ancak tümüyle durdurulabildiği kesinlikle söylenemez.

Bir minibüs şoförünün, kadın yolcusuna tecavüz edip, onu kesip biçtiği ve yaktığı bir dünya burası. Metro durağındaki merdivenlerin kenarına jilet yerleştirerek, insanların yaralanmasını kenardan zevk alarak izleyen insanların halen yaşamakta olduğu bir Dünya burası.

Freud'a göre, "Üst Benlik", kural ve değerleri, emir ve yasakları dikkate alarak insana yön veren taraftır. **Üst Benlik, iyi ve Kötüyü birbirinden ayırmak**la gelişir ve olgunlaşır.

Freud'un insan bilincinin katmanlarına yönelik çalışmasını çok kıymetli buluyorum. Freud'un kavramlarının üzerinde, olabildiğince sade bir biçimde, yorum yapmakta fayda görüyorum.

Öncelikle "İd", güdülerine göre hareket eden, kendi istek, arzu ve ihtiyaçları merkezinde yaşayan, hayvani bir insandır.

İhtiyaçlarını doğru yöntemlerle karşılaması için, İd'in dizginlerini, elinde tutması gereken benliktir. Kişinin benliği, "İd"ini yönetebilirse, bu insan hem kendi türüyle, hem de doğadaki diğer tüm canlılarla uyum içerisinde yaşayabilir. Başaramazsa, ortaya Zalim İnsan/Yaban İnsan çıkmaktadır.

Freud'un "Benlik" ve "Üst Benlik" kavramlarını, "Nefis" olarak düşünmek lazım. Çünkü Nefisin çalışma mekanizmasıyla çok benzeşirler. "Benlik" ve "Üst Benlik" arasında benim görebildiğim fark; Benliğin "Eski İnsan"daki, az gelişmiş "Nefis" olmasıdır. (İnsanın yaratımının yükseltilmesi ile ilgili, yüceltme, çoğaltma, mükemmeliyet, erdemler anlamlarını hatırlayın.) Yeni insanda "Nefis", "Üst Benlik" olarak faliyet gösteren yüksek bir donanımdır artık. Yani, **emir-yasaklar, kurallar-değerler, iyi-kötü kavramlarıyla** insanın hayvansı doğasını yönetmekle kalmaz; onu dönüştürür de. **Nihayetinde karşımıza erdemli bir insan çıkar.**

Eski insan, bugünkü yeni insana göre daha ilkel olan "Nefis"iyle iyi-kötü seçimini yapabiliyor muydu? Yeryüzündeki yeni düzenlemeden önce yaşayan Nuh ve Ad kavimlerini tekrar hatırlayalım. Hud'un Ad kavmiyle ilgili yaptığı tespit şuydu:

"Hani onlara kardeşleri Hud: 'Sakınmaz mısınız?' demişti."[68]

Sakınmak, iyi ve kötüyü birbirlerinden ayırt edip, iyiye göre hareket etmektir. Anlaşılan o ki, eski insanlar arasında, mevcut donanımıyla bunu başarabilenlerin sayısı çok azdı. İşte yeryüzündeki yeni düzenleme ve insanın yaratımının yükseltilmesi ile "Nefis" de üst versiyona geçmiş oldu. İşte Halife İnsanın yaratımındaki üst versiyon **Nefis, iyi-kötüyü, siyah ve beyaz gibi birbirinden ayırabilecek keskin bir anlayışa sahiptir artık.**

DÜALİTE

Düalite ikilik demektir. Mesela, artı-eksi ikiliği, maddenin yapı taşı atomun parçalarının birarada tutulmasını sağlar.

---

68 Kur'an, Şuara 124

Atomların başka atomlarla birleşerek molekülleri oluşturmasında da kendisini gösterir. Maddesel düzlem, bu ikilik üzerine inşa edilmiştir.

Maddeyi artı-eksi kutupların birarada tutması gibi, doğadaki canlı hayatın devamını sağlayan, dişi-eril ikiliğidir. Doğum-ölüm, ekosistem dengesinde önemli bir yer tutar. Soğuk-sıcak, ıslak-kuru, yüksek-alçak gibi zıtlıkları da ikilik olarak görmek mümkündür.

Doğada başka türlü ikilikler de vardır:

Mesela gözlerimiz, ışık spektrumunun %1 kadar bir aralığını görürler. Çok dar bir aralıktır bu. 400nm ve 700nm değerleri arasındadır. Göremediğimiz ışık, mor ötesi ve kızıl ötesi diye tanımlanır. Görebildiğimiz ışık aralığını belirleyen bu değerler, ikilik oluştururlar.

Aynı şekilde, kulaklarımız da belirli bir frekans aralığını duyarlar. 20Hz ve 20.000 Hz kulaklarımızın duyabildiği frekans aralığıdır. Bir ikilik daha.

Para piyasalarındaki grafiklerde gördüğümüz destek-dirençler bile, bana göre tipik ikiliklerdir. Fiyatlar iki değer arasında gider gelir. Bir direnç kırıldığında, yeni bir direnç noktası ve yeni bir destek noktası oluşur. Bu değerler, gözlerimiz ve kulaklarımızın algılama değerleri gibi sabit değildir. Trendin yönüne göre değişkenlik gösterirler. Nitekim, fiyatın sıfır ve artı değerler arasında bir yere tutunmasını sağlarlar. Burada kastettiğim ikilik, destek ve direnç noktalarıdır.

İYİ-KÖTÜ DÜALİTESİ VE DOĞA

İyi-kötü, doğru-yanlış kavramları da düalitedir. Ancak, düalitenin ikinci boyutudur. Çünkü **iyi-kötü, doğru-yanlış** soyut kavramlardır.

Doğada, ekosistem dengesi içinde her şey yaşama hizmet eder. Yani doğanın kendisi iyidir. Çok basit bir örnek olarak yağmuru ele alalım. Ben yağmuru severim, bir başkası yağmurdan hoşlanmaz. Şu halde, yağmur iyi midir, kötü müdür? Yeryüzünde su döngü halinde hareket eder. Yağmur da bu döngünün bir parçasıdır. Bir bütün olarak doğaya baktığımızda, yağmur iyidir. Öyle değil mi?

Şimdi gelin, bu gözle başka doğa olaylarına da bakalım. Kötü zannettiğimiz doğa olayları, gerçekten kötü müdür, inceleyelim:

Depremler

Yerkabuğunun, manto tabakasında biriken enerji, depremler vasıtasıyla açığa çıkmasaydı, Dünyada çok büyük patlamalar meydana gelirdi. Ve bu patlamalar, yeryüzünde yaşayan canlılara daha fazla zarar verirdi. Depremlerin bir diğer faydası da, madenleri yüzeye yaklaştırmalarıdır. Ortaya çıktıkları coğrafyanın toprağının zenginleşmesini sağlarlar. Böylelikle depremler, canlıların temel besin ihtiyaçlarının karşılanmasına katkı sağlamış olurlar. Depremler olmasaydı yeryüzündeki jeotermal enerji kaynakları da ortaya çıkamazdı. Doğada yaşayan hayvanlar, depremleri ortaya çıkmadan çok önce hissedebilecek algılara sahiptirler. İnsan, şayet doğa ile uyum içerisinde yaşarsa, hayvanlardaki olağanüstü değişimi fark edebilir ve önlem alabilir. Modern teknolojinin alabileceği önlemlere hiç girmiyorum. Orada da, depreme dayanıklı evler, eğitimler vs. pekçok önlem var alınabilecek. Ancak ben doğa ile uyum perspektifinden meseleye bakmayı tercih ediyorum.

Yanardağ Patlamaları:

Yanardağlardan püsküren tozlar ve lavlar soğuyunca, toprak mineral yönünden zengin, son derece verimli arazilere dönüşür. Bu topraklar, tarım için çok bereketli olur. Aynı şekilde, volkanlardan çıkan lavlar altın, gümüş, bakır ve çinko gibi madenler yönünden zengindir. Yanardağ faaliyetleri etrafta yaşayan insanlar için sanıldığı kadar büyük tehlikeye sebep olmaz. Çünkü bir yanardağ faaliyete geçmeden önce, duman çıkması ve yüzeyin ısınması gibi birçok belirti verir. Patlama olduktan sonra da lavlar yavaş ilerler. Bu da insanlara bölgeden uzaklaşmak için yeteri kadar zaman sağlar. Yanardağ patlamaları da sanıldığı gibi kötü değildir.

Kasırgalar:

Şiddetli rüzgârlar Afrika çöllerinden tozlar kaldırarak, Dünyanın diğer bölgelerine taşırlar. Altın değerindeki verimli toprağın oluşmasına katkıda bulunurlar. Bu tozların içinde taşınan demir, fosfor gibi mineraller, toprağa düşerse mahsulü, denizlere veya akarsulara düşerse balık yoğunluğunu artırır. Kasırgalar da zannedildiği gibi kötü değildir.

Hayvanlara gelecek olursak, onlar doğada yaşam mücadelesi verirler. Ancak onlar kendilerine yaşam alanı oluştururken, başka canlıların yaşam alanlarına zarar vermezler. Hayvanların avlanmaları da kötü olarak değerlendirilemez. Çünkü hayvanlar zevk için değil, yaşamak için avlanırlar. Kendilerine yem olarak, sürünün en zayıf olanını seçerler. Bu yönüyle avlanma, doğadaki doğal seleksiyona hizmet eder. Hayvanlar, bir gün aç kalırım korkusuyla besin de biriktirmezler. Acıktıkça ve av buldukça beslenirler.

Doğada geri dönüşüm vardır. Ölen ve sonrasında çürüyen, sisteme geri döner. Doğada, doğum da ölüm de yaşama hizmet eder. Çünkü doğa bir ekosistemdir. Doğada hiçbir şey yoktan varolmaz, hiçbir şey de yok olmaz.

Halk arasında bir deyiş vardır: "Bir zamanlar daldaki portakaldaki proteindik" denir. Besinler, annenin sistemine girerek, yeni oluşan bebek bedeninin maddesel yapıtaşlarını oluştururlar. Yeni doğan o bebeğin, yaşayıp öldükten sonra bedeni tekrar toprağa karışır. Geri dönüşüme katılır. Belki de, **Mevlana**

"*Topraktım, ot oldum, kuş oldum, insan oldum, sonra da ışık ola-cağım*" derken bunu kastetmiştir. Ne dersiniz?

İşte doğa, tüm unsurları ile birlikte yaşama hizmet eder ve doğa iyidir. Doğadaki bu mükemmel uyum ve dengenin içeri-sine insan girdiğinde ne olur?

İyi ve kötüyü birbirinden ayırt edip, iyiyi seçebilen insan, doğa ile uyum içerisinde yaşar. Ancak "Yaban İnsan" ise, di-ğer canlılara kıyasla daha üstün olan niteliklerini Dünyanın ve yaşamsal sistemin merkezine kendisini oturtmak için kullanır. Yaban İnsan, buraların sahibi benim diye dolaşır yeryüzünde. Başka canlıların yaşam haklarına değer vermemiş ve ekosiste-min dengesini de bozmuştur. Tıpkı buldozer gibi, önüne kattığı her şeyi ezip geçmiştir. Büyük Tufandan önceki Yaban İnsan da böyle davranmıştır; bugünkü Yaban İnsan da atalarının yolunu izlemektedir.

İYİ-KÖTÜ / ÖDÜL-CEZA

Hayvanlar, doğa ile uyum içinde yaşarlar. Eylemleri ekosis-tem dengesi içerisinde gerçekleşir. Ve hayvanlar eylemlerinin çevreye olası etkilerini bilmezler. Hayvanlar iyi-kötü kavram-larını da bilmezler. Bu yüzden, onları eğitmek için ödül-ceza sistemi kullanılır. Eğitim sonunda, hayvan öğrenmiştir ki, be-lirli bir eyleminin sonucu ödüldür, belirli başka bir eyleminin sonucu cezadır. Eylemlerine buna göre karar verir.

Oysa insan, iyiyi kötüden, doğruyu yanlıştan ayırabilir. Ve iyiyi seçebilir. Çünkü insan, Freud'un deyimiyle sadece İdden ibaret değildir. Yani hayvani bir canlı türü değildir. İnsan be-densel tarafının yanısıra, ruhsal bir varlığa da sahiptir. Bu ruhsal varlık, iyi-kötü seçimini şaşmaz bir biçimde yapabilecek, çok yüksek niteliklere sahiptir.

Ruhsal Âlemdeki Yeni Düzenleme

İnsanın yaratımının yükseltilmesi ve yeryüzündeki yeni düzenlemeyle eşzamanlı olarak, ruhsal âlemde de yeni bir düzenleme olmuştur. Bu düzenleme, iyi-kötü düalitesi ile yakından ilişkilidir.

Adem'in yaratılışında 3. *Plan* olarak verdiğim ayetlere artık bakabiliriz.

3. Plan

"Ve meleklere: 'Adem'e secde edin' dedik.

İblis hariç secde ettiler.

O ise diretti ve kibirlendi, (böylece) kafirlerden oldu."[69]

Ayetin ilk bölümünde meleklerin tümü biraradadırlar. Ayetin ikinci bölümünde, İblis meleklerin arasından çıkmıştır. Onlardan ayrılmıştır. Melekler ve İblisin ayrılmalarını takiben ruhsal âlemde de bir düalite oluşmuş olur.

Yeryüzündeki yeni düzenlemeden önce, Nuh Peygamber ve Hud'un kavimlerine uyarılarına baktığımızda, bir tane bile Cennet-Cehennem bahsine rastlamayız. Nuh ve Hud, kavimlerini yaklaşan büyük bir felakete karşı uyarmışlardı. 1. Bölümde, "Halife İnsanın Yeryüzüne Gelişi" başlığında ilgili ayetleri görmüştük. İyi-Kötü düalitesinin ruhsal âlemde yaratılışı ile birlikte Cennet-Cehennemin de yaratılışını görüyoruz. İblis'in meleklerden ayrılmasını takiben, Tanrı'nın İblis'e söylediklerini dikkatlice okuyalım:

"(Allah) Dedi: 'Sana emrettiğimde, seni secde etmekten alıkoyan neydi?' (İblis) Dedi ki: 'Ben ondan hayırlıyım; beni ateşten yarattın, onu ise çamurdan yarattın.' (Allah:) 'Öyleyse oradan in, orada büyüklenmen senin (hakkın) olmaz. Hemen çık. Gerçekten sen, küçük düşenlerdensin.' O da: '(İnsanların) dirilecekleri güne kadar beni

---

69 Kur'an, Bakara 34

gözle(yip ertele.)' dedi. (Allah:) 'Sen gözlenip-ertelenenlerdensin' dedi. Dedi ki: 'Madem öyle, beni azdırdığından dolayı onlar(ı insanları saptırmak) için mutlaka senin dosdoğru yolunda oturacağım.' 'Sonra muhakkak onlara önlerinden, arkalarından, sağlarından ve sollarından sokulacağım. Çoğunu şükredici bulmayacaksın.' (Allah) Dedi: 'Kınanıp alçaltılmış ve kovulmuş olarak oradan çık. Andolsun, onlardan kim seni izlerse, cehennemi sizlerle dolduracağım."[70]

İnsanın iyi-kötü eğitim müfredatında ilk ders olarak, Cennet-Cehennem kavramları, ödül-ceza ile öğrenmeye hizmet etmişlerdir. Elbetteki Cennet-Cehennem kavramları, sadece ödül-cezadan ibaret değildir. Onlar, aynı zamanda, insanın ebedi yaşam düzlemleridirler. Bu kavramları, çok detaylı olarak 5. ve 11. Bölümlerde inceleyeceğiz ve onlarla ilgili yeni farkındalıklar kazanacağız. Şu an için bilmemiz gereken, İnsan yükseltilmiş donanımıyla, eğitim müfredatında ileri evrelerde, karşılığını düşünerek değil, iyiliği severek ve isteyerek seçmeyi öğrenecektir. Bunun sebebi, insanın hem bedensel hem de ruhsal tarafının doğasının İyiye uygun yaratılmış olmasıdır. Kötü, insanın doğasında değildir ve kötü seçimler insana acıdan başka bir şey getirmez. Ne var ki, hayvani güdüleri insanı bu yola sokabilmektedir.

İçinde Tanrı'nın ruhundan parça taşıyan insan müthiş bir ruhsal potansiyel kazanmaktadır. Ancak bu potansiyel, kişiye sorumluluk da getirmektedir. Varlığında Tanrı'nın ruhundan taşıyan insan, seçimlerini kötüden yana yaparsa ne olur? Eski insan gibi, bu seçimlerinin sonuçları, doğanın vereceği tepki ile sınırlı kalmamaktadır. Yeni insanın seçimleri –yeni donanımı ve sorumluluğu sebebiyle- sadece yeryüzü yaşamını değil, ebedi yaşamını da etkilemektedir.

---

70 Kur'an, Araf 12-18

NEFİS NASIL ÇALIŞIR?

Şimdi gelin, yeryüzündeki yeni düzenlemeyi takiben, Adem'in deneyimlediği ilk iyi-kötü seçimine bakalım. Şimdi göreceğimiz ayetler, yaratımı yükseltilmiş insandaki "Nefis"in sürüş testidir, adeta.

Adem ile ilgili planlara devam ediyoruz:

4. Plan: Tanrı'nın, Adem'i eşiyle birlikte Cennet'e yerleştirişi ve ağaçtan bahsedişi.

"Ve dedik ki: "Ey Adem, sen ve eşin cennette yerleş. İkiniz de ondan, neresinden dilerseniz, bol bol yiyin; ama şu ağaca yaklaşmayın, yoksa zalimlerden olursunuz."[71]

5. Plan: Tanrı, Adem ile Havva'yı, bir düşmana karşı uyarır.

"Bunun üzerine dedik ki: 'Ey Adem, bu gerçekten sana ve eşine düşmandır; sakın sizi cennetten sürüp çıkarmasın, sonra mutsuz olursun."[72]

6. Plan: Düşman kendisini gösterir ve Adem ile eşi Havva'ya vesvese verir.

"Sonunda şeytan ona vesvese verdi; dedi ki: 'Sana sonsuzluk ağacını ve yok olmayacak bir mülkü haber vereyim mi?"[73]

7. Plan: Adem ile eşi Havva, yasak ağaçla ilgili emri çiğnerler.

Yasak ağaçla ilgili emri çiğnedikten sonra, başlarına ilk ne gelir?

"Böylece ikisi ondan yediler, hemen ardından ayıp yerleri kendilerine açılıverdi, üzerlerini cennet yapraklarından yamayıp-örtmeye başladılar. Adem, Rabbine karşı gelmiş oldu da şaşırıp-kaldı."[74]

---

71 Kur'an, Bakara 35
72 Kur'an, Taha 117
73 Kur'an, Taha 120
74 Kur'an, Taha 121

Yasak ağacın meyvesini yeme eyleminden sonra bir sonuç ortaya çıkmış: Ayıp yerleri açılmış. Burada kullanılan kelime "utanç, ayıp" anlamındadır. Bedenlerindeki, utanç duymalarına sebep olan bölgelerin üzerini kapatmışlar. Burada önemli olan, yeme eyleminden sonra utanç duygusuyla tanışmalarıdır. Ayrıca Adem'in hata yaptığını fark etmiş olması da önemlidir. "Şaşırıp-kaldı" olarak çevrilen kelime "günah işlemek, hata yapmak, yanılmak" anlamındadır.

Adem'in Kuran'da anlatılan hikayesinde, iyi-kötü, doğru-yanlış seçimine dair bu olay ilk örnektir.

İyi-Kötü, derinlikli kavramlardır. Kimi durumda iyi olan, diğer bir durumda kötü olabilir. Bu açıdan iyi ve kötüyü, seçimin sonuçları ve yaşamsal düzlemdeki etkilerine bakarak anlayabiliriz. Bir evi ateşe verirseniz, o ev yanar ve içinde yaşayanlar evsiz kalırlar. Şu halde, '**evi ateşe vermek kötüdür**' diyebiliriz. Odunu ateşe verirseniz, odun yanar ve çevresindekileri ısıtır. Şu halde, '**odunu ateşe vermek iyidir**' diyebiliriz. Yaşamda, iyi-kötü seçimlerimizde, dikkate almamız gereken bir durumdur bu.

İyi-kötü seçiminde, bir diğer önemli konu, evrensel olan ahlaki ve hukuki değerlerdir. Bu değerler, kökenlerini Tanrı'nın insanlara gönderdiği dinlerden alırlar. Tanrı'nın tüm kutsal kitaplarında, iyi-kötüye dair düzenlemeler aynıdır. Tanrı, insanlar arasındaki ilişkileri düzenlemek için, **temel iyi-kötü kavramlarını** kendisi belirlemiştir. **Mesela, çalmak, yalan söylemek, haksızlık yapmak, emaneti korumamak kötü davranışlardır.** Bu davranışlar, her durum ve koşulda kötüdür. **Bu açıdan, kuzey ve güney yönleri nasıl sabitlerse, temel iyi ve temel kötü değerleri de, aynı şekilde sabittir.** "Çalmak" üzerine konuşacak olursak, bu davranış tüm dinlerde yasaklanmıştır ve kötüdür. Çalma eyleminin iyi mi kötü mü olduğunu, sonuçlarına bakarak değerlendiremeyiz. En başından, bu eylemde bulunmayız.

Adem ve Havva'nın ağaçtan yiyerek bir seçim yapmışlardır. Bu seçimleri, Tanrı'nın koyduğu sınıra uymamaları nedeniyle, kötüdür. Sonuç şaşırtıcı değildir. Ayıp yerleri ortaya çıkmıştır ve onlar utanç duygusuyla tanışmışlardır.

İnsanın bedensel tarafı, ("İd"i, hayvani tarafı) utanç duygusunu bilmez. İnsanın ruhsal tarafının doğasında ise tam bir doyum, huzur, iç barış, mutluluk duygusu vardır. Kötü yönde yapılan seçimler, bu duyguyu bozar. Ruhsal tarafı suya benzetecek olursak, su bulanır. Bu da, kişinin nahoş duygular deneyimlemesine neden olur. Adem-Havva örneğindeki utanç duygusu, bu yönden suyun bulandığına yönelik bir uyarı, alarm gibidir. Nefis kendini göstermiş, kendini hatırlatmıştır.

Adem ile ilgili planlardan 8.cisi ile devam edelim ve Nefisin uyarısını utanç duygusuyla alan Adem'in ne yaptığını görelim:

8. Plan

"Derken Adem, Rabbinden kelimeler aldı. Bunun üzerine (Allah da) tevbesini kabul etti. Şüphesiz O, tevbeleri kabul edendir, esirgeyendir."[75]

Adem, Tanrı'dan kelimeler almış. Bunun üzerine Tanrı onun tövbesini kabul etmiş. Bu anlatımdan, Tanrı'nın Adem"e tövbe etmeyi öğrettiğini anlayabiliriz. Önemli olan, Adem'in yasak ağaçtan yedikten sonra tövbe etmiş olmasıdır. Adem'in, ağaçtan yedikten sonra tövbe ettiğini ve Tanrı'nın onu bağışladığını anlatan bir diğer anlatım aşağıdadır:

"Böylece ikisi ondan yediler, hemen ardından ayıp yerleri kendilerine açılıverdi, üzerlerini cennet yapraklarından yamayıp-örtmeye başladılar. Adem, Rabbine karşı gelmiş oldu da şaşırıp-kaldı. Sonra Rabbi onu seçti, tevbesini kabul etti ve doğru yola iletti."[76]

7. ve 8. Planlara birlikte bakacak olursak;

75 Kur'an, Bakara 37
76 Kur'an, Taha 121-122

-Adem iyi-kötüyü biliyor. (Tanrı ona ağaçtan yemeyi yasaklamış.)

-İyi-kötüyü bildiği halde ağaca yaklaşıyor.

-Seçiminin kötü sonucuyla karşılaşıyor.

-Adem'de utanç ve yanılmışlık duygusu ortaya çıkıyor.

-Bağışlanma diliyor.

İşte, kötü seçimden sonra ortaya çıkan utanç ve yanılmışlık duygusu "Nefis"in eseridir. Bu duyguyu takiben Adem bağışlanma dilemiştir.

Nefis, ruhsal tarafımız, ruhsal bilincimizdir. Bizlerin yüksek parçasıdır. Ve öyle bir hammaddeden yaratılmıştır ki, kendinden olmayan başka her şeyi fark eder. Bünyesinde tutmak istemez. Saf ve arı kalmak ister. Çok hassastır. Kendi hammaddesinden olmayan, en ufak bir niyeti bile fark eder ve insana uyarı gönderir. **Vicdan Sesi**

Nefisinin uyarısını dinlemeyip, isteyerek veya istemeyerek, bilerek veya bilmeyerek kötüye dönük seçimler yapıldığı durumlarda; bu kez pişmanlık, suçluluk duygusu, utanç, **Vicdan Azabı** kendini gösterir.

Nefis adeta ruhsal bir bedendir ve sadece kendi hammaddesinden olan giysiler giymek ister. Diğer türlüsü ona acı verir.

Kötü seçimlerin sonrasında, "Nefise zulmetme" ayetlerini hatırlayın.

Hepimiz çok iyi biliriz ki, bir şeyi kötü olduğunu bile bile yapma süreci çok tatsızdır. Neşe, keyif, eğlence, coşku, başarı duygusu vs. bunların zerresini hissedemeyiz. İçimizde alarm zilleri çalar. Sonrasında, suçluluk duygusu yakamıza yapışır. Bu suçluluğun üzerini örtmeye çalışırız. Ve belki örttüğümüzü zannederiz. Ancak o duygu içimizde yaşamaya devam eder. Tıpkı bir yara gibidir. Kendimize olan saygımızı ve ilerleyen zamanda başkalarının bize olan saygısını erozyona uğratır. Dışarısı, içimizdeki suçluluk duygusunun kaynağı olan kötü seçimi bilmez elbet. Ancak içimizdeki o yara bir yandan canımızı acıtırken, diğer yandan 'ben buradayım' der. Kişi onun seslenmesine kulaklarını tıkasa bile, diğerleri o seslenmeyi duyar ve tepki verir.

Bir insan neden, kötü olduğunu bile bile, bir şeyi yapar?

- Çünkü zaafları olabilir.
- Çünkü çıkarlarını gözetiyor olabilir.
- Çünkü korkuları olabilir.
- Çünkü ruhsal varlığını unutmuş, maddesel illüzyona kapılmış olabilir.

Adem örneğine bakacak olursak, Şeytan sonsuzluğu ve yok olmayacak mülkü vadederek ağaçtan yemeye ikna etmiş onları. Bu vaatlerden 'sonsuzluk' ve 'yok olmayacak' ifadeleri belirli bir korkuları olabileceğini düşündürtüyor.

> "Bunun üzerine dedik ki: 'Ey Adem, bu gerçekten sana ve eşine düşmandır; sakın sizi cennetten sürüp çıkarmasın, sonra mutsuz olursun."[77]

> "Çünkü sen o cennette ne aç kalırsın, ne de çıplak. Susuzluğa uğramak ve güneşin sıcağını çekmek de yok."[78]

Adem ve eşi öyle bir yere yerleştirilmişler ve yaşıyorlar ki, diledikleri her şeyi yiyebilirler. Bolluk içindeler. Aç ve açık kalmıyorlar, bol besin bulabiliyorlar. Güneşin sıcağına karşın korumadalar, susuzluğa karşın da korumadalar. Tıpkı bebekler gibi, tüm ihtiyaçlarının karşılandığı bir hayat yaşıyorlar. Tanrı'nın lütuflarıyla sarılıp-sarmalanmışlar. Onlara da düşen, yine bebekler gibi, tasasız yaşamaktır. İhtiyaçlarının mutlaka karşılanacağına güvenmek ve gerektiğinde sadece istemektir. Diledikleri her şeyi istemek!

---

77 Kur'an, Taha 117
78 Kur'an, Taha 119

Acaba, arzu ettikleri her şeye sahiplerken, neyi eksik görüyorlar da, şeytanın vaadleri onlara çekici geliyor olabilir? Bu konuda fikir yürütebilmek için, öncelikle onların nerede yaşadıklarını anlamamız gerekiyor. Nefis konusuna biraz ara verip, Cennet ile devam ediyoruz.

ADEM VE HAVVA'NIN YERLEŞTİKLERİ CENNET

Merak ediyor musunuz? Adem ile eşi Havva'nın yerleştirildikleri Cennet nerededir? Öldükten sonra gidilecek bir yer midir? Cennet'i öldükten sonra, iyilerin mükafat olarak gideceği bir yer olarak biliyoruz. Ebedi bir yaşam düzlemi olarak tanıyoruz Cennet'i.

Adem ile eşi Havva, bizlerin öldükten sonra gidebileceği bir yerden mi Dünyaya geldiler? Peki, bizlerin şu anda yaşadığı yer, onların kovulduktan sonra gönderildikleri bir sürgün yeri mi? Ben şahsen kendimi hiç de sürgünde hissetmiyorum. Benim yaşadığım yer, iyi bir yere benziyor. Ayrıca, kötü bir yer olsaydı bile, onların günahları beni niye ilgilendirsin? Onların yediği bir meyvenin bedelini ben niye ödeyeyim? Mantıklı mı sizce?

Bence değil. Ben, gerçekten Adem ile Havva'nın yerleştirildiği Cennet'in neresi olduğunu merak ediyorum. Çünkü işin ucu bana dokunuyor. Onların nerede yaşadıklarını bilirsem, kendimin de nerede yaşadığını anlayabilirim.

Adem ile Havva'nın yerleştirildiği Cennet'in nerede olduğunu anlamak için, onlarla ilgili planları tekrar hatırlayalım:

1. Plan: Tanrı'nın Adem'i yaratmaya karar verdiğini meleklere açıklaması

· **2. Plan:** Adem'in isimleri öğrenmesi ve meleklere takdimi

3. Plan: Tanrı'nın Adem'e ruhundan üflemesi ve melekleri Adem'e secde etmeye daveti; İblis'in kibirlenmesi

İlk iki planda, Tanrı, Adem ve melekler vardı. Üçüncü planda yeni bir karakter ortaya çıkmıştır: İblis. Bu planlarda, herhangi bir mekân tasviri yoktur. Ruhani bir düzlem olduğu anlaşılmaktadır.

4. Plan: Tanrı'nın, Adem'i eşiyle birlikte Cennet'e yerleştirilişi ve ağaçtan bahsedilişi

4. Plan'da ise bir mekân adı ve tasviri vardır. Adem'in yanında da eşi bulunmaktadır. Bu mekânın Cennet olduğu açıkça ifade edilmiş, ancak lokasyonuna dair bilgi verilmemiştir.

Üçüncü planda İblis'in yeni bir karakter olarak ortaya çıkışı dikkat çekicidir. Daha önce de belirttiğim gibi, İblis bahsi bize pek çok açılım yaratıyor. Onlardan birincisi ruhsal âlemdeki düzenleme ile ilgiliydi. İkincisi de Cennet'in yeri ile ilgili olacak.

İblis, Kuran'da 11 ayette geçmektedir. Aşağıda bu ayetlerin tamamını, sizler için sıralayacağım. Sizlerden de, ayetleri okurken şu soruların cevaplarını aramanızı isteyeceğim:

- İblis nedir?

- İblis nerede yaşıyor?

İblis ile ilgili tüm ayetler:

1- "Ve **meleklere**: 'Adem'e secde edin' dedik. **İblis hariç** secde ettiler. O ise, diretti ve kibirlendi, kafirlerden oldu."[79]

2- "Andolsun, biz sizi yarattık, sonra size suret verdik, sonra **meleklere**: 'Adem'e secde edin' dedik. Onlar da **İblisin dışında secde ettiler**; o, secde edenlerden olmadı."[80]

3- "Ancak İblis, secde edenlerle birlikte olmaktan kaçınıp-dayattı."[81]

---

79 Kur'an, Bakara 34
80 Kur'an, Araf 11
81 Kur'an, Hicr 31

4- "Dedi ki: 'Ey İblis, sana ne oluyor, secde edenlerle birlikte olmadın?'"[82]

5- "Hani, **meleklere**: 'Adem'e secde edin' demiştik. **İblisin dışında secde etmişlerdi**. Demişti ki: 'Bir çamur olarak yarattığın kimseye ben secde eder miyim?'"[83]

6- "Hani **meleklere**: 'Adem'e secde edin' demiştik; **İblisin dışında secde etmişlerdi**. O <u>cinlerdendi</u>, böylelikle Rabbinin emrinden dışarı çıkmıştı..."[84]

7- "Hani biz **meleklere**: 'Adem'e secde edin' demiştik, **İblisin dışında secde etmişlerdi**, o, ayak diremişti."[85]

8- "**Ve <u>İblisin bütün orduları</u>** da."[86]

9- "Andolsun, İblis, kendileri hakkında zannını doğrulamış oldu, böylelikle iman eden bir grup dışında, ona uymuş oldular."[87]

10- "Yalnız İblis hariç. O büyüklendi ve kafirlerden oldu."[88]

11- "(Allah) Dedi ki: 'Ey İblis, ellerimle yarattığıma seni secde etmekten alıkoyan neydi? Büyüklendin mi, yoksa yüksekte olanlardan mı oldun?'"[89]

Yukarıdaki ayetlere bakarak, sorularımıza birlikte cevap arayalım:

İblis kimdir?

İblis, Tanrı'nın Adem'e secde etmeye davet ettiği meleklerden biridir. Meleklerin her birinin görevleri olduğu çok yaygın olarak bilinir. İblis'in görev alanı cinlerle ilgili olabilir. Zaten

---

82 Kur'an, Hicr 32
83 Kur'an, İsra 61
84 Kur'an, Kehf 50
85 Kur'an, Taha 116
86 Kur'an, Şuara 95
87 Kur'an, Sebe 20
88 Kur'an, Sad 74
89 Kur'an, Sad 75

İblis ayetlerinden birinde orduları olduğundan, bir diğerinde de (başta meleklerden olduğu ifade edilerek) cinlerden olduğu belirtilmektedir. Kastedilen cin orduları olabilir.

İblis nerede yaşıyor?

İblis, Tanrı'nın ve meleklerin bulunduğu, aralarında karşılıklı konuşmaların yapılabildiği bir boyutta, ruhsal bir düzlemde yaşıyor. Maddesel herhangi bir tasvir yok. Bu ipucu bize şu an için yeterlidir.

Sonraki plana geçelim:

5. Planda, Tanrı beliriyor ve Adem ile Havva'yı bir düşmana karşı uyarıyor. Ayeti görelim:

"Bunun üzerine dedik ki: 'Ey Adem, bu gerçekten sana ve eşine düşmandır; sakın sizi cennetten sürüp çıkarmasın, sonra mutsuz olursun.'[90]

Tanrı'nın uyardığı düşman İblis değildir. Öyle olsa adı verilirdi. Adem'in eşiyle birlikte yerleştikleri yurtları Cennet'in lokasyonunu öğrenebilmek için, bu düşmanın kim olduğu önemlidir.

Ve **6. Plan**a geldiğimizde, düşman kendisini gösterir:

"Sonunda şeytan ona vesvese verdi; dedi ki: 'Sana sonsuzluk ağacını ve yok olmayacak bir mülkü haber vereyim mi?'"[91]

Evet. Tanrı'nın Adem ve eşini yerleştirdiği, güvenli ve bolluk içinde yaşayacağı alandan yani Cennet'ten çıkmalarına sebep olan düşman Şeytanmış. Adem ve eşinin yerleştiği Cennet öyle bir yermiş ki, şeytan da girebiliyormuş.

Az önce İblisi araştırdığımız gibi, şimdi Şeytan'ı da araştıralım. Yine Kuran'a soralım ve cevapları bize Kutsal Kitap versin:

Şeytan kimdir?

"Böylece her peygambere, <u>insan ve cin şeytanlarından</u> bir düşman kıldık. Onlardan bazısı bazısını aldatmak için yaldızlı sözler fısıldarlar. Rabbin dileseydi bunu yapmazlardı..."[92]

Şeytan nerede yaşıyor?

"Ey insanlar, <u>yeryüzünde</u> olan şeyleri helal ve temiz olarak yiyin ve şeytanın adımlarını izlemeyin. Gerçekte o, sizin için apaçık bir düşmandır."[93]

"Onun için <u>denizde</u> dalgıçlık yapan ve bundan başka iş(ler) de gören şeytanlardan kimseleri de (emrine verdik). Biz onların koruyucuları idik."[94]

Ayetlerin verdiği cevaba göre, şeytanlar insanlardan ve cinlerden olmak üzere iki türlüdür ve yeryüzünde yaşarlar.

Kuran'daki Adem ile ilgili anlatımı, planlara bölerek incelediğimizde, gördük ki, yerleştirildikleri Cennet yeryüzündeymiş. Adem ile Havva, Ebedi Cennet'ten kovularak yeryüzüne gelmemişler. En başında, **Yeryüzü Cennetine** yerleştirilmişler.

Sevgili okurlarım, **Yeryüzü Cennetine** hoşgeldiniz ☺

Yeryüzü Cennetinin hemen yanıbaşınızda bir yer olduğunu öğrenmek, üzerinizde güzel hisler bıraktı mı? Kalbinizde bir çoşku yarattı mı? Peki ya merak?

Cennet'in, öldükten sonra gidilecek bir yer olduğu inancı, iyi ve özenli yaşayan insanlar için motive edici olabilmektedir. Ancak yine de *riskleri* vardır:

- Samimi olarak bu inanca sahip olanlar, Dünyadan tümüyle ellerini çekerek, inziva halinde yaşarak Ebedi Cenneti beklemeye geçebilir ve yaşamı ıskalayabilirler. Yeryüzünde de Cennet düzleminde yaşamaktan kendilerini alıkoyabilirler. Kendilerini sınırlayabilirler. Tanrı'nın hayali, tüm yarattıklarının iyilik, bolluk ve güzellik içinde yaşamasıdır.

---

92 Kur'an, Enam 112
93 Kur'an, Bakara 168
94 Kur'an, Enbiya 82

- Çok ileri bir zamanda yaşanacağına dair bir yanılgı ile, kimi insanlar, bugün iyi ve doğru davranmayı, yarına erteleyebilirler. Erteleme bir hastalık gibidir. Bir haldir. Ertelenen şeyler, yarın da ertelenmeye devam eder. O yarın hiçbir zaman gelmez. Hem Yeryüzü Cennetinde yaşamak ıskalanır, hem de Ebedi Cennet ıskalanır.

Cennet, iyiliği temsil eden bir yerdir. Doğrudur. Cennet nötr değildir. Pozitiftir. Yeryüzündeki doğanın da yönü iyidir, artıdır, pozitiftir. Ekosistemin dengesi, yaşama hizmet etmeye kalibredir. Yeryüzü Cenneti ile doğa, aynı frekanstadırlar.

İyilerin, öte alemde yaşamlarını sürdürecekleri yer olarak, Cennet anlayışı da doğrudur. Kitapta, Ebedi Cennet kavramını, öte alemde iyilerin yaşam düzlemlerini ifade etmek için kullanıyor olacağım.

İyiler için Cennet, yeryüzünde başlar ve ebedi âlemde devam eder. İlerleyen bölümlerde, hem Yeryüzü Cenneti hem de Ebedi Cennet ile ilgili yeni açılımlar bizi bekliyor olacak.

Düaliteden gereği, acaba Yeryüzü Cennetine karşılık hangi kavramı koyabiliriz? Cehennemi mi? Hayır. Yeryüzü Cennetinin karşısına ezbere Cehennemi yerleştiremeyiz. Şimdilik Yeryüzü Cennetinin iyiliğin tarafını temsil ettiğini bilelim ve yolumuza lokasyonunu araştırmakla devam edelim. Yeryüzü Cenneti ile ilgili yapacağımız araştırmalar, bir noktada bize, karşısındaki alanın adını da verecektir.

Yeryüzü Cenneti, Dünyanın belirli bir coğrafyasında olabilir mi? Bir posta adresi olabilir mi?

Önce, Tanrı'nın Adem ve eşini yerleştirdiği Yeryüzü Cennetine dair tasvirleri hatırlayalım:

> "Çünkü sen o cennette ne aç kalırsın, ne de çıplak. Susuzluğa uğramak ve güneşin sıcağını çekmek de yok." [95]

---

95 Kur'an, Taha 117-119

Adem ile eşinin bulundukları yerde, aç kalanlar, çıplak kalanlar, susuzluğa uğrayanlar ve güneşin sıcağını çeken birileri olsa gerek ki, 'sana yok' anlatımı ile karşı karşıyayız. Tanrı'nın onları yerleştirdiği yer, insanların birarada yaşadığı bir coğrafyada, farklı bir düzlem olabilir. Bir koruma baloncuğu gibi düşünebiliriz. Hani işleriniz hep rast gider, kaza-bela size isabet etmez, kılpayı bir şeylerden kurtulduğunuzu, adeta korunduğunuzu hissedersiniz. Bunun gibi. Zira böyle olmasaydı, şeytan onları nasıl ikna edebilirdi ki? Belli ki, çevrelerinde, başkalarının yaşam deneyimleri onları endişeye sevketmiştir.

Gelin şimdi, Adem ve eşinin, şeytanın vesveselerine itibar etmelerine neden olan korkularının veya zaaflarının ne olduğunu araştıralım. Şeytan, Adem ve eşini nasıl ikna etmişti?

"Sonunda şeytan ona vesvese verdi; dedi ki: 'Sana sonsuzluk ağacını ve yok olmayacak bir mülkü haber vereyim mi?'"[96]

"Şeytan, kendilerinden 'örtülüp gizlenen çirkin yerlerini' açığa çıkarmak için onlara vesvese verdi ve dedi ki: 'Rabbinizin size bu ağacı yasaklaması, yalnızca, sizin iki melek olmamanız veya ebedi yaşayanlardan kılınmamanız içindir.'"[97]

"Yok olmayacak bir mülk" kaybetme korkusuna dair bir zaafı gösteriyor. Ayrıca sonsuzluk vurgusu her iki ayette de yapılmış.

Önce "Sonsuzluk" vurgusunun, sonra da "Yok olmayacak mülk" vurgusunun üzerinde düşünelim.

Sonsuzluk Arzusu: Ebedi Aşk

Bir kadın ve bir erkek yanyana geldiğinde, sonsuzluk ifadesi size neyi çağrıştırır?

Bana ilk çağrışımı "Ebedi Aşk"tır.

---

96 Kur'an, Taha 120
97 Kur'an, Araf 20

Sevgili okurlarım, Aşk, ruhsal varlığımızın en önemli delillerinden birisidir. Yaban İnsan, ebedi aşkı bilmez. Tıpkı hayvanlar âleminde, birbirine yaklaşma motivasyonunun üreme ve cinsel tatmin olması gibi, Yaban İnsanda da bu böyledir. İd'inin yönetiminde ve güdülerine göre hareket eden kişiler, şehvet duygusu ile ilişkiler yaşamaktadırlar. Gecelik ilişkileri başka nasıl açıklayabilirsiniz?

Ne demişti *Schopenhauer?* **"Aşk sadece türün hayatta kalması, soyunu devam ettirmesi ihtiyacıdır."** O, aşkı böyle tarif etmişti. Ancak tarif ettiği şey, aşk değildi. O, Yaban İnsanın, birlikteliklerinin temel motivasyonu olan *şehveti* tarif etmişti.

Seks ve sevişmek farklı şeylerdir. Seks, salt cinselliktir. Sevişmenin içinde ise, cinselliğin yanısıra sevgi vardır. Sev(g)işme.

Adem ve eşine dönecek olursak, yeryüzünün ilk *Ruh* sahibi insanları olarak, yeryüzünün ilk aşkını da onlar yaşadılar. Birbirlerine kavuşmuş âşıklardı onlar. Mutlu sonlarını yaşıyorlardı. Ancak, çevrelerinde birbirlerinden ayrı düşen insanları, ölümleri, ayrılıkları, küskünlükleri de gözlemleyebiliyorlardı. Adem ve Havva, şeytan belirene kadar Yeryüzü Cennetinde bir süre yaşadılar. Bu sürenin ne kadar olduğunu bilmiyoruz. Ancak ayaklarını basar basmaz şeytanın ortaya çıkmadığı da belirgin.

Birbirlerine âşık bir çift olarak, ayrılmaktan korkmaları son derece anlaşılır bir durum. Aşkın ne derece kuvvetli bir duygu olduğunu hepimiz biliriz. Âşık olunduğunda, akıl, mantık, muhakeme kalmaz.

Aşk çok yüce bir duygu halidir. Ve çok önemli bir öğretmendir. Aslen, Tanrı'nın tüm yarattıklarına yönelik duygusudur bu. Sevginin en yüksek halidir.

Tasavvuf ilmi öğrenmek için dergâhlara başvuranlara sorulan ilk soru, daha önce âşık olup olmadıklarıdır. Aşkı bilmeyenlerin tasavvuf ilmini kavrayabilmeleri mümkün değildir. Bu yüzden, aşkı tecrübe etmeyenler dergâha kabul edilmez.

Okuma sevgisi, doğa sevgisi, çocuk sevgisi türünden bildiğimiz sevgilerin ilk basamaklar olduklarını düşünelim. Basamakların devamında bir kapı vardır. O kapı Aşk'tır. *Kadın-erkek* ilişkilerinde deneyimleriz ilk. Öğreniriz, tadını alırız. Aşk kapısından öteye geçtikten sonra ise, "Tanrısal Aşka" kavuşuruz. Tanrısal Aşkın en küçük dozu, insan bedenlerimizi sarsacak güçtedir. İçten dışa taşan bir coşku halidir. Herkese ve her şeye, toz zerresine bile aşk duymaya başlarız. Klasik aşktan farklı olarak, bir kişiye doğru yönelmeyen bir duygudur bu. Aşklar-üstü bu halinizde, sizden taşanlar binlere, milyonlara doğru yönelmektedir. İnsan bedeninde, bu hal içinde sürekli yaşayabilenler var mı, bilemiyorum. Ancak, kısa sürelerle bu hale girilip-çıkılabildiğini biliyorum. O hal içindeyken kişiye müthiş bir yaşam sevinci akar. Yaşamla ilgili tüm motivasyon depoları fullenir.

Ruhsal tarafının bilincinde yaşayan insan, Dünyadan elini eteğini çekmez. Maddesel illüzyona kapılmış Yaban İnsandan çok daha fazla yaşam sevinci ile doludur. Şaşırtıcı, ancak gerçektir.

İnsan bedeni için, titreşimi yüksek ancak deneyimlenmesi mümkün olan bu hal, Ruhsal varlığımızın doğal halidir. O hal, sanki ait olduğumuz yer, yani *Yuva*dır.

Adem ile eşinin durumlarına geri dönecek olursak, onlar belki de aşklarının daim olmasını istediler. Sonsuza dek mutlu olmak istediler. İstekleri çok makuldü. Zaten Tanrı'nın da onlara vermek istediğiydi bu. Ancak onlar, bu arzularına ulaşabilmek için, yanlış sapaktan saptılar.

Yok Olmayacak Mülk Arzusu

"Altın ne oluyor, can ne oluyor, inci, mercan da nedir bir sevgiye harcanmadıktan, bir sevgiliye feda edilmedikten sonra." Mevlana

"Mal/mülk bana ağırlık veriyor. Bunları milletime bırakmakla ferahlık duyuyorum. Zenginlik insanın maneviyatında olmalı." Atatürk

Elbette, Adem ve Havva'nın yaşantısına dair detaylı bilgi sahibi değilim. Bu yüzden, onların yaşamında "Yok olmayacak mülk nasıl olurdu," üzerine konuşmak, zorlama yorum yapmak olurdu. Bugünkü insanın mülk edinme anlayışı üzerine zihin jimnastiği yapmayı tercih ederim. Çünkü bu konu, beni meraka sevk ediyor.

Bugünün insanı, tuhaf bir şekilde, mülk edinmeye derin bir arzu duymaktadır. Mülk sahibi değilse, kendini güvensiz hisseder. Geliri kesildiği takdirde, çoluk-çocuk sokağa düşmekten korkar. Sistem gerçekten de böyledir. Ancak ilginç olan, insanın mülk edinme arzusunun, ihtiyacı karşıladıktan sonra da devam etmesidir. Bir tarafta, mülk sahibi olmadığı için kendini güvensiz hisseden insan. Diğer tarafta da, mülkleri üstüste yığmaya çalışan insan.

Meselenin gerçekten de, güven ile ilgili bir kısmı vardır. Ciddi bir inanç testidir, bu durum. Kişinin, Tanrı'nın ihtiyaçlarını karşılayacağına, kendisini koruyacağına dair inancıdır kast ettiğim. Elbette, bu inançla, 1 kazanırken 100 harcamaktan bahsetmiyorum. Benim kastettiğim, 1 kazanırken, 2 kazanmaya geçmek, 3 kazanırken 5 kazanmaya geçmektir. İhtiyacı varsa ve kazanmak için çaba da gösteriyorsa, inancı kişiyi hedeflediği gelir düzeyine taşır. İnançsızlıktır kişiyi, yüzlerce tapusu olsa da, kaybetme korkusuna hapseden. Çevremizde, kıtlık çeken, açta ve açık kalan insanlar yaşıyorlar. Ancak onların bu deneyimlerinin içsel sebebini asla bilemeyiz. Ne var ki, şunu biliriz: İlahi adalet, herkese eşit fırsat sunar. Tanrı herkes için bolluğu, iyiliği ve güzelliği arzu eder. Kişiyi sınırlayan kendisinden başkası değildir. Toplumu fakirliğe mahkum eden de Sistemdir.

Mülklerinin sayısını çoğaltma konusunda, karşı konulmaz arzu duyan kişiler için de bir not düşmeliyim. Başkalarının haklarına ve hukuka özen göstererek edinilen mülkler helaldir. Kişinin kazancını nasıl değerlendireceği kendi seçimindedir. Ancak kazancı biriktirip-yığmak yerine, yeni yatırımlara dönüştürmek, bütün için daha hayırlıdır. Ayrıca ihtiyaçtan fazlasını ihtiyaç sahiplerine dağıtmak da tavsiye edilen bir davranıştır.

Şayet mülk sahibi olmak konusunda, kişinin içinde doymayan bir açlık varsa bunun sebeplerini kendi içinde mutlaka araştırmalıdır. Bu iştah, şayet kişiyi başkalarının haklarına özensizliğe sevkediyor ve hukuka uymaktan alıkoyuyorsa, işte tam o noktada durulmalıdır. Burası çok tehlikeli bir yerdir.

Ciddi bir temizlik ve arınmaya ihtiyaç var demektir.

İsa Peygamber'in bu konuda önemli bir uyarısı vardır:

"Hiç kimse iki efendiye kulluk edemez. Ya birinden nefret edip öbürünü sever, ya da birine bağlanıp öbürünü hor görür. Siz hem Tanrı'ya, hem de paraya kulluk edemezsiniz."[98]

Tanrı'dan bağışlanma dilemek, her türlü şeytani enerjiden Tanrı'ya sığınmaya ihtiyaç var demektir. Şayet kişi bunları samimi olarak yapabilir ve kendini iyileştirirse ne mutludur.

Ancak bu yolda devam ederse, kendini tüketir. Sahip olduğu bu mükler kendisini doyurmaz; aksine iştahını daha çok arttırır. Hakkını gasp ettiği kişilerin sayısını sayamaz hale gelir, pekçok hukuk ihlali gerçekleştirir... Kendini, çocuklarını ve dahi torunlarını iyi yaşatmak makul gerekçesiyle biriktirdiği mallar, bir insanın bırakabileceği en kötü mirasa dönüşürler. Yol açtığı acıların bedelini, nesiller boyunca, kendi devamı olan çocukları ve torunları ödemek zorunda kalır. Bu böyledir. Bunun neden olduğunu merak ediyorsanız, 3. Bölümdeki "Atalarımız ve Biz" başlığını dikkatle okuyunuz.

---

98 İncil, Matta 6, 24

"Yok Olmayan Mülk"le ilgili bahsi, tüm mülkün tek sahibinin Tanrı olduğunu hatırlatarak bitirelim. Tapular, tıpkı maddenin kendisi gibi, sadece yanılsamadır.

Sonuç olarak, Adem ve eşi Havva, "Yeryüzünde Cennet" düzleminde yaşıyorlardı. Hatırladığınız gibi, Tanrı ağaçtan yerlerse zalimlerin arasına katılacaklarına dair Adem'i bilgilendirmişti. Ağaçtan yemek sonuçları itibariyle, kötü bir seçimdi. Kötü seçimler, kişiyi zalimlerin arasına, onların düzlemine taşıyordu.

Şimdilik "Yeryüzü Cenneti" ve "Zalimlerin bölgesi "olarak iki farklı alanımız olduğunu düşünelim. Aralarında bir çizgi var. O da ağaçtır. Ancak ağaç fiziksel bir sınır olsaydı, şeytanı Yeryüzü Cennetinde göremezdik. İyi-kötü seçimlerinin meydana getirdiği, aynı çoğrafyada farklı yaşam düzlemlerinden bahsedersek, o zaman tüm bilgiler yerli yerine oturur.

Adem ve eşi, Yeryüzü Cennetlerinde bolluk içerisinde yaşarlarken, başkalarının hayat deneyimleri onları korkuya sevketmiş. Kaybetme korkusuna.

Korkular, aynı zamanda kişilerin zaaflarıdır da. Kişileri yönetmenin en kolay yolu, korkularına çalışmaktır. Şeytani bir stratejidir. Malesef işe de yaramaktadır.

Yeryüzü Cennetinin ve Zalimlerin bölgesinin, birarada ancak farklı düzlemler olduklarını gördük. Yeryüzü Cennetinin karşısına ezbere bir isim koymayıp, şu an için, Zalimlerin Bölgesi demekle yetiniyoruz. Bu yerin, isim bilgisine ilerleyen sayfalarda kavuştuğumuzda, o yerin nitelikleri ve varolma amacını da görüyor olacağız. Hepsini inceleyeceğiz. Karşılaşacağımız bilgiler, bugünleri ve dışımızda yaşananları, neden yaşandıklarını daha iyi anlamamızı sağlayacak.

Sonraki başlığımıza geçmeden önce, yeni kavuştuğumuz, Yeryüzü Cenneti bilgisiyle, bir seçim yapalım. Niyetinizi, içinizden veya yüksek sesle söyleyebilirsiniz:

"Kovulmuş şeytandan, Tanrım sana sığınıyorum. Tüm zamanlarda, tüm boyutlarda, tüm parçalarımla ve tüm zerrelerimle, ben Cennet'te yaşamayı seçiyorum. Yolum sanadır. Yönüm ışığadır. Teşekkür ediyorum Tanrım."

İYİLİKLE ÖĞRENMEK-ZORLUKLA ÖĞRENMEK

Adem ve Havva, Yeryüzü Cennetinden hiç ayrılmayıp, iyilik ve bolluk içinde yaşamaya devam edebilirlerdi. Ancak öyle olmadı. Onlar, kötü yönde seçim yaparak zalimlerin yaşam düzlemine sürüklendiler. Hata yaparak, zoru seçerek öğrenme yaşadılar.

Ruhsal Benliklerinde, Tanrı'nın ruhundan taşıyan ilk insanlar olan Adem ve Havva, iyi ile birlikte kötüyü de deneyimlemeyi, hata yaparak öğrenmeyi seçtiler. Bugün, çoğumuz, aynı şekilde acılar, sıkıntılar ve dertlerle öğrenmeyi seçiyoruz. Her şey yolundayken, kişisel gelişimimizi artırmaya yönelik çaba sarfetmeyebiliyoruz. Ne zaman ki bir dert kapımızı çalıyor, o zaman bir şeyleri iyileştirmek-dönüştürmek için çaba sarfetmeye başlıyoruz. İçimize dönüyoruz.

Kimilerimiz ise, bu acı ve dertlerin kaynağının dışarısı olduğu yanılgısına kapılıyor; dışarıyı değiştirmeye yönelik sonuçsuz çabalara girişiyorlar. Her iki şekilde de acılar-dertler bizlerin adım atması için katalizör görevi görüyorlar.

Oysa, Tanrı'nın bizler için hayali bu değildir. Tanrı tıpkı, Adem ve Havva'yı Yeryüzü Cennetine yerleştirmesi gibi, bizlerin de iyilik ve bolluk içinde yaşamasını istiyor. Kolay ve rahat yaşamlarımızın olmasını istiyor. Bir anne-babanın bebeğine duyduğu koruma, ihtiyaçlarını karşılama arzusunu hatırlayın. Yavrularımızı, her türlü kötülükten sakınma gayretlerimizi hatırlayın. Şimdi bir de bu duyguların Tanrı'da ne büyüklükte olabileceğini hayal etmeye çalışın. Tanrı'nın tüm uyarıları bunun içindir.

Tıpkı bir annenin, "Yavrucuğum, sobaya elini değdirme, elin yanar." Uyarısında olduğu gibi, ebeveynlerimizin uyarılarına kulak asmıyoruz çoğu zaman. Elimizi sobaya değdirmekten kendimizi alamıyoruz. Hata yaparak, kötü yöndeki seçimi deneyimlerek öğrenmeyi seçiyoruz. İnsanın öğrenme eğilimi bu yöndedir.

Şunu demek istiyorum: Zorlukları, engelleri seçen insanın kendisidir. Aslen iyilik içerisinde de öğrenmek mümkündür. Tüm yaşam alanlarımızın denge içinde olduğu, açlık, susuzluk, aşırı sıcağın olmadığı, ferah, taptaze, dipdiri bir yaşam mümkündür bizler için. Tek yapmamız gereken doğru yönde seçimler yapmaktır.

Aynı şekilde, **Tanrı'nın hayalindeki insan, ödül ve cezalara göre yolunu bulan insan değildir.** Ödül ve ceza sistemi, iyi-kötü eğitiminin ilk dersidir.

Müfredatın ikinci dersi ise *Büyük İyi* ve *Büyük Kötü* kavramlarıdır. Makbul olan da, insanın Büyük İyiyi, iyi olduğu için seçmesidir, ceza almaktan korktuğu için değil.

Büyük İyi ve Büyük Kötü

Yaptığımız seçimlerde iyi-kötü çok boyutludur. Bütünün hayrı, bizim kişisel çıkarlarımızla çatışabilir. Kendimiz için iyi olan, bütün için iyi olmayabilir. Aynı şekilde, kendimiz için kötü olan ise, bütün için iyi olabilir. Oysa, bütünün hayrı, herşeyden önde gelmelidir.. İşte insanın ruhsal potansiyelini kozasından dışarı çıkaran ve onu kanatlandıran, kişisel çıkarına ters düşse bile, Büyük İyiyi seçme kararlılığıdır.

Büyük İyiye giden yol, asla ve asla kötüden geçmez. Mesela, devletin bekaası gerekçesiyle, bir cana kıyılmaz. Cana kıymak, çok büyük günahlardandır. Dini yaymak/anlatmak gibi gerekçelerle fahişe gibi giyinilmez, fahişe gibi davranılmaz. Yine dinsel kılıflar üreterek, kişinin görevi gereği kendisine emanet eden para, satınalma yetkisi, onaylama yetkisi vs. ile maaşının dışında gelir etmesi asla ve asla Büyük İyiye hizmet etmez. Aksine emanete hıyanet etmektir ki, Kuran'da bu konuda ciddi uyarılar vardır. Bu kadar nettir.

Yukarıda verdiğim örnekler; kişisel çıkarlara veya iradenin teslim edildiği kişilerin çıkarlarına üretilen **kılıflardır**.

Doğru amaçlara giden yolda, sadece doğru adımlarla yürünür. Yanlış adımlar, doğrunun aksi istikamete götürür.

Büyük İyi, çoğu zaman kişisel çıkarlarla çatışabilir. Çıkarlarına ters olan bir durumda Büyük İyiyi seçebilmek, erdem geliştirmenin ta kendisidir. Ve kişi, Büyük İyiye hizmet eden seçeneğin hangisi olduğunu, her zaman içsel olarak bilir.

İçinde Tanrı'nın ruhundan bir parça taşıyan Nefis, yeni insana Büyük İyiyi ve Büyük Kötüyü gösteren bir mekanizma gibi çalışır. İçsel bir pusula da denebilir. Her koşulda içsel ibre, Büyük İyiyi gösterir. Büyük İyinin üzerine ışık tutar.

Kuran'dan İyilikle Öğrenme Örneği

Kuran'dan iyilikle öğrenmeyi seçen ve sağlıklı bir Nefis örneğine bakalım şimdi.

"Evinde kalmakta olduğu kadın, ondan (nefsinden) murad almak istedi ve kapıları sımsıkı kapatarak: 'İsteklerim senin içindir, gelsene' dedi. (Yusuf) 'Allah'a sığınırım' dedi "çünkü o benim efendimdir, yerimi güzel tutmuştur. Gerçek şu ki, zalimler kurtuluşa ermez."[99]

Yukarıdaki ayette, Yusuf Peygamber anlatılıyor. Evinde kalmakta olduğu kadın, evli bir kadındır. Yusuf Peygamber'in nefsinden almak istediği murad, onunla ilişkiye girmektir. Ancak

---

bu zina olacağı için, Yusuf Peygamber kadınla birlikte olmak istemez. Zinanın zalimlik olduğunu ifade eder.

Buradaki anlatım, Yeryüzü Cennetindeki "Adem-Havva ile ağaç" anlatımına benzemektedir. Ağaçtan yediklerinde, onlar da zalimlerin arasına katılmış olacaklardı. Yusuf Peygamber de ayette "Yerimi güzel tutmuştur," ifadesiyle bulunduğu yere vurgu yapıyor. Zina yapmayı, zalimlikle bir tutuyor. Zina yaparsa, tıpkı ağaçtan yiyen Adem ve eşi gibi, Yeryüzü Cenneti düzleminden çıkıp, zalimlerin düzlemine geçeceğinin bilincinde.

Bu ayetin devamında, Yusuf Peygamberin de aslında kadını arzuladığını öğreniyoruz. Kadınla birlikte olarak, kişisel bir çıkar sağlamak yerine, Yusuf Peygamber "Büyük İyi"yi seçiyor.

"Andolsun kadın onu arzulamıştı, -eğer Rabbinin kesin kanıtını görmeseydi, o da (Yusuf da) onu arzulamıştı. Böylelikle biz ondan kötülüğü ve fuhşu geri çevirmek için (ona delil gönderdik). Çünkü o, muhlis kullarımızdandı."[100]

Görüldüğü gibi, Yusuf Peygamber Nefsinin rehberliğine göre hareket etmiş ve güzellikle öğrenmeyi seçmiştir.

Şimdi Nefisi tanımaya biraz daha devam edelim:

DOĞRU NEFES-DOĞRU NEFİS

Biliyor musunuz, hepimiz bebekken nefesimizi en doğru şekilde alıyorduk. Ancak büyüdükçe nefes alış şeklimiz bozuldu. Çoğumuz nefes alma kapasitemizin ancak yüzde 30'unu kullanıyoruz. Nefes alıp verirken diafram kasımızı kullanmıyoruz. Doğru Nefes almayı öğrenmemiz gerekiyor.

Tıpkı nefes gibi, Nefis kavramımız da yanlış. Nefis, çok yaygın olarak, *Nefis terbiyesi, Nefsine uymak* gibi deyimlerle tanınıyor. Bu deyimlerdeki çağrışımı insanın bedensel tarafına yönelmiş. Sanki, Nefis insanın İd'i yani hayvani olan tarafıymış

---

100 Kur'an, Yusuf 24

gibi. Oysa, Nefis insanın bedensel değil, ruhsal tarafıdır. Tıpkı Doğru Nefesi yeniden öğrenmemiz gerektiği gibi, Doğru Nefisi de öğrenmemiz gerekmektedir.

Kişiler, kötü seçim yaptıklarında, nefislerine zulmetmiş oluyorlarsa; düalite içerisinde, Nefisin iyi yönde olduğunu anlarız. Nefsine zulmetmekle ilgili Kuran'da onlarca ayet vardır. Zaten, Nefisten ikinci kişi olarak bahsedilmesine örnek verdiğim ayetler, aynı zamanda Nefsine zulmetme ayetleriydiler.

Bir tanesini hatırlayalım:

"Kim kötülük işler veya <u>nefsine zulmedip</u> sonra Allah'tan bağışlanma dilerse, Allah'ı bağışlayıcı ve merhamet edici olarak bulur."[101]

Şu halde, iyiyi seçip, kendine zulmetmeyen, temiz kalmış bir nefistir. Kişi, ruhsal tarafıyla bedensel tarafını iyi yönetmektedir. Kişinin her iki tarafı da uyum ve ahenk içindedir. Tıpkı Yusuf Peygamber'in kadınla birlikte olmamayı seçmesi gibi. Nefsi, Yusuf Peygamber'e doğru ve yanlışı göstermiş, O da bu rehberliğe göre seçimini yapmıştır. Nefsini korumaya devam etmiştir. Nefisinin arı ve temiz kalmasıdır, O'nu Yeryüzü Cennetinde tutan. Adem gibi hataya düşerek öğrenmek yerine, Yusuf Peygamber, iyilikle öğrenmeyi seçmiştir.

Nefsin bir özelliği de, saflığı ve temizliğinin yanısıra çok hassas olmasıdır. Daha önce de değindiğim gibi, kendinden olmayan enerjileri, daha niyet aşamasında bilir ve alarm verir. Daha önce de belirttiğim gibi bu "Vicdan Sesi"dir. Nefsin rehberliğine rağmen, kişi kötü yönde seçim yaparsa ne olur?

NEFİSTE KİRLENMENİN AŞAMALARI

Nefiste kirlenme başlar. Nefis kirlenmesinde 3 aşama vardır.

---

101 Kur'an, Nisa 110

1- Nefse zulüm aşaması: Bilerek yada bilmeyerek, isteyerek yada istemeyerek yaptığımız kötü seçimlerin sonucunda **vicdan azabı** çekeriz. Bu öyle bir acıdır ki, pansuman yapıp hafifletemeyiz. Bu öyle bir acıdır ki, ağrı kesiciyle durduramayız, uykuya sığınıp unutamayız.

Nefisin saf ve temiz yapısına, adeta bir partikül karışmıştır. Nefis alarm vermektedir. Şayet bu alarma kulak verip, kişi bağışlanma dileyip, hatasından geri dönerse şahanedir. Tıpkı, Adem'in yaptığı hatadan sonra bağışlanma dilemesi gibi. Böylece, Tanrı kişiyi bağışlar. Bağışlanma gerçekleştikten sonra, Nefis, yabancı maddelerden arınır ve önceki saf-temiz haline geri kavuşur. Arınmış olur. Her ne pahasına olursa olsun, doğru davranmak daima iyi sonuçlar doğurur.

"Rabbiniz rahmeti kendi (nefis) üzerine yazdı ki, <u>içinizden kim cehalet sonucu bir kötülük işler, sonra tevbe eder ve ıslah ederse, şüphesiz O bağışlayandır, esirgeyendir."</u>[102]

Yanlış bir seçim yapıldığında bağışlanma dilenmez ve bunu başka yanlış seçimler izlerse, durum kötüye gider. Nefiste kirlenme büyür.

2- Günahların kuşatması aşaması:

Arınılmadığında ve kötü seçimlere devam edildiğinde, kirlilik nefisi bir giysi gibi örtmeye, onu kuşatmaya başlar.

"Evet; <u>kim bir kötülük işler de günahı kendisini kuşatırsa,</u> onlar, ateşin halkıdırlar; orada süresiz kalacaklardır."[103]

Bu aşamada, kişi nefsinin uyarılarını duymazdan gelmekte, dışarıdakilerin uyarılarına da kulak tıkamaktadır. İyileri kötü, kötüleri iyi görmeye başlar.

"<u>Kötü olarak işledikleri kendisine çekici-süslü kılınıp da onu güzel gören mi</u> (Allah katında kabul görecek)? Artık şüphesiz Allah,

---

102 Kur'an, Maide 116
103 Kur'an, Bakara 81

dilediğini <u>saptırır</u>, dilediğini hidayete erdirir. Öyleyse, onlara karşı nefsin hasretlere kapılıp gitmesin. Gerçekten Allah, yaptıklarını bilendir."[104]

Hem nefsinden gelen uyarılara, hem de dışarıdan gelen uyarılara karşı durabilmesi için, kişinin iyileri kötü görmeye ihtiyacı vardır. Tanrı'nın ifadesiyle, kişi "sapmıştır". Bu noktada kişi, kendisini kandırmaya yetecek makul gerekçeler üretme fabrikasına dönüşür.

Kişinin yanlış seçimlerini örtbas çabaları işe yaramaz. Gerçeklerin mutlaka ortaya çıkmak gibi bir huyu vardır. Ve kişi mahçup olur. Bu mahcubiyeti örtbas etmeye çalışmak, kişiyi yepyeni bir bataklığa sürükler. İçine battıkça, daha çok batar. Kişiyi oradan ancak ve ancak Tanrı'nın ipi kurtarabilir.

Bu yardım ancak, kişi Tanrı'nın ipine sarılırsa gelebilir. Yine bağışlanma dilemek ve adımları doğru yöne çevirmek, Tanrı'nın bağışlamasını ummak yapılması gereken yegâne şeylerdir.

"<u>Hepiniz Allah'ın ipine sımsıkı sarılın. Dağılıp ayrılmayın.</u> Ve Allah'ın üzenizdeki nimetini hatırlayın..."[105]

Tanrı'nın ipi, tüm insanlığın ortak iyi-kötü değerlerinde buluşması olarak düşünülebilir. **Zira, iyi-kötüyü herkes kendi menfaatlerine göre belirlerse, birlik olunamaz. İnsanlar dağılıp giderler.**

Bir insan niye bile bile kötü seçimlerde bulunmaya devam eder? Daha önce de konuştuğumuz gibi, bunun sebebi zaaflar, korkular ve çıkarlardır. Çıkarlar üzerine bir örnek verecek olursam:

Diyelim, kişiye bir terfi veya bir kuruluşta üst düzey pozisyon teklif ediliyor. Bu terfiyi almanın veya bu pozisyonu hak etmenin, evrensel kuralları vardır. Nitelikler, eğitim, kişilik

---

104 Kur'an, Fatır 8
105 Kur'an, Ali İmran 103

özellikleri ve deneyimler uygunsa ve kişinin önceki işinde elde ettiği sonuçlar takdiri gerektiriyorsa, bu pozisyonu almasından daha doğal bir şey yoktur. Bu kişinin hakkıdır.

Ancak, ahbap-çavuş ilişkisi içerisinde, birilerinin çıkarlarını gözettiği, iradesini kolayca ilgili çıkar gruplarına teslim edebildiği için bu iş kişiye teklif ediliyorsa, işte burada alarm verilmesi gerekir. Bu teklifi kabul etmek kötü bir seçimdir. Çünkü o koltuğa yürürken, pek çok kişinin hakkı alınmış olur. İlaveten o koltukta oturulduğu sürece de, irade sahibinin emrine göre atılacak imzalarla daha pekçok kişinin hakkı alınır. Bir kötü seçim, kişiye zincirleme başka kötü seçimler yaptıracaktır. Bu şartlar altında, o makama oturmak başarı değildir.

O koltuk, bu kişiyi kabul etmez. Ayrıca kişinin hem kendi Nefsi hem de dışarıda hakkını aldığı başka Nefisler kendisini uyarır. Adeta bir vicdan korosu devrededir. O koltuk ise dikenli bir koltuktur artık. Üzerinde oturulduğu müddetçe, kişiye acı vermekten başka bir işe yaramaz. Ne kadar yüksek maaşlar alsa da, altına ne kadar lüks makam arabaları çekilse de, kişi içindeki acıyı dindiremez. Her hak suistimali, yeni bir yara açar ruhsal bedeninde. Kişi orada kalmaya devam ettikçe, yara büyür, büyür, büyür....

Nefis bedeni, adeta bir yara giysisiyle kuşatılmıştır. Ve kişi seçimleriyle, Nefse bizzat kendisi acı çektirmektedir. Bu acının tek sorumlusu, kişinin kendisinden başkası değildir.

Tüm bunlara rağmen, arınmayıp bu yolda devam edildiğinde ne olur?

Kişi artık insanlıktan uzaklaşır, başka bir şeye dönüşmeye başlar.

Kişi, kirlenmede 3. aşamaya geçer:

3- Kötülüğü emreden El Nefis olma aşaması: Bu aşamaya aşağıdaki ayetle giriş yapalım:

"Ben nefsimi temize çıkaramam. Çünkü gerçekten nefis (El Nefis), -Rabbimin kendisini esirgediği dışında- var gücüyle kötülüğü emredendir. Şüphesiz, benim Rabbim, bağışlayandır, esirgeyendir."[106]

Yukarıdaki ayet yine Yusuf Peygamber ile ilgili bir anlatımdır. Evinde kaldığı kadın, nefsinden murad almak istemişti. Yusuf iyiyi seçmiş ve kendisi de arzulamasına rağmen kadına yaklaşmamıştı. Yusuf'un Yeryüzü Cenneti düzleminde yaşadığını daha önce söylemiştim. Yukarıdaki ayetten bir önceki ayette, çevredeki insanlar, Yusuf peygamberden hiç kötülük görmediklerine dair beyanda bulunuyorlar. Bu ayette Yusuf Peygamber nefisle ilgili 2 yorum yapıyor: Birinci yorumda kendi nefsinden söz ediyor ve "*ben nefsimi temize çıkaramam*" diyor. İkinci yorumu yani "var gücüyle kötülüğü emredendir" ifadesi ile bahsettiği nefis, belirli bir nefistir. Başında "El" takısı vardır. Belirli bir nefisi nitelemek için kullanılmaktadır. Tıpkı "El Ruh" gibi.

Demek ki, El Nefis olarak kişilik bulmuş birisi varmış. Ve bu kişinin özelliği, kötülüğü emretmekmiş. Yusuf Peygamber, ayetteki ifadesinde, 'Rabbimin kendisini esirgediği dışında' diye bir istisna yapıyor. Ancak genel durum, El Nefisin kötülüğü emreden bir kişilik olması. Kuran'da başka El Nefis kullanımlarına baktığımızda çok sayıda ayet görmüyoruz. Karşımıza çıkan ayetlerde, Tanrı'nın öldürülmesini haram kıldığı bir El Nefis kişisinden bahise rastlıyoruz.[107] Bizim kötülüğü emreden El Nefis'ten farklı bir anlatımdır.

Diğer El Nefis anlatımlarından biri şöyledir:

"Kim Rabbinin makamından korkar ve nefsi (El Nefis) hevadan sakındırırsa, Artık şüphesiz cennet, (onun için) bir barınma yeridir."[108]

Tanrı'nın makamından korkan kişilerden bahsedilmektedir.

Bu ayetin iki ayrı boyutu vardır:

---

106 Kur'an, Yusuf 53
107 Kur'an, Maide 45, Enam 15, İsra 33, Furkan 68
108 Kur'an, Naziat 40-41

1- Tanrı'dan korkan kişilerin, El Nefis olarak nitelenen başka bir kişiyi **hevadan men etmesi** olarak algılanabilir.

Toplum içerisinde, başkalarını kendi hevasına sürüklemek isteyen El Nefis'e dönüşmüş birileri yaşamaktadır. Herkes kendi hayatına bakmalı ve kendi yaşam düzleminde El Nefis'in kimler olabileceğini tespit etmelidir.

Burada, peygamberlerin geçmiş hayatlarından bahsedilmiyor. El Nefis, tarihi bir kişilik değildir. El Nefis, her dönemde, herkesin yaşamında var olabilen bir kişiliktir.

Bu kişinin kim olduğunu tespit etmenin, bana göre, çok kestirme bir yolu vardır. Yaratan ve yaratılan olarak alanda, Tanrı ile başbaşa mısınız? Tanrı ile aranızda duran, bir siyasi lider, bir cemaat lideri, bir öğretmen, bir yogi, bir partner, bir ebeveyniniz, bir patron vs. herhangi bir kişi duruyor mu? Tanrı'nın adını kullanarak size yaklaşan ve sizi kendi hevalarını gerçekleştirmek için kullanan biri var mı?

İşte bu kişi, El Nefis'ten başkası değildir. Ve size şunu belirtmem gerekir ki, herkes en az bir tane El Nefis tanıyor olmalıdır. Çünkü bu bir yaşam dersidir ve herkesin karşılaşacağı bir müfredattır.

Çok önemli bir konu olduğu için, kelime kelime üzerinden gitme gereği görüyorum.

"Hevadan sakındırmak", men etmek anlamındadır. Tanrı, El Nefis kişisini, eylemlerinden men eden kişiyi, ödüllendireceğini söylüyor.

El Nefis kişisini, eylemlerinden men etmek nasıl olur?

Öncelikle bunun ilk adımı, onun kurduğu çarkın dışına çıkmaktır. El Nefis kişisinin kurduğu çark, büyük Sistem altında çalışan küçük bir Sistemciktir. Çarkın işleme kuralları aynı büyük Sistem gibidir. Karşılıklı çıkarların biraraya getirdiği bir hiyerarşi düzenidir; ast-üst arasında *emir-itaat ilişkisi* kurulmuştur. Bu çarkın işleyişi tümüyle başındaki liderin refahına, saltanatına çalışır. Çarkı çeviren işçilere bu refahtan sus payı verilir. Kaymağı en tepedeki yer. İşçilere de, doğadaki Symbiosis'e (ortak yaşama) benzer şekilde, ana gövdenin üzerinde, ondan beslenen parazitler gibi yaşam sürmek kalır. İşte kişinin ilk yapması gereken, bu yapının dışına adım atmaktır.

İkinci olarak, toplum içindeki meslek, yetki ve sorumlulukları çerçevesinde, El Nefis'in Sistemciğinin işleyişine geçit vermemektir. Kendi görev alanında, bu Sistemciğin yolunu kapatmaktır.

Men etmek, asla ve kesinlikle El Nefisi ortadan kaldırmak olarak algılanmamalıdır. Tanrı'nın öldürülmesini haram kıldığı kişi için de El Nefis kelimesinin seçmiş olmasının hikmetlerinden biri bu olabilir. Burası kırmızı çizgidir. Girilmemesi gereken alandır.

Yukarıdaki ayetten, ayrıca, El Nefis olarak tanımlanan kişinin hevasına, istek ve arzularına düşkün biri olduğunu anlıyoruz.

Aşağıdaki ayet de bize, El Nefisin kim olduğuna dair başka ipuçları verir niteliktedir.

"Andolsun kıyamet gününe. Ve andolsun kendini kınayıp duran nefse (El Nefis)... Ancak insan, önündekini de 'fücurla sürdürmek ister."[109]

Yukarıdaki ayette El Nefis için bir nitelendirme yapılmış.

"Kendini kınayıp durmak" El Nefisin başka bir kişilik özelliği olarak verilmiş. Burada seçilen kelimenin "Suçlamak, Azarlamak, Paylamak, Çıkışmak' anlamları da vardır. Demek ki El Nefis, istek ve arzularına düşkün ve "Suçlayıcı-Azarlayıcı-Paylayıcı" bir kişilik olarak tanınıyormuş.

"Kendini kınamak" önemli bir tasvirdir. Kuran'da başka kullanımlarına baktığımızda, yukarıdaki ayetle aralarında adeta köprü kurulmuş gibi duran başka bir ayetle daha karşılaşırız.

---

109 Kur'an, Kıyamet 1-2, 5

Şimdi vereceğim ayette, Şeytanın El Nefis kişiliğine bir çift sözü varmış gibi. Bakalım, ne diyor?

"İş olup bitince Şeytan der ki: Şüphe yok ki Allah, gerçek olarak vaatte bulundu size. Ben de size vaat ettim ama vaadimde durmadım ve zaten de <u>size karşı bir gücüm kuvvetim yoktu, ancak sizi davet ettim, siz de icabet ettiniz bana</u>; <u>beni kınamayın, kendinizi (nefsinizi) kınayın.</u> Artık ne benim size bir yardımım dokunabilir, ne sizin bana bir yardımınız dokunabilir. Zaten daha önceden de beni ona eş tutmanızı tanımamıştım ben. Şüphe yok ki zulmedenlere elemli bir azap var."[110]

El Nefis, Şeytan'ı suçladığını zannetmektedir. Oysa hem Tanrı'nın "kendini kınayıp duran *El* nefse" ifadesinden, hem de Şeytanın "Beni kınamayın, nefsinizi kınayın," ifadesinden, bu kişinin Şeytan diye kınadığının kendisinden başkası olmadığını anlayabiliriz. Kişi artık insan-şeytana dönüşmüştür.

El Nefisin şeytan olduğunu, tereddüte mahal bırakmayacak başka bir yoldan daha görmemiz mümkündür:

Az önce, El Nefis anlatımını ilk Yusufla ilgili ayette görmüştük. O ayetteki "El Nefis var gücüyle **kötülüğü emreder**" ifadesiyle birebir aynı anlatım (aynı kökten kelimeler ile) aşağıda vereceğim ayette de geçmektedir. Yusuf ile ilgili anlatımda *El Nefis* olarak belirtilen özne, aşağıdaki ayette *şeytan* olarak karşımıza çıkmaktadır.

"Ey insanlar, yeryüzünde olan şeyleri helal ve temiz olarak yiyin ve <u>şeytanın adımlarını izlemeyin</u>. Gerçekte o, sizin için apaçık bir düşmandır. O, size yalnızca, <u>kötülüğü</u>, çirkin-hayasızlığı ve Allah'a karşı bilmediğiniz şeyleri söylemenizi <u>emreder</u>."[111]

Hem Yusuf ile ilgili El Nefis ayetinde, hem de yukarıdaki Şeytan ayetinde, kötülük "sin-vav-elif" köklerinden gelmekte, emretmek de "elif-mim-re" köklerinden gelmektedir. Birebir aynı ifadeler oldukları söylenebilir.

---

110 Kur'an, İbrahim 22
111 Kur'an, Bakara 168-169

Hatırlayacaksınız, Adem ve Havva'yı Yeryüzü Cennetinden çıkaran düşmanı araştırırken, insan şeytanlar ve cin şeytanlarla karşılaşmıştık. Aslen, şeytan düalitedeki eksi kutuptur. O, "Size karşı bir gücüm kuvvetim yoktu, ancak sizi davet ettim, siz de icabet ettiniz bana" demektedir... Şeytan sadece davet eder. Eksi kutup olarak fonksiyon görür. Kişiyi zorlayamaz. Kişi hangi yöne doğru adım atacağında serbesttir. Tanrı'nın kendisine armağanı olan Özgür İradesi ile seçim yapar. Şayet seçimi kötü yönünde ilerlemekse, 3. evreye geldiğinde artık insan-şeytan olmaya başlamıştır.

Nefisi bedene benzetecek olursak yine; insan bedeninde kan ve dokularda bakteri-mikrop bulunmaz. Ancak deride ya da mukozalarda kanayan yaradan veya çatlaklardan içeri mikrop girdiğinde kana karışabilir. Şayet bedenin savunma mekanizmaları çalışmazsa, mikrop beden için ölümcül sonuçlar doğurabilir. Nefisin, kötü seçimlerin etkilerine karşı kendisini savunmak için, bağışlanma isteme mekanizmasını çalıştırması şarttır. Kötülük, ilerleyen aşamalarda Nefis bedenine yayılır çünkü. İnsan-şeytana dönüşmesi an meselesidir. Bu evreden sonra, iyiye dönüş imkansız değildir elbet. Tanrı çok affedicidir. Ne olursa olsun, yarattıkları için iyiliği ve güzelliği ister. Ancak seçimlerinde özgür bırakır.

"... Artık kim hidayete ererse, bu kendi (nefsi) lehinedir; kim saparsa, o da kendi aleyhine sapmış olur."[112]

"Kim salih bir amelde bulunursa, kendi (nefsi) lehinedir; kim de kötülük ederse, o da kendi aleyhinedir..."[113]

2- "El Nefisi hevadan sakındırma" ayeti aynı zamanda, El Nefis'e dönüşen kişinin kendisine Tanrı'nın bir uyarısı, bir öğüdü olarak da alabiliriz. Her ikisi de doğrudur.

---

112 Kur'an, Zümer 41
113 Kur'an, Fussilet 46

Her şeye rağmen, El Nefis'e dönüşmüş kişinin, bir zerre bile Tanrı inancı varsa, hevasına uymayı ve başkalarına da kendi hevasına hizmet ettirmeyi terketmesi gerekmektedir.

Tanrı bir ayetle, 360 dereceden birden, her açıdan, insanlara doğru yolu göstermektedir.

Eski İnsanı, güdülerine göre yaşadığı için Yaban İnsan olarak tanımlamıştım. Bugün de Yaban İnsanın var olduğunu söylemiştim. Nitekim, eski ve yeni insanla ilgili şu ayrımı yapmamız gerekmektedir: Yaban İnsan vahşiydi, kana susamıştı vs. Ancak şeytani bir özelliği yoktu. Şeytanilik yeni insana mahsus bir özelliktir.

Ruhsal âlemde İblis'in meleklerin arasından ayrılması ile, Ebedi Cennet ve Cehennem de yaratılmıştır. Daha önce konuştuk. İnsan, içinde taşıdığı Tanrı'nın ruhundan olan parçasına rağmen, kötü yönde yürürse bu seçiminin ruhani boyutta bir karşılığı vardır artık.

Acıdan ve kötüden zevk alan, sadist, mazoşist, satanist insanlar da yaşıyorlar yeryüzünde. İstedikleri, aradıkları budur. Ve bu tamamen kendi seçimleridir. Tanrı da, kimin ne yönde seçim yapacağını gözlemektedir. Seçimindeki kararlılığı görmek için insana zaman vermektedir.

"Kim, güzel bir aracılıkla aracılıkta bulunursa, ondan kendisine bir hisse vardır; kim kötü bir aracılıkla aracılıkta bulunursa, ondan da kendisine bir pay vardır. Allah her şeyin üzerinde koruyucudur."[114]

Buraya kadar Nefisi konuştuk. El nefis kavramıyla, Kötü seçimlerin kişiyi, nihayetinde insan-şeytana dönüştürdüğünü gördük.

Peki ya iyi insanlar? İyiyi seçenler de bir dönüşüm geçirirler mi?

---

114 Kur'an, Nisa 85

El Nefis ile ilgili ayetlerden –Yusuf Peygamber'in bahsettiği istisnayı ifade eden- bir ayet vardır. Bu ayet, iyiyi seçen insanları işaret etmektedir. El Nefisin başına bir sıfat konulmuş olması, onu diğer El nefis anlatımlarından farklılaştırır.

"Ey mutmain nefis (El Nefis), Rabbine, hoşnut edici ve hoşnut edilmiş olarak dön. Artık kullarımın arasına gir. Ve cennetime gir."[115]

Mutmain ne demektir?

Tatmin ile aynı kökten bir kelimedir. İç huzuru kazanmak, iç barışını sağlamış olmaktır.

Tanrı'nın mutmain El Nefis için layık gördüğü "Hoşnut edici ve hoşnut edilmiş olarak" çok özel bir ifadedir. Kuran'da "hoşnut edici ve hoşnut edilmiş" ifadelerinin birarada kullanıldığı başka bir anlatıma rastlamadım. Ayrı ayrı kullanıldıkları başka anlatımlar vardır. Mutmain El Nefis'in nasıl bir yaşamı olduğunu açıklayıcı anlatımlardır bunlar.

Mutmain El Nefis:

1: Güzel bir hayat yaşar

"Artık o, hoşnut bir yaşama içindedir."[116]

2: Güzel bir ebedi yaşantısı olur

"Rableri onlara katından bir rahmeti, bir hoşnutluğu ve onlar için, kendisine sürekli bir nimet bulunan **cennetleri** müjdeler."[117]

Hem dünyada, hem de ebedi yaşamda bolluk ve iyilik içinde yaşayan kişinin kim olduğunu anlayalım şimdi de.

Mutmain El Nefis kimdir?

Bu soruya cevabı bir ayetle verelim:

---

115 Kur'an, Fecr 27-28-29
116 Kur'an, Hakka 21
117 Kur'an, Tevbe 21

"Bunlar, iman edenler ve kalpleri Allah'ın zikriyle mutmain olan-lardır. Haberiniz olsun; kalbler yalnızca **Allah'ın zikriyle mutmain** olur."[118]

Yukarıdaki ayette, bu kez, mutmain kavramı "Kalp" ile birlikte kullanılmış. Mutmain El Nefis, kalben Allah'ı zikreden kişiymiş. Mutmain olmanın tek yolu buymuş.

Şu halde soralım,

Zikretmek nedir?

Zikir kelimesinin, yerleşik algıdaki karşılığı, elde tespih ile Allah'ın isimlerinin zikredilmesidir. Bu eylem, tümüyle gelenekseldir. Çünkü ayetten anladığımıza göre zikir "öz"de, el ve dudaklarla değil, kalple yapılmalıdır.

Zikretmek kelimesinin anlamı; daima hatırlamak, bir şeyi hafızada tutuş, aklında bulundurmaktır.

Ayetten anladığımıza göre, kalben Allah'ı zikretmek, Allah'ı kalpte tutmaktır.

Dil ile Tanrı'yı anmak herkesin yapabileceği bir şeydir. İyi veya kötü insan olması fark etmez. Kendine göre hesapları olan kötülerin de Tanrı'yı sıklıkla andıklarını, onu dillerinden düşürmediklerini görüyoruz. Özellikle de Sistem ve Sistemin sadık hizmetkarları olan ülke yöneticileri, siyasetçiler, ticaret erbabı, sözde dini liderlerin ortak özelliğidir bu. İnsanlar arasında öyle bir yanılgı yaratırlar ki, kendilerinin Tanrı'ya giden yol olduklarını zannettirirler. İnsanlar, bu kişileri desteklemezlerse, oy vermezlerse, sözlerinden çıkarlarsa dinden de çıkacaklarını sanırlar.

Oysa, Tanrı ölçüyü çok açık ve net koymuştur. Kitabın başından beri söylediğim gibi, inançlar kişinin mahremidir. Kalpte yerleşik Tanrı sevgisi de aynı şekilde özeldir. Öyle de tutulmalıdır.

---

118 Kur'an, Rad 28

Amaç, inancınızı insanların bilmesi midir, Tanrı'nın bilmesi midir?

Şayet kişinin niyeti gösteri yapmaksa ve çıkar elde etmekse, bu kişiye göre cevap insanların bilmesidir.

Şayet niyet, Tanrı'nın hoşnutluğunu kazanmak ve O'na yakınlaşmaksa, şu halde bu kalbin içerisinde yaşanan bir hal olmalıdır.

Tanrısal Aşk

Burada, tekrar değinmek isterim ki; Tanrısal Aşkı kalbinde hisseden insan Tanrı'nın hoşnutluğunu aramaz.

Kadın-erkek ilişkisindeki deneyimlerimize göre, Aşk öyle bir duygudur ki, karşılık göremesek bile bu duyguya mani olamayız. Durdurmak, sonlandırmak isteriz; nafile. Aşk bitmez, sadece uzun zaman sonra yatışır. Ve aşkın en önemli özelliği, onu veriyor olmamızdır. Karşılığı gelir mi, gelmez mi? Hiç fark etmez. Karşımdaki aşkıma karşılık vermiyor, ben ona olan aşkımı noktalayayım diyemeyiz. Aşk emir dinlemez. Varsa, vardır.

Aynı şekilde, Tanrısal Aşk da, cennete gitmek, Tanrı'nın kendisinden hoşnut olması gibi beklentiler içerisinde oluşmaz. Tanrı'ya duyulan aşk, aşkı duyandan Tanrı'ya doğru tek yönlüdür. Tabii, Tanrı'nın aşkı da tüm yarattıklarına yönelik olarak tek yönlüdür. Bazı yarattıkları bu aşka karşılık verir, bazıları karşılık vermez ve büyüklenir. Tanrı'nın yarattıklarına aşkı öyle büyüktür ki, her daim onların iyiliğini ister. Bu yüzden de iyiyi –her yoldan- yarattığına öğretir, gösterir. Peygamberler, kitaplar, nefis, dışarıdaki insanlar, doğa, yaşam… Hepsi de insana iyiyi göstermek içindir.

Tanrısal Aşka tutulan insan, Tanrı ile birlikte, her şeye ve herkese de aşk duyar. Yaşama aşk duyar, içi yaşam sevinci ile dolar ve kendisini yaratıp yaşamı önüne sunduğu için Tanrı'ya şükran duyar. Bu şükran aşkını daha da artırır. Tanrısal aşk zamanla yatışmaz; artarak büyür. Ebediyette de şu anki algılarımızın çok ötesinde bir titreşim seviyesine ulaşır.

Birazdan Yeryüzü Cennetine ve ismini henüz bilmediğimiz, zalimlerin bölgesini konuşmaya geçeceğiz. Bundan önce, Nefis ile ilgili bölümü, Nefisin hammaddesini konuşarak tamamlayalım.

Nefisin Hammaddesi

Daha önce Nefisi, bedene benzetmiştim. Şimdi ise bir kaba benzeteceğim. İçindeki Nefis özü, saf, arı, temiz ve neredeyse sterildi. Kendinden olmayan her şey ona rahatsızlık veriyordu. Mutmain El Nefisi konuşurken, nefise huzur verenin Tanrı'yı kalpte tutma olduğunu da biliyoruz artık. Şu halde, Nefisin hammaddesinin sevgi olduğunu düşünebilir miyiz?

Bağışlanma ile ilgili kişisel deneyimlerimde şunu gözlemledim: Bir davranışım sonradan içimde (şimdi biliyorum ki artık Nefsimde) bir rahatsızlık yarattığında, önce Tanrı'dan özür diliyorum, sonra da o davranışımın etkilediği kişiden. Bu özür gerçekleştiğinde ne oluyor biliyor musunuz? İçimden dalga dalga sevgi aktığını hissediyorum. Bu sevgi özür dilediğim kişiye doğru akıyor; ona akarken benim de içimi sevgi ile dolduruyor. İçimi büyük bir huzur duygusu kaplıyor. Tanrı'yı kalpte anmak, sevgiden başka ne olabilir ki?

Nefise huzur veren, sevgiden başka ne olabilir ki?

Sevgide kaldığınız, sevgiye hizmet eden davranışlarda bulunduğunuzda aynı zamanda iyinin tarafında da olursunuz. Siz başkalarının hoşnutluğunu aramasanız da, hem kendinizi, hem diğerlerini, hem de Tanrı'yı hoşnut edersiniz.

3. Bölüm

İnsanın Bedensel Tarafı ve Yaşam Ağacı

İnsanın bedensel ve ruhsal olmak üzere iki tarafı olduğunu artık biliyoruz. Ruhsal tarafımızı oluşturan parçaları da tanıyoruz.

Bu kitapta Ruhsal Potansiyelimizi Hatırlamak için birlikte bir yolculuğa çıktık. Ne var ki, bedensel tarafımız da bizimdir. Tek başına bedensel bilincimize göre yaşayamayacağımız gibi, tek başına ruhsal bilincimize göre de yaşayamayız. Her iki tarafımızın uyum ve ahenk içinde olması gerekir. İki taraf arasında ahenk olmazsa, birden fazla radyo yayınının frekanslarının birbirine karışması gibi, hayat radyosunun yayınını alamayız. İç çatışmalar, yaşam alanlarımızda ortaya çıkan blokajlar, engeller yolumuza oturur. Bedensel tarafı ve ruhsal tarafı etkileyen dinamikler farklıdır çünkü. İyi bir yeryüzü yaşamı ve iyi bir ebedi yaşam için, her iki tarafı da iyi tanıyıp, onların dinamiklerine göre hareket etmek gerekir.

Bu yüzden, kitapta bedensel tarafımızı etkileyen dinamiklerden de kısaca bahsetmek istiyorum.

YAŞAM AĞACI

Bu bir semboldür ve kökeni tarih öncesi çağlara kadar dayanmaktadır. Adem ve Havva bahsindeki ağaç ile karıştırılmamalıdır. Yaşam ağacı eski Hint, Çin, Mısır, Urartu, Şaman, İran geleneklerinde; Zerdüştlükte, Lapon, İzlanda, İskandinavya, Finlandiya, Avustralya geleneklerinde, Tevrat'ta (Aden cennetinin ortasında), İncil'de ve dahi İslami geleneklerde (Tuba ağacı olarak) rastlanmaktadır.

Ezoterik öğretiye göre yeryüzü, öte âlem ve semavi âlem arasında irtibat kuran bir ağaçtır. Eski Hint ve Eski Mısır geleneklerinde -benzer şekilde- ağacın dallarına konmuş kuşlar, ruhları temsil etmektedir. Eski geleneklerle ilgili bu bilgilerin derinine girmeyeceğim. Tüm çağlarda, tüm kültürlerde ortak bir sembol olduğunun bilinmesi yeterlidir.

Ben size, kendi içsel bilgime göre, Yaşam Ağacını anlatacağım. Bendeki bilgiye göre, Yaşam Ağacı, insanın bedensel tarafını anlatmak için mükemmel açıklayıcı bir semboldür.

İnsanın ruhsal tarafı, tek bir nefisten çoğalmıştır ve Tanrı'nın ruhundan parçaya sahiptir. Yani, Öz'de hepimiz biriz.

Bizleri farklılaştıran bedensel taraflarımızdır. Doğduğumuz ülkeye, aileye ve zamana göre edindiğimiz kimliklerdir. Bedensel taraflarımız anne-babalarımızın devamıdırlar. Çocuklarımız da, bizlerin devamıdır.

Yaşam Ağacını, çok boyutlu bir Soy Ağacı olarak düşünebilirsiniz. Üzerindeki tüm dalları, zihinlerinizde numaralandırın. Ana dallar, ana dallardan çıkan daha küçük dallar, o dallardan çıkan daha küçükleri vs.

Neden çok boyutlu bir Soy Ağacı olarak düşünmek lazım? Çünkü, evlilikler aynı aile dalı üzerinde yapılmamaktadır. Evlilikler bambaşka aile dallarına atılan bağlardır. Bunu gözünüzde canlandıramayabilirsiniz, ancak zihninizde dallar arasında bağlantı köprüleri imajine edebilirsiniz. İşte, numaraladığınız bu dallar gibi, bizlerin de kimlik numaraları vardır. Her bir dal, diğerinden farklıdır.

Nasıl ki ruhsal varlıklarımızın Öz'ü aynıdır; ağacın öz suyu da her dala ve yaprağa ulaşmaktadır. Dalları yani bizleri farklılaştıran, Yaşam Ağacındaki konumlarımızdır. Güneş tüm dalların üzerine doğar; toprak ve su ağacı besler. Bu şartlar altında, dalların birbirlerini beğenmemesi, bir dalın kendini diğerinden üstün görmesi, dudak bükmesi, kibir yapması ne kadar manasız gözüküyor, öyle değil mi?

Aynı şekilde, yine bir ağaç düşünün; dallarından biri, ağacın konumu itibariyle çok rüzgar alıyor.. Dallarından başka birinin önü ise muhafazalı ve rüzgar almıyor. Önü de açık olduğu için güneş enerjisinden bolca besleniyor. Dallardan güneşi bol alanı, rüzgara çok maruz kalan dala karşı suçluluk duymamalıdır. Çünkü bu dalların yer değiştirmesi mümkün değildir. Biri bir daldır, diğeri başka bir dal. Ne ise o. Kimi, benim gibi Türkiye'de doğar, kimi Amerika'da doğar, kimi Uganda'da doğar. Öz'de hepsi aynı ağacın dallarıdır. Nasıl ki bir dal, diğeriyle yer değiştiremez; aynı şekilde Banu bir başkası olamaz. Bir başkası da Banu olamaz. O dalın kaderi rüzgar alan tarafta gelişmektir. Belki bu rüzgar, o dalın daha güçlü olmasını sağlamıştır. Bu da mümkündür.

Ruh, bedene misafir olur; beden de ruha konak olur. Veya bedeni taşıt aracı olarak düşünmek de mümkündür. Tıpkı arabaların paslanması gibi, beden de paslanır. Okside olarak yaşlanır. Bir bedende konforlu misafirlik için, iyi bir sürüş keyfi için, bakım ve özenli kullanım şarttır.

Bedensel kimliklerimiz farklı olsa da, özlerimizin aynı olması ve aynı ağacın dalları gibi birbirimizle bağlantılı olduğumuz için empati yapabiliriz. Yine bu sebepledir ki; kendimizi iyileştirirsek, başkalarını da iyileştirebiliriz.

Ho'oponopono Şifa Tekniği

Daha önce duymuş muydunuz? Bir içten dışa vurum tekniği olarak Ho'oponopono, şifada çok iyi sonuçlar almaktadır. Kısaca, bir başkasındaki sorunu, kendi içinde çalışarak şifalandırmak olarak açıklanabilir.

Hawai kökenli bir şifa yöntemidir. Günümüzün en tanınan üstadı *Dr. Hew Len*, bir koğuş dolusu akıl hastası suçluyu, onları hiç görmeden iyileştirmiş bir psikologdur. Hastalarının dosyalarını okumuş ve kendi içinde çalışarak, onlarla kendinde ortak gördüğü parçaları şifalandırmıştır. Bunu da, o parçaya "Özür diliyorum, seni seviyorum," diyerek başarmıştır.

ATALARIMIZ VE BİZ

"Aile, her türlü iyilik ve kötülüklerin öğretildiği bir okuldur." Wilhelm Stekel

Bedensel tarafımız, sadece kendine ait duyguları ve anıları değil, atalarının duygularını ve anılarını da genetik yollardan miras almıştır. Halk arasındaki "Dede koruk yer, torununun dişi kamaşır." sözü bu durumu güzel anlatan bir deyiştir. Sadece insan değil, diğer canlılarda da bu durum görülür. Bilim bu konuda neler diyor?

Kolektif Bilinçdışı

Psikanalist *Carl Jung* tarafından kullanılan bir kavramdır. Jung'un çalışmalarına göre, insan ve hayvanlarda, bireysel olarak kendilerine ait olmayan bir hafıza bulunmaktadır. Bu hafıza kayıtları, içinde yaşadığı kültürden kendisine taşınmaktadır. Kişinin davranışlarını ve ilişkilerini etkileyen kayıtlardır. Jung'a göre, kolektif bilinçdışı RNA yoluyla yeni nesillere aktarılmaktadır. Genetik hafıza olarak da bilinmektedir.

Aile Dizimi

Dünyaca ünlü Alman psikoterapist *Bert Hellinger*'in kullandığı terapötik bir yöntemdir. Hellinger, duyguları, kişisel ve üstlenilmiş olarak ikiye ayırır. Üstlenilmiş duygular, atalarımızdan bize taşınan duygulardır. Kişinin bilincinde olmaksızın, aile sistemindeki bir başkasının duygusunu üstlenmesidir. Bu duyguları üstlenme, insanların günlük hayatlarını nasıl etkilemektedir?

Bert Hellinger'in Türkiye'de yayınlanmış kitaplarını ve kitaplarındaki vakaları dikkatle okumanızı öneririm. Ben kendim de Aile Sistem Dizimcisiyim. Türkiye Sistem Dizimleri Enstitüsü'nden 3 sene süren bir eğitim aldım ve eğitim sürecimde pekçok vaka gördüm. Kendim de aile dizimleri yaptım. Ve beni çok etkileyen gözlemler yapma fırsatı buldum. Şöyle ki;

Kişinin Yaşam Ağacında, kişinin annesi ve babası çok önemlidir. Anneanne, babaanne ve dedeler de çok önemlidir. Çünkü, kişinin (atalarının) üst kuşakların birbirleriyle, kardeşleriyle ve toplumla ilişkileri, kendisini ve çocuklarını etkileyebilmektedir.

Bunlar nasıl etkiler olabilir?

Mesela kişinin dedesi, miras paylaşımında diğer kardeşlerine haksızlık yapmış olsun. İşte bu haksızlığın sorumluğunu, sonradan dünyaya gelen torunları, bilinçsiz zihinleriyle üstlenme eğiliminde olabilirler. Torunlardan biri veya birkaçı, kendi hayatında, dedesinin bu davranışının kefaretini ödemeye uğraşabilir. Bolluk ve para akışında sorunlar yaşama, paranın bereketini görememe, kayıplar yaşama vb. sorunlar yaşayabilir.

Başka bir örnek olarak, yine kişinin az önce saydığım yaşam ağacındaki atalarından birinin, görevi gereği ölüme sebebiyet vermiş olması halinde yine kefaret ödeme güdüsü devreye girebilmektedir. Benim hem kendi gözlemlerim, hem de okuduğum vakalardan; böyle durumlarda, sonraki nesillerde, ölümcül hastalıklar, madde bağımlılığı, şizofreni vb. ruhsal hastalıklar, kişilik bozuklukları kendini gösterebilmektedir. Elbette her ölümcül hastalığın, her madde bağımlılığının nedeni yaşam ağacında bir atanın, toplumda birinin ölümüne sebep olması değildir. Ancak ölüme sebebiyet veren kişinin, sıklıkla çocukları, torunları yaşamlarında bilinçsiz zihinleriyle kefaret ödeme eğiliminde olabilmektedirler.

İşte bu sebeple, "Yok Olmayacak Mülk Edinme" başlığı altında, haksızlık yaparak mal edinenlere uyarıda bulunmuştum. Bu tip yollara giren kişiler bilmelidirler ki, yaşamsal düzlemde, her etkinin karşılığında bir tepki vardır. Ve bu tepki, kişinin kendisiyle sınırlı kalmamaktadır. Diğer nesillere kadar uzanabilmektedir. Sonuçları itibariyle, çok çok hassasiyet gösterilmesi gereken bir konudur.

Bert Hellinger'in çalışmaları hem bedensel, hem de ruhsal tarafımıza dönüktür. Hellinger, dizim çalışmalarında ruhsal tarafa da ulaşmayı başarmıştır. Kendi sözleriyle:

"... En önemlisi, ne kadar tuhaf görünürse görünsün, her davranışın ardında sevgi olduğunu görmem oldu. Ve kişinin gösterdiği semptomların arkasında sevginin işbaşında olduğunu da görmem. Bu nedenle terapide, sevginin yoğunlaştığı noktayı bulmak belirleyici öneme sahip... Çocuğun ruhu, ebeveynin hor görülmesine asla izin vermez. Ancak bunu gördükten sonra, bu sevginin ölçüsünün bütünüyle bilincine varabildim. Bundan ötürü ben önce sevgiyi arar, bunu tehlikeye sokan her şeye de karşı dururum."[119]

Ruhsal Benliğimizin hammaddesinin, sevgi olduğundan söz etmiştik. Bert Hellinger'in, *"Derinlerdeki sevgi"* ile ilgili tespiti de, bizim Nefsin hammaddesi ile ilgili tespitimizle örtüşmektedir.

---

119 Bert Hellinger, Sevginin Düzenleri, 2003, Sistem Yayıncılık, sf.473

Bilinçli Benlik

İngiliz bilim insanı *Prof. Rupert Sheldrake* Cambridge'de tabiat bilimleri, Harward'da felsefe okumuştur. Kitabımızın konusuyla ilişkili çok önemli bilimsel araştırmaları vardır. Morfik Rezonans kavramını bilime kazandırmıştır. (Bu kavrama az sonra değineceğiz.) Onun ortaya koyduğu diğer kavramlardan biri de Bilinçli Benliktir. Bizim Nefis kavramımızla beden arasındaki ilişkiyi açıklaması bakımından önemlidir.

Sheldrake'ye göre, Bilinçli Benlik maddesel olmayan bir gerçekliktir. Bilinçli Benliğin, özgür seçimler yapma kapasitesi vardır. Bilinçli Benlik ile vücut etkileşim halindedirler. Scheldrake bu etkileşimi "Makinedeki Hayalet" olarak tarif eder. Onun sözleriyle:

"Bilinçli benlik, motor alanlarla etkileşen bir şey olarak düşünülebilir. Bu motor alanlar bedenle ilişkilidir ve vücudun fiziko-kimyasal durumlarına bağlıdır. Ancak bu benlik, motor alanlarla aynı şey olmadığı gibi, deneyimleri de yalnızca beyin içinde meydana getirilen değişimlere paralel değildir. Motor alanlara "girer", ama onların üzerinde ve üstünde kalmaya devam eder."[120]

Sheldrake, Bilinçli Benlik ve beden arasındaki etkileşimi, arabayla sürücüsü arasındaki etkileşime benzetir. "Belirli koşullar altında, araba gerçekten sürülürken, hareketleri sürücünün hareketleriyle yakından ilişkilidir."[121]

Bu bölümün girişinde, ben de bedeni, ruh için bir konağa ve bir arabaya benzetmiştim. Nitekim, Freud'un at üzerindeki şövalye benzetmesi, bana göre en iyisidir. Çünkü araç bir makine iken, at bir hayvandır. Kendine göre bir bilinci vardır. İnsanın bedensel tarafının da ayrı bir bilinci vardır.

---

120 Rupert Sheldrake, Yeni bir Yaşam Bilimi, 2001, Dönüşüm Yayınları, sf.245
121 Rupert Sheldrake, Yeni bir Yaşam Bilimi, 2001, Dönüşüm Yayınları, sf.245

Bedensel Bilinç ile Ruhsal Benliğin (nefisin) bilincinin ortak hareket etmesidir önemli olan. Atın, kendini binicisinin yönetimine teslim etmesi gereklidir. Binicinin de atının fiziksel ihtiyaçlarını, duygusal durumunu, sağlığını vs. göz önünde bulundurması gerekir. **Yaşamda, at ve binicisinin tam uyumuna ihtiyaç vardır.**

At ve binicisinin yaşamda tam uyumu ona neler sağlar?

Öncelikle iyi-kötü seçimlerinde, iki taraf uzlaşma içindedir.

İkinci nokta da, yaşamla ve yeryüzünün tüm unsurlarıyla, birlikte uyum içinde olmalarıdır. Doğa ile bütün olunduğunda, bitkilerle ve hayvanlarla iletişim kurmak bile mümkündür.

Bitki insana, neye ihtiyacı olduğunu söyler. Suya ihtiyacı olduğunu, budanması gerektiğini, böceklendiğini hissettirir. Aynı şekilde, bitkiler kişiden kendilerine yönelen sevgiye de cevap verirler. Bazı insanlar, doğa ile öyle bütünleşmişlerdir ki, adeta toprağa "sopa dikseler, yeşertirler."

Yine Sheldrake'nin "Biri Beni Gözetliyor,"[122] isimli kitabında sıraladığı pekçok vakaya göre, insanlar hayvanlarla kilometrelerce öteden iletişime geçebilmektedirler. Kilometrelerce öteden, insanın çağrısını duyup gelen hayvanlar, sıkıntı ve ihtiyaç halinde sahibiyle uzaktan iletişim kurarak yardıma çağıran hayvanlar... Kitap örneklerle doludur.

Ben ayrıca kişinin doğa olayları ile de iletişim kurabileceğini düşünüyorum. Nitekim Kuran'da rüzgarın Süleyman Peygamber'in emrine verildiğine dair bir bahis de vardır. Kendi hayatımda ben de rüzgar ile kendime göre çalışmalar yapıyorum. Güçlü bir rüzgar alanıma girdiğinde, ona "bana ne getirdin, bana mesajın var mı" diye soruyorum. Alanıma yeni haberler, yeni başlangıçlar getiriyor gibi hissediyorum. Bu hisse kapıldığım zamanlarda, rüzgarın bünyesinde taşıdığı tohumları top-

---

rakla buluşturduğunu, bu tohumlardan birinin de kendi yeni başladığım projem olduğunu hayal ediyorum. Rüzgarın arkasından gelen yağmurla da, toprakla kavuşan tohumların suyla beslendiğini, benim projemin de o tohumlarla birlikte filizlendiğini ve büyüdüğünü hayal ediyorum.

Kuran'da rüzgarın müjde verici olduğuna dair ayetler vardır:

"Rahmetinin önünde <u>rüzgarları bir müjde olarak</u> gönderen O'dur..."[123]

"Ve rahmetinin önünde <u>rüzgarları müjdeciler olarak</u> gönderen O'dur..."[124]

İnsanın bedensel tarafını, sadece yeryüzündeki canlılar, doğa olayları etkilemez. İnsan gökyüzündeki hareketlerin de etkisi altındadır. Gezegenlerin hareketleri, Ay'ın büyüme ve küçülme evresi direkt kişiyi etkiler. Ben yeni başlangıçlarımı, Ayın hilal evresinden, dolunaya doğru ilerlediği günlere denk getirmeye çalışıyorum. Bir duyuru yapacaksam, bunu da dolunaya denk getiririm. Doğanın bir parçası olduğumu ve onunla bir olduğumu iliklerime kadar hissederim.

Morfik Alanlar

Prof. Rupert Sheldrake'nin, bitkilerle ilgili yaptığı çalışmalardan yola çıkarak ortaya çıkardığı bir bulgudur. Daha önce yaşayıp ölmüş ve birbirlerini hiç tanımayan, aynı türden olan varlıkların birbirlerini etkilediklerini gözlemlemiştir. Scheldrake'ye göre, canlılar aralarında oluşan şuursal bir alan üzerinden etkileşime girerler. Örneğin bir kediyi ele alırsak, bu kedi kendisinden önce yaşamış tüm kedilerden etkilenmektedir. Morfik Alanlar, aynı türden olan varlıkların düşünsel, eylemsel, inançsal paylaşım alanlarıdır. Sheldrake, yukarıdan aşağıya doğru

---

123 Kur'an, Araf 57
124 Kur'an, Furkan 48

olan bu bilgi aktarımının DNA yoluyla değil, doğadaki morfik alanlar yoluyla olduğunu düşünüyordu.

Sheldrake, morfik alanların aslen bir zihin olduğunu düşünmekteydi. İnsanın zihninin bedeninin dışına taştığını ortaya koymuştur. Zihnin geçmişe ve geleceğe uzanabildiğinden, bu yolla niyetlerin ve duaların iyileştirici gücü olabildiğinden bahsetmiştir.

Onun sözleriyle:

"Görme faaliyetinde dış dünya gözler yoluyla zihne taşınır ve kişisel dünya deneyimi algı ve niyet alanları yoluyla dış dünyaya yansıtılır. Niyetlerimiz, çevremizdeki dünyaya ve geleceğe uzanır. Çevremizle ve birbirimizle irtibatlıyızdır. Aynı şekilde zihnimiz bedenimizi kaplar ve beden görüntümüz sadece başımızda değil, bedenimizi duyumsadığımız yerde, bedenimizin içindedir.

...Tüm düşüncelerimizin, görüntülerimizin ve duygularımızın göründükleri yerde değil de, beyinde olduğu teoremine alışkınızdır... Ne var ki zihin eşittir beyin teoreminin lehinde pek kanıt bulunmadığı ortaya çıkmıştır. Söz konusu teorem yakın deneyimle çelişir, yedinci duyu imkanını geçersiz kılar...

Genişleyen zihin görüşü insanlar ve hayvanlardaki yedinci duyuya ilişkin kanıtları ciddiye almamızı sağlar. Yedinci duyunun biyolojik yapımızın bir parçası olduğunu anlamamıza yardım eder. Ve doğanın çok geniş yeni alanlarını araştırmaya ve keşfe açar..."[125]

Sheldrake'ye göre zihin şöyle çalışır:

"Zihin sonuçta bedenin ötesindeki dünyaya zihinsel yalancı ayaklar, yani uzantılar gönderme ve diğer zihinlerle bağlantı ağları kurma kapasitesine sahiptir."[126]

Ona göre bu zihinler arası bağlantı ağı sebebiyle canlılar, kilometrelerce öteden birbirleriyle iletişime geçebilirler. Sheldra-

---

125 Rupert Sheldrake, Biri Beni Gözetliyor, Kaknüs Yayınları, 2004, sf. 379
126 Rupert Sheldrake, Biri Beni Gözetliyor, Kaknüs Yayınları, 2004, sf. 353

ke'nin kitabında hayvanlarla ilgili örneklere ek olarak anne ve bebeği arasındaki örneklere de yer vermiştir. Bir bebek uykudan uyanıp beslenmek için ağladığında, uzaklardaki annesinin göğsünden süt boşaltığına dair pekçok vaka örneği vermiştir. Bunu ben de yaşadım. Gerek oğlum, gerekse de kızımın bebekliklerinde birebir aynı şeyleri deneyimledim. Yavrularım evde uyanıp ağlamaya başladığında, ben bir iş toplantısında veya görüşme sırasındayken göğüslerimden aniden süt boşalması çok defa başıma geldi.

Sheldrake'ye göre 7. duyu canlıların telepati yetenekleri, gözetlendiklerini hissetmeleri ve önsezileridir. 7. duyu üzerinden iletişim. Ona göre, canlılar arasındaki zihin ağı üzerinden yapılır.

Aslen Sheldrake'nin anlatmaya çalıştığı, doğanın dev bir zihin olduğudur.

4. BÖLÜM

TANRI'YI ANLAMAK

"Adam fısıldadı: "Tanrım konuş benimle."
Ve bir kuş cıvıldadı ağaçta.
Ama adam duymadı.
Sonra adam bağırdı.
"Tanrım, konuş benimle"
Ve gökyüzünde bir şimşek çaktı.
Ama adam dinlemedi onu
Adam etrafına bakındı ve
"Tanrım seni görmeme izin ver" dedi.
Ve bir yıldız parladı gökyüzünde.
Ama adam farkına varmadı.
Ve yüksek sesle haykırdı:
"Tanrım bana bir mucize göster."
Ve bir bebek doğdu bir yerlerde.
Ama adam bunu bilemedi.
Sonra çaresizlik içinde sızlandı:
"Dokun bana Tanrım ve burada olduğunu anlamamı sağla, ne olur!"
Bir kelebek kondu adamın omzuna.
Ve adam kelebeği, elinin tersiyle uzaklaştırdı…" Halil Cibran"

Tanrı, insanın idrak sınırlarının ötesinde, çok kudretli, çok yüce bir varlıktır. Ve O'nu tanıyabilmemiz için, insanın kendisinde, doğada, evrende pekçok ipucu bırakmıştır. İstersek ve çaba sarfedersek, onu tanıyabilmemiz tümüyle olmasa da, kısmen mümkün olabilir. İstersek ve çaba sarfedersek, idrak sınırlarımızı genişletmemiz de mümkün olabilir.

İnsan zihni, Tanrı'yı ve yaratılışı anlayabilmemiz için bizlere önemli ipuçları sunar.

TANRISAL ZİHİN

Ben, doğada karşımıza çıkan dev zihnin ne olduğunu, kavrayabildiğim ölçüde, basit bir örnekle sizlere anlatmaya çalışacağım:

Hayalinizde bir elma canlandırın. Şekli neye benziyor? Rengi, kokusu nasıl? Şimdi zihninizde o elmadan bir ısırık alın. Tadını hissedin. Onu yerken elmaya dair neler hissedersiniz? Sulu mu? Sert mi? Taze mi? Biraz o elmaya bakın. Görün onu.

İşte bu elma, sizin zihninizde hayal ettiğiniz bir elmadır. Elmayı canlandırdığınız yer, sizin bireysel zihninizdir.

Şimdi mutfağa gidin. Bir elma alın elinize. Ona dokunun. Cilalı dokusunu hissedin. Elinizde evirip çevirin. Büyüklüğü nasıl? Yukarı doğru genişleyen bir elma mı bu? Yoksa yusyuvarlak, top gibi bir elma mı? Şimdi artık elmadan bir ısırık alabilirsiniz. Isırdığınız lokmayı çiğnerken, ağzınızda bıraktığı tadın, hissin ayırdına varın. Elmanın aromasını aldıktan ve yeterince çiğnedikten sonra, artık o lokmayı yutabilirsiniz. Şimdi sırada bedeniniz var. Bedeniniz o lokmayı nasıl duyumsayacak? Nasıl öğütecek? O lokmadaki saf maddeleri organlarında nasıl proses edecek ve hücrelerinize taşıyacak?

Zihninizde canlandırdığınız elma ile bizzat elinizde tutup bir ısırık aldığınız elma arasında çok fark değil mi?

İşte elinizde tuttuğunuz o elma da, siz de, üzerine bastığınız toprak da, elma ağacı da, hepsi.. Tanrı'nın zihnindeki yaratımlardır. Aslen tüm Evren, Kainat, güneş sistemimiz, yaşadığımız gezegen, üzerindeki tüm canlı varlıklar, gökler, yer... Tanrısal Zihnin içinde yaratılmışlardır. Bu öyle bir zihindir ki, üzerinde atlayıp zıplayabilirsiniz. Sularında kulaç atabilir, rüzgarında yelkeninizi şişirebilirsiniz. Üzerinde doğar, yaşar ve ölürsünüz. Capcanlıdır. Çok gerçektir.

> "Gaybın anahtarları O'nun katındadır, O'ndan başka hiç kimse gaybı bilmez. <u>Karada ve denizde olanların tümünü O bilir, O, bilmeksizin bir yaprak dahi düşmez...</u>"[127]

Tanrı'nın karada ve denizde olanların tümünü bilmesi, o bilmeksizin bir yaprağın dahi dalından düşmemesi, benim kavrayışıma göre, bir Tanrısal Zihin tasviridir.

TANRISAL NİYET

Önceki başlıktaki örneğimizde, zihnimizde elmayı canlandırışımızı hatırlayın. O oradaydı, hayalimizin içerisindeydi. Onu hayalimizin içine taşıyan, niyetimizdi. Zihnimizde elma canlandırmaya niyet etmiştik ve o bir düşünce formu olarak oluşmuştu.

Kainatın yaratılışı da, Tanrısal Niyeti takiben olmuştur. Tanrı "Ol" demiştir.

> "Gökleri ve yeri yaratandır. O, bir işin olmasına karar verirse, ona yalnızca 'OL' der, o da hemen oluverir."[128]

> "İstediğimiz zaman herhangi bir şey için sözümüz, ona yalnızca 'Ol' demekten ibarettir; o da hemen oluverir."[129]

> "Bir şeyi dilediği zaman, O'nun emri yalnızca: 'Ol' demesidir; o da hemen oluverir."[130]

---

127 Kur'an, Enam 59
128 Kur'an, Bakara 117
129 Kur'an, Nahl 40
130 Kur'an, Yasin 82

Tanrısal Zihin İçinde Madde

Sanıyorum, herkes biliyordur ki, maddenin yani atomun yüzde 99'u boşluk, yüzde 1'i de enerjidir.

Fransız bilim insanı Jean Guitton, atomun parçacıkları arasındaki boşlukla ilgili şöyle bir örnek vermiştir:

"Eğer bir oksijen çekirdeğinin protonunu şu önümdeki masanın üstünde duran bir toplu iğnenin başı gibi düşünürsem, o zaman çevresinde dönen elektron Hollanda, Almanya ve İspanya'dan geçen bir çember çizer. Onun için bedenimi oluşturan bütün atomlar birbirine değecek kadar bir araya gelseydi, artık beni göremezdiniz. Jean Guitton, milimetrenin birkaç binde biri boyutunda ufacık bir toz zerresi olurdu."[131]

Yüzde 99'u boşluk ve yüzde 1'i enerji olan bir yapı nasıl varolabilir? Katı, sıvı, gaz gibi halleri olabilir? İşte, Tanrısal Zihin içerisinde, Tanrısal Niyet ile yokluk, varlık bulmuştur. Maddeyi birarada tutan, Tanrı'nın yüce sevgisi ve iradesinden başka bir şey değildir.

TANRISAL SEVGİ İLE TANRISAL İRADE

Çocuğunuzu okula gönderme iradenizi kaldırırsanız, çocuğunuzun eğitimi devam edebilir mi? Bebeğinizi besleme iradenizi kaldırsanız, bebeğiniz yaşayabilir mi? Dükkanınızı her sabah açma iradenizi ortadan kaldırsanız, dükkanınız işleyebilir mi? Şirketinizden iradenizi kaldırsanız, çalışanlarınız çalışabilirler mi? İşte iradedir, süreklilik sağlayan.

Gece ile gündüzün ardarda gelmesi de bir iradenin sonucunda gerçekleşir.

Gezegenleri yörüngelerine çeken Tanrısal Sevgi, onları bu yörüngede sürekli tutan ise Tanrısal İradedir. Aynı şekilde, ato-

---

131 Guitton, Fransa'da yaşadığı için, Hollanda, Almanya, İspanya'dan geçen çember ile tarif etmektedir.

mun parçaları arasındaki çekim gücü Tanrısal Sevgi, bu çekimin devamlılığını sağlayan da Tanrısal İradedir.

Tanrı'nın sevgisinde veya iradesinde bir anlık kesinti olsa, atomun çekirdeği de, etrafında dönüp duran elektronlar da, yüzde 99 boşluğun içerisine dağılır giderlerdi. Geriye boşluktan başka bir şey kalmazdı.

Tüm varlığımız, tüm parçalarımız, tüm zerrelerimiz, içimiz, dışımız, dünümüz, yarınımız... Her şeyimiz Tanrı'nın sevgisi ve iradesiyle sarılıp sarmalanmıştır.

"Allah... O'ndan başka ilah yoktur. Diridir, kâimdir. O'nu uyuklama ve uyku tutmaz. Göklerde ve yerde ne varsa hepsi O'nundur. İzni olmaksızın O'nun katında şefaatte bulunacak kimdir? O, önlerindekini ve arkalarındakini bilir. (Onlar ise) Dilediği kadarının dışında, O'nun ilminden hiç birşeyi kavrayıp-kuşatamazlar. O'nun kürsüsü, bütün gökleri ve yeri kaplayıp-kuşatmıştır. Onların korunması O'na güç gelmez. O, pek yücedir, pek büyüktür."[132]

Tanrısal Zihin içerisinde bir yaratımsa bu, Tanrı her yerde demektir. Tanrı düşüncelerimizi bilir, Tanrı niyetlerimizi bilir, Tanrı ne konuştuğumuzu bilir, Tanrı ne planladığımızı bilir. Tanrı'dan gizli-saklı olamaz. Bütün kulaklar Tanrı'nın kulaklarıdır. Bütün gözler Tanrı'nın gözleridir. Bütün sözler, Tanrı'dan çıkar ve Tanrı'ya gitmektedir.

"Kullarım Beni sana soracak olursa, muhakkak ki Ben pek yakınım. Bana dua ettiği zaman dua edenin duasına cevap veririm..."[133]

"Allah'ın göklerde ve yerde olanların tümünü gerçekten bilmekte olduğunu görmüyor musun? Fısıldaşmakta olan üç kişiden dördüncüleri mutlaka O'dur; beşin altıncısı da mutlaka O'dur. Bundan az veya çok olsun, her nerede olsalar mutlaka O, kendileriyle beraberdir. Sonra yaptıklarını kıyamet günü kendilerine haber verecektir. Şüphesiz Allah her şeyi bilendir."[134]

---

132 Kur'an, Bakara 255
133 Kur'an, Bakara 186
134 Kur'an, Mücadele 7

"<u>Onları siz öldürmediniz, ama onları Allah öldürdü; attığın zaman sen atmadın, ama Allah attı.</u> Mü'minleri kendinden güzel bir imtihanla imtihan etmek için Şüphesiz Allah, işitendir, bilendir."[135]

TANRISAL İLHAM

Tanrısal Zihin içerisinde, Tanrı yarattıkları ile de mutlak iletişimdedir. Bu iletişimin adı "Vahiy"dir.

Vahiy nedir? Tanrı'nın vahiy etmesi ne olabilir? Kutsal Kitap göndermek gibi sadece peygamberlere sunulan bir ayrıcalık mıdır?

Vahiy

Tıpkı Zalim kelimesinin anlamlarını araştırdığımız gibi, Vahiy'in de Arapça-İngilizce karşılıklarına bakalım. Arapça'dan Türkçe'ye geçen çok kelime vardır. Ve Türkçe'deki yerleşik anlamları, kelimeyi çok kısıtlamaktadır. Arapça kelimelerin anlamlarını yakalamak için, en iyi araştırma İngilizce'de yapılır. Hem evrensel bir dildir, hem de kelime sayısı çok fazladır.

Vahiy'in İngilizce karşılıkları ve anlamları.

1- Revelation: Vahiy, esin, ilham

2- Inspiration: İlham. Şair, ressam, müzisyen vb. de yaratıcılığı uyandıran etki.

Kelimenin anlamlarına göre; vahiy sadece peygamberlere özel bir Tanrı ile iletişim yolu değilmiş. Şimdi, Kuran'a dönelim, hem bu bilgiyi doğrulayabiliyor muyuz diye bakalım, hem de kimlerin vahiy aldıklarını görelim.

"Hani <u>Havarilere</u>: 'Bana ve elçime iman edin' diye <u>vahy etmiş-tim</u>..."[136]

---

135 Kur'an, Enfal 17
136 Kur'an, Maide 111

"Rabbin meleklere vahyetmişti ki..."[137]

"Musa ve kardeşine vahyettik.."[138]

"Rabbin bal arısına vahyetti..."[139]

"Hani, annene vahyolunan şeyi vahyetmiştik.."[140]

"Musa'nın annesine: 'Onu emzir, şayet onun için korkacak olursan, onu suya bırak, korkma ve üzülme; çünkü onu biz sana tekrar geri vereceğiz ve onu gönderilen kılacağız' diye vahyettik."[141]

"Böylece onları iki gün içinde yedi gök olarak tamamladı ve her bir göğe emrini vahyetti."[142]

Yukarıdaki ayetlerde ortaya çıktığı gibi, anlamlarına uygun biçimde, Vahiy sadece peygamberlerle sınırlı bir iletişim yolu değilmiş. İsa'nın havarileri, Musa'nın annesi, melekler, bal arısı ve gökler... Tanrı, tüm yarattıklarıyla vahiy yoluyla iletişim kuruyormuş.

Dilimizde vahiy kelimesinin, peygamberler ile Tanrı arasındaki iletişimi çağrıştırdığının farkındayım. Kuran'ın indirilişi de nitekim vahiyle olmuştur. Bu yönüyle, şayet vahiy kelimesi size çok iddialı geliyorsa, siz de benim gibi "Tanrısal İlham" kelimesini kullanmayı tercih edebilirsiniz.

Tanrısal Zihin içerisinde olduğumuzu düşündüğümüzde, vahiyi anlamak kolaylaşır. Vahiyin ilham boyutunu anlayabilmek için, vahiyle ne tür bilgiler alabileceğimize bakmamızda fayda var:

Seçim yaparken, içgörü verir:

---

137 Kur'an, Enfal 12
138 Kur'an, Yunus 87
139 Kur'an, Nahl 68
140 Kur'an, Taha 38
141 Kur'an, Kasas 7
142 Kur'an, Fussilet 12

"Ben, sadece bana vahyolunana uyarım. De ki: Kör ile gören hiç bir olur mu? Hiç düşünmez misiniz?"[143]

"Rabbinden sana vahyolunana uy."[144]

Gelecekten bilgi verir:

"Nitekim onu götürdükleri ve kuyunun derinliklerine birlikte atmaya davrandıkları zaman, biz ona (şöyle) vahyettik: 'Andolsun, sen onlara kendileri, farkında değilken bu yaptıklarını haber vereceksin."[145]

Gaybtan bilgi verir:

"Bunlar: Sana vahyettiğimiz gayb haberlerindendir. Bunları sen ve kavmin bundan önce bilmiyordun."[146]

İhtiyaçlara göre yaratıcı çözümler sunar:

"Musa'ya, "Asanı taşa vur!" diye vahyettik. Derhal ondan oniki pınar fışkırdı. Her kabile içeceği yeri belledi. Sonra üzerlerine bulutla gölge yaptık, onlara kudret helvası ve bıldırcın eti indirdik. (Onlara dedik ki) "Size verdiğimiz rızıkların temizlerinden yeyin."Ama onlar (emirlerimizi dinlememekle) bize değil kendilerine zulmediyorlardı."[147]

"'Gözetimimiz altında ve vahyimizle gemiyi imal et."[148]

"Musa'nın annesine: 'Onu emzir, şayet onun için korkacak olursan, onu suya bırak, korkma ve üzülme; çünkü onu biz sana tekrar geri vereceğiz ve onu gönderilen (elçilerden) kılacağız' diye vahyettik."[149]

---

143 Kur'an, Enam 50
144 Kur'an, Enam 106
145 Kur'an, Yusuf 15
146 Kur'an, Hud 49
147 Kur'an, Araf 160
148 Kur'an, Hud 37
149 Kur'an, Kasas 7

İstihbarat verir:

"Musa'ya: 'Kullarımı gece yürüyüşe geçir, <u>çünkü izleneceksiniz' diye</u> vahyettik."[150]

"De ki: 'Bana gerçekten şu <u>vahyolundu: Cinlerden bir grup dinleyip</u> <u>de şöyle demişler</u>: -Doğrusu biz, hayranlık uyandıran bir Kur'an dinledik."[151]

Bal arısı ve göklerin vahiy alma ayetlerinden de anlayabileceğimiz gibi, doğanın tüm unsurları Tanrı'dan ilham alırlar. Bu ilhama uyarak hareket ederler. Ancak insan zihni düşüncelerle ve dışarıdaki uyaranlarla öyle doludur ki, o karmaşanın içinde Tanrısal İlhamı ayırt edemeyebilir. Ayırt edebilse, bu kez itibar etmeyebilir. Zihnindeki kendi düşüncelerinden biri zannedebilir. Böyle bir durumda, o ilham bir başkasına uçar gider. Doğada hiçbir şey israf olmaz. Ta ki o ilhamı duyup hayata geçiren biri çıkana kadar, ilham bir kişiden diğerine konar.

Bir gün bakarsınız, başkası sizin fikrinizi gerçekleştirmiştir. "Bu benim de aklıma gelmişti!" diye dövünürsünüz sonra. Maalesef ki, ilhamın tapusu yoktur. İyiki de yoktur. İlham sarılıp-sarmalanıp yastık altına atılabilseydi, dünya adeta siyah-beyaz bir yer olurdu!

Tanrı bizi yaratıp, dünyada kendi kaderimize terk etmedi. Eli hep üzerimizdedir. Gökyüzünden yeryüzüne inen eşsiz kar taneleri gibi, Tanrı'nın ilhamları da üzerimize yağmaktadırlar. Tanrısal İlhamlar sadece ve sadece sevgiye hizmet ederler. Tanrısal ilhama kulağımızı açtığımızda, onu değerlendirdiğimizde, hem kişisel hayatımızı hem de dünyayı güzelleştiririz. Doğa'nın tüm güzelliği, Tanrısal İlhama tamamen teslim olmasından gelmektedir.

Yukarıdaki ayet örneklerinde, aldıkları ilhamla hareket eden insanlardan örnekler vardı. Belki bir anne olduğum için, beni

---

150 Kur'an, Şuara 52
151 Kur'an, Cin 1

en çok yavrusunu suya bırakan anne örneği etkiledi. Tanrısal İlhama öyle çok itibar etmişti ki, kendi sıcak kucağından ayırıp, yavrusunu suya bırakabilmişti. Su da, Tanrı'nın ilhamıyla yavruyu üzerinde güvenle taşıyıp, yine Tanrı'nın ilhamıyla hareket eden bir başkasının sıcak kucağına teslim etmişti onu. Musa'nın sudaki o yolculuğu, pek çok aşamadan sonra, yine annesinin sıcak kucağında son bulmuştu.

Tanrısal İlhamı Nasıl Alırız?

Tanrısal İlham, biz başka bir işle meşgulken, birdenbire gelir. Zihinde yanan bir ampulle de sembolize edilir. Ben daha çok, anlık çakan bir ışık olarak hissediyorum. O ışık, yazıya döküldüğünde sayfaları dolduruyor.

O ışık değil midir, bizi uçuran şarkıların ilhamı? O ışık değil midir, hayatımızı kolaylaştıran buluşların ilhamı?

Bir problem çözmeye çalıştığımızda, zihnimiz o probleme yoğunlaşır. Bu bizim zihinsel faliyetimizdir. Oysa Tanrısal İlham daha farklı bir sistemle kişiye ulaşır. Kişi bazen sorusuna cevap arar. Bazen cevap aramaz, çünkü sorusu olduğunun farkında bile değildir. Tanrı'ya bir sorunuz olsa da, olmasa da O insanın neye ihtiyacı olduğunu bilir ve ona Tanrısal İlhamını gönderir. Tanrısal İlham, Tanrısal zihnin iletken yapısına ulaşır; oradan da, kişi bambaşka bir işle uğraşırken kalbine düşer. Gelen bilgi, bizim günlerce-haftalarca-aylarca uğraşsak bulabileceğimiz cinsten değildir. Bizim zihnimizin düşünme sistematiğinin dışında, bambaşka bir bakış açısıdır. Ve şunu da söyleyeyim; hayata geçirmesi en kolay olan çözümdür. Tanrısal İlhamın hayata geçmesi için, tüm yollar ve tüm kapılar ona açıktır. Çözüme giden en kestirme, en mükemmel, en akılcı ve en yaratıcı çözümdür o. Ve Tanrısal İlham yoluyla gelen fikrin başarısı garantidir.

Ben sadece bir beşerim, Tanrı benimle vahiy yoluyla nasıl iletişime geçer ki, diye halen daha tereddütt içindeyseniz ve bu konuda kanaatiniz halen daha oluşmamışsa; belki bu ayet size yardımcı olabilir:

"Kendisiyle Allah'ın konuşması, bir beşer için olacak (şey) değildir; ancak bir vahy ile ya da perde arkasından veya bir elçi gönderip kendi izniyle dilediğine vahyetmesi (durumu) başka."[152]

Görülüyor ki, maddesel düzlemde, Tanrı insanla karşı karşıya gelerek konuşmamaktadır. Zaten sonsuz büyüklükte ve sonsuz kudretteki Tanrı'nın maddesel düzlemde varolması düşünülemez. Çünkü Tanrı bir madde değildir. Maddeyi yaratandır. Maddenin dışındadır. Tanrı, yarattıklarıyla vahiy vererek, perde arkasından veya bir elçi aracılığıyla konuşur. Ve evet, gerçekten de konuşmaktadır.

Adem bahislerinde, Tanrı Adem ile de vahiy yoluyla konuşmuştur. Arada elçi yoktur, herhangi bir perde arkası ifadesi de bulunmamaktadır. Adem bedenlendikten sonra, ona isimleri soruşu, Tanrı'nın Cennet'te Adem'i düşmana karşı uyarması hep vahiyle olmuştur. Çünkü Tanrı'nın insan ile konuşma yolu olarak dördüncü bir ihtimalden söz edilmemektedir.

İnsanın yaşam yolculuğunda, kutsal kitapların yeri çok önemlidir. Referans kaynaklar olarak, el altında olmalı, sıkça onlara başvurmalıdır. Nitekim, kutsal kitaplardaki bilgiler kişiye özel değildir. Tanrısal İlham ise tümüyle kişiye özeldir. Anlık ihtiyaçlara cevap verir. Yeryüzünde bugüne kadar geliştirilmiş ve bundan sonra da geliştirilebilecek en güvenli kriptolu telefonlardan bile daha güvenlidir. Üçüncü kişiler araya giremez, dinleme yapamazlar. Sinyalin çekmemesi gibi bir durum olası değildir.

---

152 Kur'an, Şûrâ 51

Zihninizi programlasalar, algınızı yönetseler bile; siz kendinizi açık tuttuğunuz sürece Tanrısal İlhamı susturmaya kimsenin gücü yetmez. Tanrısal ilhamınız, tıpkı bir Kutup Yıldızı gibi, size her zaman doğru yönü gösterir. Bu, Tanrı'nın insana büyük bir armağanıdır. Ve insanın potansiyelini artı sonsuza çıkaran, muazzam bir güçtür.

Tanrısal İlhama kendini açmış insan, asla Sisteme köle olmaz. Mutlak özgürdür.

Sistemin asla sevmediği bir insan modelidir. Yeryüzünde bu modeldeki insanlar çoğaldıkça Sistem küçülür. Belki hiçbir zaman ölmez. Ancak yeryüzünde güç el değiştirir.

Kendimizi Tanrısal İlhama açmak için, birlikte bir niyet çalışması yapalım:

"Tanrım, seninle bir ve bütün olmaya niyet ediyorum. Kendimi senden gelen Tanrısal İlham'a açıyorum. Senden, doğru ve yanlışı kolaylıkla ayırt etmeme yardım etmeni diliyorum. Senden doğru yönde ilerleyebilmek için ihtiyacım olan kararlılığı göstermemde bana yardımcı olmanı diliyorum. Teşekkür ederim."

TANRISAL ÖZ

Kitabın girişinde, Tanrı'nın hayali, gerçekleşmesi kaderde olan bir gerçektir." demiştim. Bu tanımı bir adım daha ilerletmenin artık zamanı geldi. Tanrı'nın hayali, Tanrısal Zihinde gerçekleşmiştir ve gerçekleşmeye devam etmektedir. Tanrı'nın tüm yaratımları arasında, insanın yeri çok önemlidir. Çünkü insan, ruhsal varlığında Tanrı'nın ruhundan bir parça taşımaktadır. Halifenin yaratılışında karşımıza çıkan ve Nefise eklenen bu parçayı ben, günlük hayatta ve niyet çalışmalarımda "Tanrısal Öz" olarak tanımlıyorum.

Mutlaka bilinmelidir ki, Tanrısal Öz, çok büyük bir güçtür. Ancak çok önemli bir kuralla çalışır. Bu kural, sevgiye hizmettir. Sevgiye hizmet eden her türlü dilek, niyet, adım atma, vs.

konuda Tanrısal özünüzden yardım isteyebilirsiniz. Sonra da adımlarınızı, Tanrısal Öz'ünüzden gelen güçle atarsınız.

Şayet niyetiniz, hem bütünün, hem sizin ve hem de ilgili kişilerin yararına ise, tüm bu taraflarda kazan-kazan durumu yaratıyorsa, emin olabilirsiniz ki, Tanrısal Öz'ünüz sizinle birlikte iş başındadır.

Tanrısal Öz, hiçbir şekilde, kişiler ve grupların çıkarlarına, kendi aralarında kurdukları saadet zincirlerinin menfaatlerine kullanılamaz.

Kişinin, varlığının bu parçasını kullanabilmek için Tanrı'nın Mutlak İradesinden izin istemesi ve kendi Özgür İradesi ile seçim yapması gerekir.

Bunun için, aşağıdaki gibi bir niyet çalışması yeterlidir:

"Tanrım, tüm zamanlarda, tüm boyutlarda, tüm parçalarımda ve tüm zerrelerimde, içime yerleştirdiğin Tanrısal Öz'ümle, bir ve bütün olmak için senin Mutlak İradenden izin istiyorum. Ben de, tüm zamanlarda, tüm boyutlarda, tüm parçalarımda ve tüm zerrelerimde, Tanrısal Öz'ümle bir ve bütün olmaya niyet ediyorum. Bunun için kendime izin veriyorum. Teşekkür ederim."

5. BÖLÜM

ZALİMLERİN BÖLGESİNİ TANIMAK

Adem ve eşinin yerleştirildikleri Cennetin yeryüzünde olduğunu öğrenmiştik. Onun karşısının, zalimlerin yaşadığı bölge olduğunu görmüştük. Bu bölümde, zalimlerin yaşadığı bölgenin adını araştıracağız.

Tabii, bu araştırma sırasında pekçok konuda farkındalık kazanacağız. İpuçlarımız kavramlar olacak. İşe bir düalite tablosu oluşturmakla başlayacağız. Bu bir karşıtlar tablosuna benziyor. Yeryüzü Cenneti ve ona ait kavramlar tablonun bir tarafına yerleşecek. Tablonun diğer tarafına da, zalimlerin bölgesine özgü kavramları yerleştireceğiz.

Sanki, bir melodi var ve notaları etrafa saçılmış. İşte bu tabloda, o notaları biraraya toplayacağız ve melodiyi mırıldanacağız.

İYİ-KÖTÜ DEĞERLERİ-DÜALİTE TABLOSU

"Aptallara göre, insanlar ırk, cinsiyet, milliyet, yaş, statü, renk, din ve dil başta olmak üzere 8'den fazla kategoriye ayrılırlar. Halbuki olay bu kadar komplike değildir. İnsanlar sadece 2'ye ayrılır. İyi insanlar ve kötü insanlar." Albert Einstein

Bu bölümde, İyi-Kötü değerleri üzerine bir düalite tablosu oluşturuyoruz. Tablomuzun iki alanını, ortadan dikey bir çizgi ile ayırıyoruz. Bu çizgiyi, Yeryüzü Cenneti anlatımındaki Ağaç ile sembolize edeceğiz. Hatırlarsanız, Adem ve eşi, o ağaca yaklaşınca, zalimler arasına katılacaklardı. Ağaç, Yeryüzü Cenneti ve zalimlerin bölgesi arasında bir sınır çiziyordu. İlgili ayet şöyleydi:

"Ve dedik ki: "Ey Adem, sen ve eşin cennette yerleş. İkiniz de ondan, neresinden dilerseniz, bol bol yiyin; <u>ama şu ağaca yaklaşmayın, yoksa zalimlerden olursunuz."</u>[153]

Ağaç çizgimiz, aynı zamanda, matematikteki gibi bizim 0 noktamızdır. 0'dan sağa doğru uzanan alana + (pozitif) değerleri, 0'dan sol tarafa uzanan alana ise − (negatif) değerleri koyacağız.

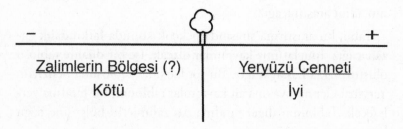

−		**+**
<u>Zalimlerin Bölgesi</u> (?)		<u>Yeryüzü Cenneti</u>
Kötü		İyi

İyi-kötü değerlerine göre oluşturduğumuz tablomuzda, iki alan arasındaki sınır olan ağacımız, bakın Tevrat ayetlerinde nasıl geçiyor:

"Ama <u>iyiyle kötüyü bilme ağacından yeme.</u> Çünkü ondan yediğin gün kesinlikle ölürsün."[154]

---

153 Kur'an, Bakara 35
154 Tevrat, Yar.2:17

"Çünkü Tanrı biliyor ki, <u>o ağacın meyvesini yediğinizde gözleriniz açılacak, iyiyle kötüyü bilerek</u> Tanrı gibi olacaksınız."[155]

Resmi olarak, "iyi" ile "kötü"yü bilme ağacı ile tanışmış olduk. ☺

Kitapta, buraya gelinceye kadar öğrendiğimiz kavramları tablomuza yerleştirelim. Akıcılığı korumak için, burada tekrar üzerinden geçmiyorum. Onları, direkt olarak tabloya yerleştiriyorum. Orada topluca görebilirsiniz.

–	+
<u>Zalimlerin Bölgesi</u> (?)	<u>Yeryüzü Cenneti</u>
Kötü	İyi
Büyük Kötü	Büyük İyi
Yaban İnsan	Halife İnsan
Nefislerine Zulmedenler	İyilik Yapanlar
İnkar Edenler	İman Edenler
El Nefis (İnsan-şeytan)	Mutmain El Nefis

Başka ne kavramlar ekleyerek tablomuzu genişletebiliriz? İyi-Kötüden sonra akla başka hangi ikili kavramlar geliyor?

AYDINLIK-KARANLIK DÜALİTESİ

Çok popüler oldukları için, bu kavramları iyi biliyoruz. Aydınlığın temsilcileri ile karanlığın temsilcilerinin ezeli rekabeti,

---

155 Tevrat, Yar.3:5

sinema, TV, tiyatro ve dijital dünyada türlü çeşitte aksiyon macerasına konu olmaktadır.

Bu kavramlar, spiritüel öğretilerde de sıkça kullanılıyor. Aydınlık yerine, onunla eşanlamlı olarak "Işık" daha çok tercih ediliyor.

Kuran'da da bu kavramlara sıkça ve birarada rastlıyoruz. Kuran terminolojisinde, aydınlık yerine "Nur" kelimesi kullanılır. "Nur" da zaten ışık demektir. Ancak dünyadaki ışık ile Nur ışığının kaynağı farklıdır. Dünyadaki ışığın kaynağı Güneş, yani maddedir. Nur'un kaynağı ise ilahidir. Dolayısıyla Nur maddesel bir ışık kaynağı değildir.

> "Allah, iman edenlerin velisidir. Onları <u>karanlıklardan nura</u> çıkarır; inkâr edenlerin velileri ise tağut'tur. Onları <u>nurdan karanlıklara çıkarırlar</u>. İşte onlar, ateşin halkıdırlar, onda süresiz kalacaklardır."[156]

Yukarıdaki ayette, "Karanlıklardan nura" ve "Nurdan karanlıklara" olmak üzere iki yönlü anlatım vardır. Bu ayetten yola çıkarak tablomuza Nur ve Karanlıklar kavramlarını yerleştireceğiz.

Nur ve *Karanlıklar* kavramları ile ilgili şöyle bir not da düşmek isterim. *Nur*-**Karanlıklar** kavramlarının kullanıldığı ayetlerde, bu kelimelerin başlarında yine belirleme takısı vardır. *El Nur* ve *El Karanlıklar* kullanımlarıdır söz konusu olan. Belirli bir yeri ifade ederler. Tabloya yerleşimleri açısından önemli bir vurgudur.

Ayrıca Karanlıklar anlamındaki kelime de, "Zalim" kökünden gelmektedir. ***Karanlıklar* ve *zalimlik*, adeta içiçe geçmiş kavramlardır.**

Onuncu Bölümde, İleri Gelecek başlığı altında, Nur kelimesine yine temas edeceğiz.

---

156 Kur'an, Bakara 257

Tağut

Karanlıklar ve Nur kavramlarıyla ilgili anlatımın yeraldığı, az önce verdiğim ayette, "Tağut" kavramı dikkat çekiyor. Farklı bir tınısı var. İnsanın tüylerini kaldırıyor. Tablomuza yerleştirebilir miyiz diye bakmak ve üzerine büyüteç tutmak istiyorum.

Tağut kelimesinin İngilizce karşılığı: False God.

God, Tanrı demek. Bilmeyen yoktur herhalde. False da yanlış demek. Onu da bilmeyen yoktur. Ancak False'nin başka anlamları da vardır.

False'nin anlamları:

Takma

Düzmece

Sahte

Haksız

Uydurma

Hain

Numaradan

Asılsız

Hakikatsiz

Yalancı

Yalandan

Yalancıktan

Hileli

Kitapta buralara kadar hep Tanrısal İlhamla geldik. Tağut, gerçekten de büyüteçle bakmaya değer bir kavrammış. Anlamını araştırdığımızda, çok kapsamlı ve neredeyse 3 boyutlu bir açıklama ile karşılaştık.

Sistem bir insan olsaydı, nasıl bir karaktere benzerdi? Tağut kelimesi, bunu verdi bize. Bizim işimiz kişilerle değil, Sistemle biliyorsunuz. Kitapta Sistemin dışına adım attık, uzaydan Dünyaya bakar gibi, Yaratan ve Yaratılan arasındaki ilişkiyi araştırıyoruz.

Sistemin kendisini temsil eden bir kelimeyi, ancak Sistemin ve zihinlerimize yerleştirdiği tüm kalıpların dışına çıkarak fark edebilirdik.

Tağut, Sistemin adı mıdır, bilmiyorum. Ancak tınısı ve anlamı itibariyle, en azından Sistem ile ruh ikizi olduklarını söyleyebilirim. Bu yüzden, ben büyük bir zevkle Tağut kelimesini parantez içinde Sistem açıklamasıyla tablomuza ekliyorum.

HAK-BÂTIL DÜALİTESİ

"Dünya, kötüler tarafından değil, hiçbir şey yapmadan onları seyredenler tarafından yok edilecek." Albert Einstein

Kuran'daki ikili ifadelerden bir diğeri de Hakk-Batıl'dır.

"Hakkı bâtıl ile örtmeyin ve hakkı gizlemeyin. (Kaldı ki) siz (gerçeği) biliyorsunuz."[157]

"Ey Kitap Ehli, neden hakkı bâtıl ile örtüyor ve bildiğiniz halde hakkı gizliyorsunuz?"[158]

Tanrı, Hakkı örtenler ile, Hakkın ne olduğunu bildiği halde, onu gizleyenleri uyarmış. Bu kişileri tablomuzda *kötü* alanına, hakkın ne olduğunu bilip, cesurca ifade edenleri de *Yeryüzü Cenneti alanına* yerleştireceğiz.

Hakkı bilen, ancak gizleyen insanların, cümlelerinin karakteri nasıl olur?

• "Sesimi çıkarmayayım ki başıma bir şey gelmesin,"

---

157 Kur'an, Bakara 42
158 Kur'an, Ali İmran 71

- "Şimdi susayım, daha sonra konuşurum,"
- "Sana yapılan doğru değil; ancak sen de daha önce yanlış davranmıştın. Şu halde sana yapılana sesimi çıkarmayayım ki, sen de cezanı bul."
- "Çeşme akarken kovamı dolduryım, kendi işime bakayım; kim ne isterse onu söyleyeyim."
- "Benim mahallem neyi doğru görürse, benim doğrum odur."

Hakkı bilip, Hakkı konuşanların cümlelerinin karakteri nasıl olur?

- "Başıma ne gelirse gelsin, konuşurum. Sesimi daha çok duyurmaya çalışırım."
- "Şimdi, yarın ve daima, sadece ve sadece doğruları konuşurum."
- "Sana yapılan doğru değil. Sen de daha önce yanlış davranmıştın. Dilerim doğruyu artık öğrenmişsindir. Her ne koşulda olursa olsun, ben doğruyu konuşurum."
- "Ben doğrudan yana oldukça, kovam her daim dolar. Ben kovalara değil, doğrulara değer veririm."
- "Ben mahallelerden bağımsızım. Ben doğrudan tarafım. Ben özgürüm."

DOĞRUYU KONUŞANLARIN EBEDİ ŞÖHRETİ

Bu başlık altında, hakkı konuşma iradesine ve kararlılığına hayranlık duyduğum bir ismi anmak istiyorum. Kitabımda onun adını geçirmekten onur duyuyorum.

Sokrates

Öte âleme gittiğimizde, şayet aynı ebedi düzlemde olursak, Sokrates ile tanışmak ve yeryüzü maceralarını sonsuza kadar anlattırmak, tekrar tekrar dinlemek isterdim. Malum, arkasında yazılı bir eser bırakmadı, onun hikayesini başkaları kaleme aldı. Kendisi hakkında yazılanlardan tanıyabiliyoruz, bilebiliyoruz onu.

Sokrates, Milattan Önce 469-369 yılları arasında Atina'da yaşamış. Halkı toplayıp, belirli zamanlarda dersler verirmiş. Doğru bilinen yanlışları anlatırmış. Tabii, sözleri şikayet konusu olmuş, mahkemeye verilmiş. İdam ile yargılanıyormuş. Mahkeme, idam cezasını onaylanmadan önce Sokrates'e, sözkonusu söylemlerin kendisine ait olup olmadığını sormuş ve bu söylemleri inkar ettiğini söylemesi durumunda, idam kararını bozacağını söylemiş. Sokrates bu teklifi reddetmiş ve "Ben söylemedim dersem, düşüncelerimin insanlar için hiçbir önemi kalmaz. Beni idam edin, çünkü idam ederseniz, düşüncelerim sizin sayenizde bütün dünya insanlarına ulaşacak ve bundan binlerce sene sonra bile Sokrates adı biliniyor olacak," demiş. Mahkeme idamın iptali şartını yinelemiş. Sokrates yine "Evet, bunları ben söyledim. Sözümün ve düşüncelerimin, hayatım pahasına arkasındayım" demiş ve af teklifini yine reddetmiş.

Zindana atılmış. Zindanda yanına koruma bırakılmamış. Öğrencileriyle birlikte sohbet edebiliyormuş. Kendisine yapılan, kaçma tekliflerini de geri çevirmiş. Çünkü kaçarsa, suçlu ve hain kabul edileceğini biliyormuş. Nihayet, zehiri içmiş ve idam gerçekleşmiş. Onun idamının ardından Atinalılar pişmanlık duymuşlar. Büstünü yapıp Atina Tapınağına koymuşlar. Bugün, Sokrates'i suçlayanların, ona dava açanların, onu yargılayan hakimlerin isimlerini bilmiyoruz. Ancak, ölümünün üzerinden neredeyse 2500 sene geçtiği halde, bugün hala daha onu hatırlıyoruz ve anıyoruz. Yeryüzünde son insan kalıncaya kadar da anacağımıza eminim…

Bugün gittiği her yer, söylediği her söz haber olan insanlar bilmelidirler ki, şöhretleri sabun köpüğünden başka bir şey değildir. Mesele, kendinden yüzlerce ve hatta binlerce yıl "iyi olarak" söz ettirebilmektir. Sokrates bunu başarmıştır. O doğruları konuşmaktaki kararlılığı ile ebedi şöhreti yakalamıştır. ☺

Sokrates'in, kitaptaki konularla örtüşen sözlerinden birkaç örnek vermek istiyorum:

"İnsanlar her zaman her yerde acıkmışlardır; ama her zaman her yerde erdemli olmamışlardır."

"Yalnız işsiz olanlar değil, daha iyi işler yapabilecek olanlar da başıboştur."

"Haksızlığa uğramak, haksızlık yapmaktan iyidir."

"Kendin pahasına olduktan sonra, tüm dünyayı kazansan eline ne geçer?"

"Bir şeyleri değiştirmek isteyen insan, önce kendisinden başlamalıdır."

"Bir yargıç, iyi niyetle dinlemeli, akıllıca karşılık vermeli, sağlıklı düşünmeli, tarafsızca karar vermelidir."

"En faziletli insan, rûhen yükselmeye çalışan, en mutlu insan da yükseldiğini duyandır."

"Eğer istediğin olmazsa acı çekersin, eğer istemediğin bir şey olursa yine acı çekersin, hatta istediğin şey tam olarak olsa da yine acı çekersin. Çünkü onu kaybetme riskin vardır. Zihin böyle belalı bir şeydir. Değişimden özgür olmak ister. Hayatın koşullarından ve ölümden özgür. Fakat değişim hayatın kanunudur ve ne kadar dirensen de, bu gerçeği değiştiremezsin."

Sevgili okurlarım,

"Bildiği halde hakkı gizlemek" kavramının altı çok doludur. Keyfi gizlemenin yanı sıra, bazı kişiler tehdit aldıkları, korktukları için de hakkı gizleme yoluna gidebilmektedirler.

Oysa, hakkı söylemek, adaletle davranmak, kahramanlık değildir. Mesela bir hâkim veya bir yargıç, her ne koşulda olursa olsun adaletle davranmalı ve hakkı söylemelidir. Bu hem insanlık sorumlulukları hem de mesleki zorunluluklarıdır. Üzerine baskı yapılması, tehdit edilmesi, karalama kampanyasına maruz kalması vs. bunlar adaletle hükmetmekten geri durması için gerekçe olamazlar. Üstelik böyle bir durum yaşanıyorsa; her zamankinden daha çok hakkın söylenmesine ve adaletle hükmedilmesine ihtiyaç var demektir. Görevi, mesleği ne olursa olsun, bu herkesin sorumluluğudur. "Kimse benden kahramanlık beklemesin," şeklinde kendini savunmaya çalışmak, aslen sorumluluktan kaçmaktır. Yetişkin gözükmeye çalışan, çocuksu bir yaklaşımdır.

Bir insana yakışan, sadece Tanrı'dan korkmak ve Tanrı'ya güvenmektir.

Kuran'da, Haksız davrananların ve Batıl tarafta yeralan insanların davranışlarına (ilgili ayetlerdeki ifadeleriyle) örnekler:

"Doğruyu bâtılla karıştırıp, bile bile gerçeği unutup gizlemek."[159]

"Birbirinin mallarını haksızlıkla yemek ve bile bile insanların mallarından bir bölümünü yemek için onları hâkimlere aktarmak."[160]

"Hakkı bâtıl ile örtmek ve bildiği halde hakkı gizlemek."[161]

"Malları, karşılıklı anlaşmadan doğan bir ticaretle değil, haksız yollarla yemek."[162]

"İnsanların mallarını haksız yere yemek."[163]

"İnsanların mallarını haksızlıkla yemek ve Allah'ın yolundan alıkoymak."[164]

---

159 Kur'an, Bakara 42
160 Kur'an, Bakara 188
161 Kur'an, Ali İmran 71
162 Kur'an, Nisa 29
163 Kur'an, Nisa 161
164 Kur'an, Tevbe 34

"Hakkı bâtıl ile geçersiz kılmak için <u>mücadele etmek</u>."[165]

"Hakkı yürürlükten kaldırmak için, 'bâtıla-dayanarak' mücadeleye girişmek."[166]

Bâtılı tasvir eden ayet örneklerini yukarıda verdim. En çok vurgunun, *"Başkalarının mallarına haksız yollarla el koymak"* olması çok dikkat çekicidir. 3. Bölümdeki, "Yok Olmayacak Mülk Arzusu" konusuyla direkt olarak bağlantılıdır. İnsanın Yeryüzü Cenneti düzleminden çıkmasına sebep olan, başlıca konulardan biridir. Çokça sakınınılması gereken bir durumdur.

Yine, Bâtıl konusundaki ikinci vurgu, *"Hakkı bâtıl ile geçersiz kılmak için mücadele etmek"* de bedelleri ağır olan bir konudur. Kişi bireysel olarak bu mücadele için bir eylemde bulunmasa da, mücadelede bulunan kişilerin yanında duruyorsa veya yanlışlığı gördüğü halde susmayı tercih ediyorsa, kendi durumunu gözden geçirmelidir. Tanrı burada iki yön belirtmiştir. Bu yönlerden biri Hakk, diğeri de Bâtıldır. Ve kişinin ikisi arasında bir seçim yapması gerekmektedir.

Şeytan'ın temel söylemi *"İnsanın dosdoğru yolu önüne oturmaktır"* Şeytan'ın insan üzerinde zorlayıcı bir gücü yoktur. Daha önce bu konuya değinmiştik. Ancak hakkı, bâtıl ile geçersiz kılmak için "Mücadele etmek" Tam insan-şeytanların yapacağı iştir. Bir insanın hiçbir şekilde girmemesi gereken bir yoldur. İnsanın hem yeryüzü hem de ebedi yaşamı için, bedelleri çok ağırdır.

Unutulmamalıdır ki, Hak her zaman galip gelir...

"De ki: '<u>Hak geldi, batıl yok oldu</u>. Hiç şüphesiz **batıl yok olucudur.**'"[167]

---

165 Kur'an, Kehf 56
166 Kur'an, Mümin 5
167 Kur'an, İsra 81

HİDAYET-DALALET DÜALİTESİ

"İşte bunlar, hidayet yerine sapıklığı (Dalaleti) satın almışlardır; fakat bu alışverişleri bir yarar sağlamamış; hidayeti de bulmamışlardır."[168]

"Hidayet"-"Dalalet" ikiliğini de tablomuza taşıyoruz. Yukarıdaki ayette, "Hidayet" ve "Dalalet" kelimeleri, tıpkı "El Nur"-"El Karanlıklar" gibi, "El" takısı taşırlar. Kavramların anlamlarına bakalım şimdi:

Hidayet:

Arapça "he, dal, ye" köklerinden gelmektedir. Anlamı "**doğru rehberlik, yönlendiren, öncülük eden, yol açan, yol gösterici, ahlakın yükseltilmesi, aydınlanma**"dır.

Dalalet:

Arapça "dat, lam, lam" köklerinden gelmektedir. Anlamı "**şaşırtma, kandırma, yanlış yönlendirme, aldatma, yoldan çıkarma, hile yapma, kazık atma, dolandırma, üç kağıt yapma, hokkabazlık yapma, hilekârlık, aklını çelme, baştan çıkarma, sapıklık**"tır.

"Dalalet" çok ciddiyetle dikkat edilmesi gereken bir konudur. Toplum içerisinde, akıl çelerek, aldatarak, yanlış yönlendirerek, hile yaparak, insanları şaşırtan ve doğru yoldan saptıran insanlar bulunmaktadır. Temel iyi ve kötü değerlerini önümüze koyduğumuzda, toplum içerisinde kimlerin "Dalalet"e çağırdığını kolaylıkla tesbit edebiliriz.

Yeni kavramlar eklenmiş olarak, tablomuzun son halini yandaki sayfada görebilirsiniz.

---

168 Kur'an, Bakara 16

−		+

Zalimlerin Bölgesi (?)	Yeryüzü Cenneti
Kötü	İyi
Büyük Kötü	Büyük İyi
Yaban İnsan	Halife İnsan
Nefislerine Zulmedenler	İyilik Yapanlar
İnkar Edenler	İman Edenler
El Nefis (İnsan-şeytan)	Mutmain El Nefis
El Karanlıklar	El Nur
Tağut	
Batıl	Hakk
Dalalet	Hidayet

ZALİMLERİN BÖLGESİNİN ADI

Tablomuzu oluştururken, "Yeryüzü Cenneti" ve karşısındaki alanı tasvir eden pekçok kavram edindik. Bu sayede pekçok farkındalık kazandık. Tablo üzerinde çalışmaya ve yeni kavramlar konuşmaya devam ediyoruz. Artık, "Zalimlerin Bölgesinin" adını öğrenmeye çok yaklaştık.

Bu bölgenin adını tesbit edebilmemiz için, yeni bir kavram bize yardım edecek.

Halid Kavramı

Arapça "ha, lam, dal" kökünden gelmektedir. **"Kesintisiz, sürekli, sonu gelmeyen, devamlı, ardı arkası kesilmeyen, kalıcı, olagelen, durmadan devam eden, ölümsüz olma"** anlamlarına gelmektedir. "Halid" kavramının manasında "kesintisiz devam etme" vurgusu vardır. *"Başlamış bulunan ve kesintiye uğramaksızın, sonsuza dek devam eden"* demektir.

Kuran'da "Halid" kavramının kullanımı, yukarıda verdiğim kelime anlamlarıyla uyum içerisindedir:

> *"Ölümsüz (Halid) kılınmak umuduyla sanat yapıları mı ediniyorsunuz?"*[169]

Yine, Adem ve eşiyle ilgili bahislerde, şeytanın onlara vaadi olan "sonsuzluk", "Halid" kavramı ile ifade edilmiştir.[170] Peygamberlerin ölümsüz olmadıklarını belirten ayetlerde de[171] "Halid" kavramı kullanılmıştır.

Ebedi Kavramı

"Ebedi" Arapça "elif, be, dal" köklerinden gelmektedir. Ebedi kelimesi **"ilelebet, daima, sonsuza dek"** anlamlarına gelir. Kuran'da "Halid" ve "Ebedi" kavramlarının her ikisinin sıklıkla "Cennet" ve "Cehennem" ile birlikte kullanımını görüyoruz. Tabii, bu kavramların anlamlarındaki farklılık, Cennet ve Cehennem ile ilgili, yeni bakış açıları kazanmamızı sağlamaktadır.

Cennet ile ilgili bakacak olursak; "Yeryüzü Cenneti" ve "Ebedi Cennet" bulgularımızı doğrulayan, "Halid-Cennet" ve "Ebedi-Cennet" kullanımlarına rastlıyoruz. Dünyada, "Yeryüzü Cenneti"nde yaşayanlar, "kesintisiz" olarak "Ebedi Cennet" yaşam düzlemine geçerler.

---

169 Kur'an, Şuara 129
170 Kur'an, Araf 20, Taha 120
171 Kur'an, Enbiya 8, Enbiya 34

Cehennem ile Halid-Ebedi kavramlarının kullanımı nasıldır? Bunun öncesinde, Kuran'da Cehennem anlatımlarında kullanılan, bir başka kavrama daha bakalım.

Cehennem ve Ateş Kavramları

Kuran'da "Cehennem" ve "Ateş" kavramları, kötülerin seçimlerinin sonucu olarak, öte âlemde yaşamlarını sürdürecekleri düzlemleri ifade etmek için kullanılır. Aslen, Kitap'ta "Ateş" kavramı, Cehennemden çok çok daha fazla geçmektedir. Kavramların anlamlarına bir bakalım:

1- Cehennem

"Derin çukur, sonsuz Çukur, yeraltı" anlamlarına gelen bir kelimedir.

2- Ateş (El Nar)

Nar **"ateş, alev, yangın"** anlamlarına gelen bir kelimedir. Aynı zamanda, İblis'in yaratıldığı maddedir.

(Takısız) Ateş-Cehennem Birlikte Kullanımı:

"İnkar edenlere gelince, onlar için de <u>cehennem ateşi</u> vardır."[172]

"... inkâr edenler, içinde sürekli kalıcılar olmak üzere <u>cehennem ateşindedirler</u>..."[173]

"Ateş"-"Cehennem" kavramlarının birlikte kullanıldığı başka ayetler de vardır. "Ateş" kelimesinin başına belirleme takısı geldiğinde, Ateş (El Nar) artık ikinci bir Cehennem kavramına dönüşmüş olur:

"O, kıyamet günü kavminin önderliğine geçer, <u>böylece onları ateşe (El Nar) götürmüş olur. Sonunda vardıkları yer, ne kötü bir yerdir.</u>"[174]

---

172 Kur'an, Fatır 36
173 Kur'an, Beyyine 6
174 Kur'an, Hud 98

Ateş (El Nar) hem yeryüzünde, hem de ebedi alemde bulunmaktadır:

"... sizden kim dininden geri döner ve kafir olarak ölürse, artık onların bütün işledikleri (amelleri) dünyada da, ahirette de boşa çıkmıştır ve onlar ateşin (El Nar) halkıdır, onda süresiz kalacaklardır."[175]

Yukarıda "Dünya" ve "Ahiret" yaşamından söz eden "El Nar" ayetinde "Ateşin Halkı" ifadesi çok önemlidir. *Ateşin Halkı*, düalite tablomuza koyduğumuz "**Zalimlerin Bölgesi**" kavramları ile birlikte sıkça kullanılmaktadır.

"Ateşin Halkı" ve "Nur-Karanlıklar"

"Allah, iman edenlerin velisidir. Onları karanlıklardan nura çıkarır; inkâr edenlerin velileri ise tağut'tur. Onları nurdan karanlıklara çıkarırlar. İşte onlar, ateşin (**El Nar**) halkıdırlar, onda süresiz (**Halid**) kalacaklardır."[176]

"Ateşin Halkı" ve "Zalimler"

"Şüphesiz kendi günahını ve benim günahımı yüklenmeni ve böylelikle ateşin (**El Nar**) halkından olmanı isterim. Zulmedenlerin cezası budur."[177]

"Cennet halkı, ateş (**El Nar**) halkına seslenecekler: 'Bize Rabbimizin vadettiğini gerçek buldunuz mu?' Onlar da: 'Evet' derler. Bundan sonra içlerinden seslenen biri seslenecektir: 'Allah'ın laneti zalimlerin üzerine olsun."[178]

Kuran'da "Ateş" (El Nar), sonsuzluk kavramlarından sadece "Halid" ile birlikte kullanılmaktadır. Zira, Yeryüzü Cennetinin karşısındaki, zalimlerin bölgesi "Ateş"tir. Yeryüzünde başlar ve kesintiye uğramaksızın ebedi âlemde sonsuza dek devam eder. Cehennem ise sıklıkla "Ebedi" sıfatı ile kullanılmaktadır. Bu konuda birkaç istisna vardır. "Cehennem yolu"[179],

---

175 Kur'an, Bakara 217
176 Kur'an, Bakara 257
177 Kur'an, Maide 29
178 Kur'an, Araf 44
179 Kur'an, Nisa 169 "Ancak, onda ebedi (Halid) kalmaları için cehen-

−	+
A t e ş	Yeryüzü Cenneti
Kötü	İyi
Büyük Kötü	Büyük İyi
Yaban İnsan	Halife İnsan
Nefislerine Zulmedenler	İyilik Yapanlar
İnkar Edenler	İman Edenler
El Nefis (İnsan-şeytan)	Mutmain El Nefis
El Karanlıklar	El Nur
Tağut	
Batıl	Hakk
Dalalet	Hidayet

"Cehennem kapıları"[180] ifadeleriyle birlikte "Halid" kullanımı görmekteyiz. Her iki kullanımda da, Cehenneme henüz girilmemiştir. Cehenneme giden yolda yürünmektedir, Cehennem kapılarının kıyısına gelinmiştir.

Cehennem ile "Halid" kavramının birlikte kullanımının diğer istisnası da, bir mümini öldürmek[181] ile Allah ve Resulüne karşı koymak[182] gibi ağır bedelleri olan konularda karşımıza çıkmaktadır. Benim anlayışıma göre, bu seçimler kişileri yeryü-

---

nem yoluna (iletecektir.) Bu da Allah'a pek kolaydır."
180 Öyleyse içinde ebedi (Halid) kalıcılar olarak cehennemin kapılarından girin. Büyüklük taslayanların konaklama yeri ne kötüdür.
181 Kur'an, Nisa 93
182 Kur'an, Tevbe 63

zündeki "Karanlıklar"ın en alt seviyelerine taşımaktadır. Kendini böyle bir duruma düşürmüş kişi için, "Ebedi Cehennem" yeryüzünde başlamıştır. Daha şimdiden, yeryüzünde yaşarken, çok derin acı ve azap çekmektedir.

Özetle, "Ateş" (El Nar) kavramı ile birlikte, sadece ve sadece "Halid" kavramı kullanılmaktadır. "Ateşin Halkı" ifadesi de, yeryüzündeki zalimlerin bölgesine dair kavramlarla birarada bulunmaktadır. Çünkü "Ateş", "Yeryüzü Cenneti"nin karşısında yaşanmaya başlamıştır.

Yeryüzünde iyi-kötü birarada bulunurlar. İyi seçimler yapan insanlar ile kötü seçimler yapanlar, hep birlikte aynı gezegende, aynı doğada, aynı fiziksel koşullar altında yaşarlar. Ne var ki, öte âleme geçildikten sonra, "Yeryüzü Cenneti" ve "Ateş" birbirlerinden uzaklaşırlar. Ebedi Cennet, **mutlak iyi** bir yaşam düzlemi olarak ve Cehennem de **mutlak kötü** bir yaşam düzlemi olarak sonsuzlukta varlık bulacaklardır.

"Her nefis ölümü tadıcıdır. Kıyamet günü elbette ecirleriniz eksiksizce ödenecektir. Kim ateşten (**El Nar**) uzaklaştırılır ve cennete sokulursa, artık o gerçekten kurtuluşa ermiştir. Dünya hayatı, aldatıcı metadan başka bir şey değildir."[183]

Yukarıdaki ayette, ölüm gerçekleşmiş ve "Kıyamet Günü" gelmiş. "Ateş" ile "Cennet" birbirlerinden uzaklaştırılmışlar. *Kıyamet günü* ile ilgili "İleri Gelecek"ten bahsedeceğimiz 10. Bölümde bizi yine yepyeni açılımlar bekliyor. Önce, ileri geleceğe bir çapa atalım, sonra da Yeryüzü Cennetinden çıkılırsa neler olur, konuşmaya başlayalım:

"Zulmedenlere eğilim göstermeyin, yoksa size ateş (**El Nar**) dokunur. Sizin Allah'tan başka velileriniz yoktur, sonra yardım göremezsiniz."[184]

Yukarıdaki ayet, yeryüzü yaşamına dair bir anlatımdır. Kişi, bir şekilde zalimlere eğilim gösterirse "Ateş"e temas etmektedir. Bu basit bir ateş değil, "El Nar"dır. Aslen temas edilen "Ateş" diye isimlendirilmiş "zalimlerin bölgesi"dir. Ve Ateş, aynı zamanda çok tehlikeli bir yerdir.

Ateş Alanının Özelliği

Ateş Alanının, bir "Yeryüzü Cehennemi" olmadığını vurgulamalıyım. Zira bu alanın çok önemli bir fonksiyonu vardır. Araştırmamız devam ediyor ve yine Adem ile eşiyle ilgili ayetlere geri dönüyoruz. Birazdan, Ateş alanının özelliğini tanımaya başlayacağız.

Tanrı, Adem ve eşini düşmana karşı uyarırken, eğer ağaçtan yerlerse başlarına ne geleceğini söylemişti?

"...ama şu ağaca yaklaşmayın, <u>yoksa zalimlerden olursunuz.</u>"[185]

"...ama şu ağaca yaklaşmayın. <u>Yoksa zalimlerden olursunuz.</u>"[186]

"...sakın sizi cennetten sürüp çıkarmasın, <u>sonra mutsuz olursun.</u>"[187]

Cennetten çıkıldığında "zalimlerin bölgesine" yani "Ateşe" geçilmektedir. Bu alandaki bir yaşam kişiyi mutsuzluğa sürükler. Ayetteki *Mutsuz olursun* ifadesine dikkat edin. Burada seçilen kelime, "Ateş" alanında, kişiyi nasıl bir yaşam beklediğini açıklamaktadır. "Şin, kaf, vav" kökenli bu kelimenin anlamları şöyledir:

"Bedbahtlık, şanssızlık, talihsizlik, üzüntü, sıkıntı, kahır, endişe, ızdırap, tehlike, dert, keder, sefalet, aksilik..."

---

185 Kur'an, Bakara 35
186 Kur'an, Araf 19
187 Kur'an, Taha 117

Bir kelime, onlarca sayfada açıklayabileceğim şeyleri, tek başına tam 2 satırda anlattı. Üzerine yorum yapacak bir şey kalmadı. Ziyadesiyle kötü bir yaşamdır bu.

Başta da söylediğim gibi, bu alanın bir fonksiyonu vardır. Yine Adem ve eşine bakacağız. "Yeryüzü Cenneti"nden çıktıktan sonra (7. Planda) başlarına ne geldiğine, başka bir açıdan bakacağız. Daha önce, *iyi-kötü* bahsinde bu planın üzerinde konuşmuştuk, hatırlarsanız.

7. Plan ile ilgili ayeti tekrar görelim:

"Böylece ikisi ondan yediler, hemen ardından ayıp yerleri kendilerine açılıverdi, üzerlerini cennet yapraklarından yamayıp-örtmeye başladılar. Adem, Rabbine karşı gelmiş oldu da şaşırıp-kaldı."[188]

8. Plan ile devam edelim:

"Sonra Rabbi onu seçti, tevbesini kabul etti ve doğru yola iletti."[189]

Dip notları takip ediyorsunuzdur muhakkak; ancak ben yine de belirteyim. 7. Plan ve 8. Plan arka arkaya gelen ayetlerdir.

Adem, Tanrı'ya karşı gelmiş olduğunu fark edince şaşırıyor-utanıyor ve tövbe ediyor. Tanrı, Adem'in tövbesini kabul ediyor ve onu "doğru yola" iletiyor. Bu ayette "doğru yol" olarak çevrilen kelime, Arapça *Hidayet* ile aynı köktendir. Hatırlayacağınız gibi, "Hidayet" bizim Yeryüzü Cennetimizi tasvir eden kavramlardan biriydi. (Hidayet ve Dalalet ikiliği.) Demek ki Adem ve eşi, "Yeryüzü Cenneti"nden zalimlerin bölgesine geçtikten sonra, tövbe ederek "Yeryüzü Cenneti"ne geri dönmüşler. Hidayet, cennet ile direkt ilişkili bir kavramdır. Aşağıda kullanım örneklerini bulabilirsiniz.

"İman edenler ve salih amellerde bulunanlar da, Rableri onları imanları dolayısıyla altından ırmaklar akan, nimetlerle donatılmış cennetlere yöneltip-iletir (Hidayet eder)."[190]

---

188 Kur'an, Taha 121
189 Kur'an, Taha 122
190 Kur'an, Yunus 9

"…Derler ki: 'Bizi buna ulaştıran Allah'a hamd olsun. Eğer Allah bize <u>hidayet</u> vermeseydi doğruya ermeyecektik. Andolsun, Rabbimizin elçileri hak ile geldiler.' Onlara: ' İşte bu, yaptıklarınıza karşılık olarak mirasçı kılındığınız <u>cennettir</u>' diye seslenilecek."[191]

Edindiğimiz bu son bilgilerle, Adem ve Havva'nın Cennetten Kovulma mitini imha ettiğimizi düşünüyorum. Onların Cennetten kovulmamış ve lanetlenmemiş olmaları, bizlerin bilinçaltlarındaki olumsuz kayıtları silmek açısından önemlidir.

Ateş Bölgesine Girip-Çıkmak

Az önce gördük ki, "Yeryüzü Cenneti"nin karşısındaki alanda sadece Ateş halkı yaşamıyormuş. Onlara ilaveten, yolunu şaşırmış, yönünü kaybetmiş iyi insanlar da birarada bulunabiliyorlarmış. Tıpkı Adem'in, tövbe edip bağışlanana kadar, eşiyle birlikte geçici olarak orada bulunması gibi.

Şu halde anlıyoruz ki, Ateş bölgesine geçici giriş-çıkışlar olabilmektedir. "Zulmedenlere eğilim gösterip, Ateşe dokunanlar" ayetini hatırlayın.

Kuran'da, bu bölgeye girip çıkmış kişilerin başka örnekleri de bulunmaktadır. Mesela Yunus Peygamber, bunlardan biridir.

"Balık sahibi (Yunus'u da); hani o, kızmış vaziyette gitmişti ki; bundan dolayı kendisini sıkıntıya düşürmeyeceğimizi sanmıştı. <u>Karanlıklar içinde: 'Senden başka ilah yoktur, sen yücesin, gerçekten ben zulmedenlerden oldum'</u> diye çağrıda bulunmuştu."[192]

Yunus Peygamber'in içinde bulunduğu "Karanlıklar" ile, Düalite tablomuzdaki "El Karanlıklar" birebir aynı kelimelerdir. Bu kavramı, daha önce "Nur" kavramı ile birlikte işlemiştik. "El Karanlıklar" zalimlerin yaşadığı "Ateş" bölgesidir.

Aynı şekilde, Yunus Peygamber ayetindeki "zulmedenlerden" ifadesi, Adem ve eşinin ağaçtan yedikleri takdirde zalimlerden

---

191 Kur'an, Araf 43
192 Kur'an, Enbiya 87

olacaklarına dair Arapça ifadeler de birebir aynıdır. "El Zalimler" ifadesidir.

Yukarıdaki ayetten anladığımıza göre, Yunus Peygamber'in bu bölgeye geçmesine "kızmış halde gitmesi" neden olmuş. Konunun detayı verilmemiş. Daha sonra Yunus Peygamber -tıpkı Adem gibi- hatasını fark edip Tanrı'ya dönmüştür.

"Şimdi sen, Rabbinin hükmüne sabret ve balık sahibi (Yunus) gibi olma; hani o, içi kahır dolu olarak (Rabbine) çağrıda bulunmuştu."[193]

Nihayetinde, Tanrı Yunus Peygamber'in tövbesini kabul etmiş ve onu –yine tıpkı Adem'de olduğu gibi- hidayete yöneltmiştir.

"İsmail'i, Elyasa'yı, Yunus'u ve Lut'u da (hidayete eriştirdik).[194] Onların hepsini âlemlere üstün kıldık."[195]

Tekrar vurgulamak isterim ki, zalimlerin olduğu alan, bir Cehennem değildir. Tıpkı bir karantina bölgesine benzemektedir. İnsanların iyi ve kötü taraflar arasında seçim yapmaları için, onlara süre tanınan bir yerdir. Kişinin seçimi netleştikten ve ölüm gerçekleştikten sonra, kişi seçimine göre ya "Ebedi Cennete" ya da "Cehenneme" geçiş yapmaktadır.

Bu alanda yaşayanlara tanınan süreyi ve seçimlerinin netleşmesine dair Kuran'dan birkaç örnek vereceğim şimdi:

Nuh Kavmi, *Büyük Tufan* felaketine uğrayıp ölmeden önce, Tanrı seçimlerinden emin olmuş ve durumlarını Nuh Peygamber'e bildirmiştir. Akabinde de Büyük Tufan gerçekleşmiştir.

"Nuh'a vahyedildi: 'Gerçekten iman edenlerin dışında, kesin olarak kimse inanmayacak. Şu halde onların yaptıklarından dolayı üzülme.' 'Gözetimimiz altında ve vahyimizle gemiyi imal et. Zulmeden-

---

193 Kur'an, Kâlem 48
194 Parantez içerisindeki "hidayete eriştirme yüklemi" Enam 84'ten bu ayete, bir çok peygamberin ismi taşınarak taşınmıştır.
195 Kur'an, Enam 86

ler konusunda bana hitapta bulunma. Çünkü onlar suda boğulacaklardır."[196]

"Kendilerine onların <u>gerçekten çılgın ateşin arkadaşları oldukları açıklandıktan sonra</u> -yakınları dahi olsa- müşrikler için bağışlanma dilemeleri peygambere ve iman edenlere yaraşmaz."[197]

Kötülerin ruh halleri ile ilgili yorum yapamam. Daha önce de belirttiğim gibi, kötüler kötülükten zevk alırlar. Onları seçimleri ve seçimlerinin sonuçları ile başbaşa bırakmak gerekir.

Ancak yolunu şaşırmış iyiler için yorum yapabilirim.

Yaşam yolculuğunda, hepimizin zaman zaman yönünü şaşırdığı, yanlış seçimlerde bulunduğu zamanlar olabilmektedir. Mesele hatasız olmak değildir. Hataları fark edip, bir daha tekrarlamadan yola devam etmektir. Bir kez daha tekrarlamamak için, kendini terbiye etmektir. Başta Tanrı'dan, sonra da ilgili herkesten özür dilemek, mümkünse telafi etmek ve bu hataların yükünü de mutlaka sırttan atmaktır.

"Ateş" bölgesinin nasıl bir yer olduğunu anladığımızı umuyorum. Yaşamımızı "Yeryüzü Cenneti" düzlemine taşımak için, zaten oradaysak da bir temizlenme-arınma olması için, sizleri bir seçim yapmaya davet ediyorum.

"Tanrım, bugüne kadar bilerek veya bilmeyerek yaptığım her şey için senden özür diliyorum. Ben, Cennette yaşamayı seçiyorum. Benim seçimim Cennetten yanadır. Benim tarafım ve seçimim Cennettir.

Bugüne kadar, bilerek veya bilmeyerek üzdüğüm, kırdığım, kendini kötü hissettirdiğim herkesten özür diliyorum. Beni affedin. Ben de kendimi affediyorum. Bilerek veya bilmeyerek yaptığım tüm hatalarımın yükünü üzerimden atmak için kendime izin veriyorum. Teşekkür ederim."

---

196 Kur'an, Hud 36-37
197 Kur'an, Tevbe 113

Ateş Bölgesine Geçildiği Nasıl Anlaşılır?

Ateş, içinde bir saniye bile durulmaması gereken bir yerdir. Ebedi sonuçlarının yanı sıra, yaşamsal sonuçları da vardır. Kişinin enerjisini emer, ruhsal potansiyelini kilitler, sıkıntı ve darlığa, hastalıklara sebebiyet verir. Ateş bölgesine geçişte "mutsuz olursun" uyarısını ve kelimenin anlamlarını hatırlayın.

Bilerek veya bilmeyerek, bu bölgeye geçtiğinizi nasıl anlarsınız? Ve bu bölgeden nasıl çıkabilirsiniz?

- Bu düzlemde, işler hep ters gider. Aksilikler üst üste gelir. Kaza, uğursuzluk, bela eksik olmaz. Süreçleri yönetmek için aşırı enerji sarf etmek gerekir. Kontrolcülük had safhadadır. Rüzgara karşı yürümek gibidir. Ayrıca derin iç sıkıntısı, yaşam sevincinin azalması, yoğun mutsuzluk duygusu da, bu düzleme geçildiğinde kendini göstermektedir.

Yukarıda tarif etmeye çalıştığım durumlardan bir veya birkaçını hissediyorsanız hemen temizlenip-arının. Seçimlerinizi revize edin, niyet tazeleyin. Yukarıda verdiğim niyeti, bu amaçla da kullanabilirsiniz. Ne sıklıkla niyet tazelemesi yapacağınız tümüyle size kalmıştır. Ben her gün ve aklıma geldikçe niyetimi tazelerim.

- Bu düzlemde, kişide aşırı gerginlik, hırçınlık, agresiflik olur. Belirli bir stres seviyesinin üzerine çıkıldığında, aşırı tepki gösterilir. Fiziksel şiddete eğilim ve aşırı öfke patlamaları baş gösterir.

Kendinizde böyle bir durum gözlemlediğinizde; yukarıda bahsettiğim önlemleri alın. Ek olarak, <u>mutlaka ve mutlaka</u>, **"Kovulmuş Şeytandan Tanrı'ya Sığının"** Bu düzlemde şeytani enerjiler kişinin etrafını sararlar. İnsan-şeytanları tespit etmenin yolları vardır. İleride bunları da konuşacağız. Ancak şeytani enerjileri fark etmek kolay değildir. Çözüm çok basittir.

Bu enerjilerin insan üzerinde hiçbir gücü olmadığı bilinmelidir. Tanrı'ya sığınmak, her şeydir.

ARAF

Düalite tablomuzu az önce, "Yeryüzü Cenneti"nin karşısındaki alana "Ateş" adını vererek tamamladık. Tablomuza yerleştirdiğimiz kavramlar, bunu yapmamızı sağladı. Tablomuzun aslen ikinci bir amacı daha vardı. O da Araf kavramını konuşmak.

Araf, yaşamı anlamak adına çok önemli bir öğretidir.

Yerleşik algıda, Araf'ın ölümden sonraki yaşama ait bir mekân olduğu zannedilir. Bu inanca göre Araf, kötüler ve iyiler sınıfına sokulamayan, inançlı günahkarların veya günah ve sevapları eşit olanların gideceği geçici arınma yeridir. Oysa durum hiç de böyle değildir.

Şimdi Araf suresinden, ilgili anlatımlara gidelim ve tek tek ayetlere bakalım. Yeryüzü düzleminden mi, Ebedi âlemden mi bahsediliyor, inceleyelim:

1- "Onlar için cehennemden yataklar ve üstlerine örtüler vardır. Biz zulme sapanları işte böyle cezalandırırız."[198]

Bu ayette, ebedi âlem anlatımı ile karşı karşıyayız. Zalimler Cehennem ile cezalandırılmışlardır. Bu ayette Ateş değil, Cehennem kelimesi kullanılmıştır.

2- "İman edenler ve salih amellerde bulunanlar -ki biz hiç kimseye güç yetireceğinden fazlasını yüklemeyiz; onlar da cennetin ashabıdırlar. Onda sonsuz (**Halid**) olarak kalacaklardır."[199]

Yukarıdaki ayette, "Cennet halkı" ve "halid" kavramları birarada bulunmaktadır. Yeryüzü veya ebedi âlem, her ikisi de olabilir.

---

198 Kur'an, Araf 41
199 Kur'an, Araf 42

3- "Biz onların göğüslerinde kinden ne varsa çekip almışız. Altlarından ırmaklar akar. Derler ki: 'Bizi buna ulaştıran Allah'a hamd olsun. Eğer Allah bize hidayet vermeseydi doğruya ermeyecektik. Andolsun, Rabbimizin elçileri hak ile geldiler.' Onlara: ' İşte bu, yaptıklarınıza karşılık olarak mirasçı kılındığınız cennettir' diye seslenilecek."[200]

Ebedi âlem anlatımına benziyor. Benim gözlemlerine göre, "ırmak" anlatımının olduğu ayetler, Ebedi âlem bahisleridir.

4- "Cennet ehli, cehennem ehline (**Ateş halkı**) biz, Rabbimiz bize neler vaadettiyse gerçek olarak hepsini bulduk, hepsini elde ettik, siz de Rabbinizin size vaadettiğini gerçek bir surette elde ettiniz mi diye nida eder, onlar da evet derler, derken aralarında bir münadi, Allah'ın laneti zalimlere diye bağırır."[201]

"Cennet halkı", "Ateş halkı", "Zalimler" ifadeleri kullanılmış. Ebedi âleme yeni geçiş evresine benziyor. Çünkü, bir yandan "Ateş halkı" ile ilgili hüküm verilmiş, diğer yandan yeryüzü düzlemine ait kavramlar kullanılmış,.

5- "Ki onlar Allah'ın yolundan alıkoyanlar, onda çarpıklık arayanlar ve ahireti tanımayanlardır."[202]

Şimdiki zaman anlatımına geldik. Cennet ve cehennem kavramlarımızın hiçbiri kullanılmamış. Sanki buraya kadarki anlatımla, bundan sonra gelecek anlatım arasına bir çizgi çizilmiş. Ayetler 41'den başlayarak ileri doğru gitmesine karşın; anlatım, gelecekten bugüne geri gidiyormuş hissi veriyor.

Şimdi Araf ile ilgili anlatımlara geçiyoruz:

6- "İki taraf arasında bir engel ve Araf üstünde hepsini yüzlerinden tanıyan adamlar vardır. Cennete gireceklere: 'Selam size' derler, ki bunlar, henüz girmeyen fakat (girmeyi) 'şiddetle arzu edip umanlardır."[203]

---

200 Kur'an, Araf 43
201 Kur'an, Araf 44
202 Kur'an, Araf 45
203 Kur'an, Araf 46

Sureye adına veren Araf kelimesinin ilk kez kullanıldığı ayettir. Araf "Kum tepeleri" anlamına gelir. Çoğuldur. Başında "El" takısı vardır. Belirli bir yer için kullanılmaktadır. Ve bu yer, ayette tarif edilmektedir.

Arasında bir engel olan iki taraftan bahsedilmektedir. Araf, kelime anlamına uygun şekilde, bu iki tarafı simgelemektedir. Araf'ın üstünde, yani bu iki tarafın üzerinde, aşağıdaki herkesi yüzlerinden tanıyan adamlar bulunmaktaymış.

Öncelikle, anlıyoruz ki, aşağıdaki insanlar fiziksel olarak iki tarafa ayrılmamışlar. Bu yüzden, durumları yüzlerine bakılarak anlaşılabiliyor. Ayette bahsedilen iki taraftan birini, Cennete girecekler oluşturuyorlarmış. Ancak, girip giremeyeceklerinden emin değiller. Şiddetle arzu edip, umuyorlarmış.

Devam edelim:

7- "Gözleri cehennem (**El Nar**) halkından yana çevrilince: 'Rabbimiz, bizi zalimler topluluğuyla birlikte kılma' derler."[204]

Cennete girmeyi şiddetle arzu edenler, "zalimler topluluğu ile birlikte kılınmak istemiyorlar." "Zalim" kavramı, "Ateş halkı" ile birlikte kullanılmış. "Ateş halkı" ve Cennete henüz girmemiş olanlar birlikte yaşıyorlar. Ve zalimlerin tutum ve davranışları, cennete girmeyi umanlara rahatsızlık veriyor.

"Ateş halkı" ve "Cennete girmeyi arzu edenlerin", birarada yaşamaları, sadece ve sadece yeryüzü düzlemine aittir. Ebedi yaşamda, "Cennet" ve "Ateş" birbirlerinden uzaktırlar.[205]

8- "Araf'ın üstündeki adamlar, yüzlerinden tanıdıkları adamlara seslenerek derler ki: 'Ne (güç ve servet) toplamış olmanız, ne büyüklük taslamanız size bir yarar sağlamadı."[206]

---

204 Kur'an, Araf 47
205 "Her nefis ölümü tadıcıdır. Kıyamet günü elbette ecirleriniz eksiksizce ödenecektir. Kim ateşten uzaklaştırılır ve cennete sokulursa, artık o gerçekten kurtuluşa ermiştir. Dünya hayatı, aldatıcı metadan başka bir şey değildir." Kur'an, Ali İmran 185
206 Kur'an, Araf 48

Öncelikle; "Ateş halkından" olanların yüzlerine tekrar vurgu var.[207] Araf'ın üstündeki görevliler, onlarla ilgili çok önemli tespitlerde bulunuyorlar: Öğrendiğimize göre, bu kişiler epeyce mal biriktirmiş, güç sahibi kişilermiş. Pekçok nitelikleri arasında, bu yönleri ön plana çıkmış. Üzerinde çok çok çok derinlemesine düşünülmesi gereken tespitler bunlar.

Şimdi bir es verelim.

Çünkü şimdi, içimize dönme zamanı.

Hayatlarımızın bir muhasebesini yapma zamanı.

Ruhsal Potansiyelimizi hatırlayıp, Tanrı'nın bizlerle ilgili hayalini gerçekleştirme yolunda önemli bir aşama burası. Kitabın başında, Tanrı'nın bizlerle ilgili hayalinin, bizim kendimiz için hayal ettiklerimizden çok daha fazla olduğunu konuşmuştuk. Oprah Winfrey'in bu farkındalıktan sonra, yaşamda geldiği noktaya bir bakın. Bu konuda örnek verilebilecek pekçok insan yaşadı-yaşıyor dünyada. Ancak bu kitabı yazma ilhamını bana verdiği için ben yine Oprah'tan örnek vermek istiyorum.

Oprah Winfrey bugünkü noktasına, mal biriktirerek gelmedi. Ortalarda "Ben Dünyanın en zengin ve en etkili kadınıyım," diye dolaşmıyor. Kimseden kendini üstün görmüyor. İnsanların içinde ve onlardan biri olarak yaşıyor. Çünkü O yaşamla ilgili çok önemli bir sırrı keşfetmiş.

Etkili, çünkü kalbini açmış.

Zengin, çünkü servetini başkaları için harcamayı seviyor.

Harcıyor ve daha çok kazanıyor.

2009 yılında Oprah Winfrey, 500 şirket çalışanı ve aileleri için bir Cruise gemisi kiraladı. Tam 1500 kişi, hep birlikte

---

207 "Kötülükler kazanmış olanlar ise; her bir kötülüğün karşılığı, kendi misliyledir. Bunları bir zillet sarıp kaplar. Onları Allah'tan hiçbir koruyucu yok. Onların yüzleri, sanki bir karanlık gecenin parçalarına bürünmüş gibidir. İşte bunlar ateşin halkıdırlar; orada süresiz kalacaklardır." Kur'an, Yunus 27

Akdeniz seyahatine çıktılar. Gazetelerden öğrendiğimize göre, Winfrey, çalışanları ve aileleri için düzenlediği bu seyahate tam 1.5 milyon dolar harcamış. Kendisiyle ilgili "en"ler listesine bir de "Dünyanın en iyi patronu" sıfatını eklemiş. Seyahatin duraklarından İstanbul'da, Çırağan Oteli'nde çalışanlarına bir de parti vermiş. Çalışanlarıyla birlikte coşmuş, dans etmiş. Böyle geniş yürekli bir kadın.

Tanrı'nın bizler için hayali işte böyle bir şeydir. Bir yandan siz hayalinizi gerçekleştirirken, diğer yandan sizin gerçekleşen hayallerinizin meyvaları bütüne fayda sağlar. Sizin hayallerinizin meyvaları, başkalarının hayallerinin tohumlarıdır artık. Ortaya çoğalarak artan bir fayda çıkmaktadır. Oprah gibi yanyana 1000 kişiyi koyun. Birlikte yaratacakları faydayı hesap edin.

Sonra da, maddesel illüzyon içinde, sanal servetleriyle övünen, biriktirdikçe daha çok biriktirmeye aç insanları düşünün. Bu zihniyetteki kişiler hem kendilerine zarar verirler, hem de bütüne zarar verirler. Üstüste yığılıp biriktirilen kaynaklar ekonomiye geri dönmediği için, durgunluğa sebep olur. Bu kaynaklar yeni yatırımlara dönüştürülmediği için de, toplumda pekçok işsiz insan için iş fırsatı yaratılamaz. Bu zihniyet, asidik toprak gibidir. Üzerinde yaşamın büyüyüp gelişmesi için ortam oluşturmaz. Bu zihniyet, ebedi yaşamı hiç önemsemediği için, bu tutumun yeryüzü yaşamında birkaç sonucundan bahsedeyim.

Ne kadar çok biriktirirse kişi, kaybetme korkusunu da o kadar çok büyütür. Bu korku onu esir alır, adımlarını özgürce atamaz. Sürekli endişeli bir hayat yaşar. Ne kadar çok madde biriktirirse, o kadar çok sertleşir, katılaşır ve taşlaşır. Durumlarına bedensel tarafları da isyan eder. Çünkü, doğada biriktirmek yoktur. Ekosistemin dengesinin bozulması gibi, bedenin dengesi de bozulur. Hastalıklar baş gösterir. Kişi dünyayı çok istemektedir, ancak kendine kalitesiz bir yaşamdan başka bir şey yaratamaz. Bu zihniyetteki insanlar, korkularının ve mal tutkularının öyle esiri olmuşlardır ki; maddesel servetlerini korumak için, çoğu zaman hukukun da dışına çıkabilirler. Zaafları, ruhsal taraflarından gelen rehberliğe ve uyarılara kulak tıkamalarına neden olmuştur. Yaşamları bir bataklığa dönüşür. Battıkça, daha çok batarlar.

Yeryüzündeki yaşam, Araf'ın ta kendisidir. Her an seçimler yaparız. Bu seçimler bizim hangi yaşam düzleminde bulunacağımızı belirlerler. Yaşamda, düzlemler arası geçiş mümkündür. Pişmanlık duyup, bağışlanma dilenirse ve Tanrı kabul ederse Yeryüzü Cenneti düzlemine geçilebilir. Yeryüzü Cennetinde iken, bir zaafa yenik düşüp, tek bir seçimle Ateş bölgesine geçiş mümkün olabilir. Yapılması gereken, orada bir saniye bile kalmadan, Yeryüzü Cennetine geri dönmektir.

Ateş bölgesi yaşam koşulları itibariyle de çok zorlu ve çok sert enerjisi olan bir yerdir. Bu bölgede yaşamak, ateşten gömlek giymeye benzer. "Bir süre, birlikte olduğum grupla birlikte burada durayım, sonra çıkarım," gibi bir strateji güdülecek yer değildir. Öncelikle, ne zaman öleceğinizi bilemezsiniz. Ayrıca, bir kez kötünün kapısından içeri girdiğinizde, ruhunuzdan bir şeyleri de arkada bırakırsınız. O boşluğu karanlık doldurur. Karanlık ağırlaşmadan ve içsel rehberliği duyulmaz kılmadan evvel *Acil Çıkış* yapılmalıdır.

Bu bölgede kalınırsa, kişinin başına gelebilecekleri, Amerika'da yayınlanmış bir dizi çok iyi işlemiştir. Sizlere biraz bu diziden bahsetmek istiyorum. Önce, sizi dizinin baş karakteriyle tanıştırayım:

Walter White. (Walter AK)[208]

2008'te çekilmeye başlayan, 5 sezon süren, İMDB puanı 9,5 olan, Amerika'nın en efsane dizilerinden *Breaking Bad'in* baş karakteridir. Burada konu etmemin sebebi, TV endüstrisinde-

---

208 Ak: White'ın Türkçesi. Beyaz da denilebilir.

ki başarıları, oyunculuk performansları vs. değil. Ateş bölgesini muhteşem işleyen bir kurgusu ve senaryosu var. Mutlaka seyredin.

"Breaking Bad" ne demek?

Bir deyim. Urban Dictionary'ye göre birkaç anlamı var. Amerika'da güneycilerin kullandıkları *"Raise Hell"*, yani kıyamet koparmanın en şiddetli hali olarak tanımlanıyor. Bir anlamı daha var ki, sıkı durun: *"Go wild"*. Yabanlaşmak, vahşileşmek olarak çevrilebilir. Sanki bu kitaba örnek olmak için çekilmiş ve isimlendirilmiş bir dizi görüntüsünde.

Hikayesi şöyle:

Walter AK, lisede ders veren bir kimya öğretmenidir. Mazbut yaşayan, idealist, ilkeli, namuslu bir yaşam sürmektedir. İleri derecede Akciğer kanseri hastası olduğunu öğrendikten sonra, ölmeden önce ailesine para bırakabilmek için bir öğrencisiyle beraber metamfetamin üretmeye başlar. (Yeryüzü Cenneti düzleminden Ateş'e geçiş yapmış olur.)

(Ateş bölgesinde) Ürettiği metamfetamin piyasada çok tutar. Yeni işi adeta bir para makinesine dönüşmüştür. AKladığı paralarla, iş yatırımları da yapar. Ancak bu alanda yaşam çok serttir. Başına pek çok hadise gelir. Bir yalan, bin yalan doğurur. Battıkça batar. Pekçok kez hayati tehlike atlatır. Birçok kan dökülür. Pekçok kişi ölür. Bu süreçte, her şeyi bırakarak kendisine temiz sayfa açmak için fırsatlar da çıkar karşısına. Ancak bu fırsatları değerlendirmek yerine, kötü seçimlerine devam eder. Kendisiyle birlikte, ailesini ve yakınlarını da felakete sürükler. Bu süreçte öyle çok kazanmıştır ki, paraları kutulara-kasalara sığmaz. Biriktirdiklerini, yerin altında, varillerde muhafaza eder... Ama olanlar olur....

Finali söylemeyeyim.. Ancak Walter AK'ın akibetini tahmin etmek güç değil.

Ateş bölgesinde kalınırsa, o yol sadece ebedi âlemde Cehenneme çıkar. Yeryüzü yaşamı da Cehennemi aratmayacak kadar kötüdür. Şayet, kişi kendinde, bu alana bir kayış hissederse (ki pekala mümkündür, niyetlerimizin çok saf olması gerekiyor çünkü.) derhal geri adım atmalıdır. Ruhtaki karanlık ağırlaştıkça, Yeryüzü Cennetine yükselemeyecek hale gelinebilir.

Burası, bir girdap gibidir. Ortasına çeker. Eş, dost, "Mahalleli", kimsenin nüfuzunun fayda sağlamayacağı bir yerdir.

Yeryüzü Cennetini Ummak

6 numaralı Araf ayetinde, çok dikkat çekici bir vurgu vardır. Ayeti hatırlayalım:

"İki taraf arasında bir engel ve Araf üstünde hepsini yüzlerinden tanıyan adamlar vardır. Cennete gireceklere: 'Selam size' derler, ki bunlar, henüz girmeyen fakat (girmeyi) 'şiddetle arzu edip umanlardır."[209]

Yukarıdaki ayette, iki yönlü anlatım mevcuttur. Bir taraftan "Cennete girecek olanlar" ifadesi vardır. Diğer taraftan "Henüz girmeyen, fakat şiddetle arzu edip umanlar" ifadesi vardır. Tanrı, ruhsal âlem ve Araf üzerindeki görevliler, kişinin adresini çok iyi bilmektedirler. Ancak kişi, durumunu bilmemektedir. Şöyle demek daha doğru olur: **Kişi durumundan emin değildir.**

Bu çok önemlidir.

1- Kişi, kendi durumundan emin olmadığı gibi, başkalarının durumunu da bilemez. Bilmemelidir de. Kendi durumundan emin olmak, başkalarını –kendince- yaşam düzlemlerine göre etiketlemeye yol açabilir. Ki bu, kibirden başka bir şey olmaz.

2- Motivasyon açısından da, kişinin Yeryüzü Cennetinde olduğunun anons edilmemesi, kişinin bunu umması en doğrusudur. Bu motivasyon, kişinin Cennet düzlemleri arasında yükselmesine katkıda bulunur. Evet, hem Yeryüzü Cenneti, hem de Ebedi Cennet, tek basamaklı yerler olarak düşünülmemelidir. Tıpkı Karanlıkların aşağı doğru derinleşmesi gibi, Cennetler de yukarı doğru yükselmektedirler.

Cennet, Kuran'da sıklıkla "Cennetler" ifadesiyle, çoğul olarak geçmektedir. Bunun yanı sıra, Cennetin çokluğuna dair, başka ifadeler de vardır. Mesela:

"Rabbin makamından korkan kimse için ise iki cennet vardır."[210]

"Bu-ikisinin ötesinde iki cennet daha var."[211]

"Cennetler", "iki cennet" ve "ötesinde iki cennet daha" ifadelerinin yanısıra Kuran'da birçok Cennet adı verilmiştir: Adn Cennetleri, Firdevs Cennetleri, Naim Cennetleri, Cennet-ül Meva, Cennet-ül Huldu...

Bunların yanısıra, Cennet düzlemleri, üstüste katmanlar halindedir. Bir bina gibi düşünülebilir. Zira, Cennet için en sık kullanılan tasvir olan "**altlarından ırmaklar akan**" ifadesindeki "altlarından" kelimesi, "**bir binanın alt katı, alt bölüm, alt kısım**" anlamına gelir.

"Artık o, hoşnut bir yaşama içindedir. Yüksek bir cennette."[212]

"Harcadığı-çabadan dolayı hoşnuttur. Yüksek bir cennettedir."[213]

Sonuç olarak, kişinin Cennet basamaklarını çıkmasını motive etmek ve kişiyi kibire düşmekten korumak için, Yeryüzü Cennetinde bulunanlar, konumlarından emin olamazlar. Bu durumun, daha pek çok hayrı vardır. Benim kavrayabildiklerim bunlardı. En doğrusunu Tanrı bilir.

---

210 Kur'an, Rahman 46
211 Kur'an, Rahman 54
212 Kur'an, Hakka 22
213 Kur'an, Gaşiye 9-10

Orta Yol

Bir düalite tablomuz vardı. Bir tarafı "Yeryüzü Cenneti", diğer tarafı da "Ateş" idi. Bu iki taraf arasında, daracık bir alan daha vardır. Kuran'da "*Orta Yol*" olarak isimlendirilen bu alan, iki ayette karşımıza çıkmaktadır. Aşağıda vereceğim ilk ayet, "nefsine zulmedenler" ifadesi ile, tablomuzda zalimlerin yaşadığı "Ateş" alanını çağrıştırmaktadır. "Hayırlarda yarışanlar" ifadesi ile de, Yeryüzü Cennetinde yaşayanları tarif ediliyor gibidir.

"Sonra Kitabı kullarımızdan seçtiklerimize miras kıldık. Artık onlardan kimi kendi nefsine zulmeder, **kimi orta bir yoldadır,** kimi de Allah'ın izniyle hayırlarda yarışır öne geçer. İşte bu, büyük fazlın kendisidir."[214]

Orta yoldakilerin kimler olduğu, aşağıdaki ayette, detaylandırılmıştır:

"Onları kara gölgeler gibi dalgalar sarıverdiği zaman, dini yalnızca O'na 'halis kılan gönülden bağlılar' olarak Allah'a yalvarıp yakarırlar. Böylece onları karaya çıkarıp-kurtarınca, artık onlardan bir kısmı orta yolu tutuyor. Bizim ayetlerimizi gaddar, nankör olandan başkası inkar etmez."[215]

Anlayabildiğimiz kadarıyla, sadece zorluk zamanlarında Tanrı'yı hatırlayan, düzlüğe çıktığında ise Tanrı'yı unutan insanlarmış "Orta Yol"dakiler.

Cennet ile ilgili ayetlerde, cennet halkı için Kuran'da en sık kullanılan tasvirlerden biri "iman edenler ve salih amellerde bulunanlar" dır. Demek ki Cennet halkının Tanrı inancı çok kuvvetlidir. Orta yoldakiler ise, sadece zorluk anlarında Tanrı'yı hatırlıyorlar. Bu da, onların Tanrı inançlarının zayıf olduğunu veya hiç olmadığını göstermektedir.

---

214 Kur'an, Fatır 32
215 Kur'an, Lokman 32

Bazı insanlar vardır ki, iyidirler, dürüsttürler, adildirler, bütüne faydalı işler yaparlar. Kendilerini, çıkar odaklarının iradelerine teslim etmezler. Sistemin dışında durmayı başaranları da vardır aralarında. Ancak, Tanrı inançları yoktur. Benim hissiyatıma göre, orta yol tanımına bu insanların giriyor olmaları kuvvetle muhtemeldir. Adı üstünde, "Orta Yol" oldukları için, Tanrı onlar için "Ateş"i adres göstermemiş. Onların yeryüzü yaşam düzlemlerinin "Ateş" olmadığını düşünüyorum. *Katı*, *gaddar* ve *nankör* ifadeleri var. Ancak bir adresleme yok. Aynı şekilde, bu kişilerin, ebedi yaşam ile ilgili durumları da belirgin değil. Gri bir alan olduğu için, kişiye özel değerlendirme olacağını düşünüyorum. En doğrusunu Tanrı bilir.

Araf'ın Çalışma Mekanizması

"Beni öldüren her şey, beni canlı kılıyor... Beni suya batıran her şey, uçmak istememi sağlıyor..."
One Republic, Counting Stars (Yıldızları Saymak) şarkısından...

Araf'ın altında yaşayan insanların, aynı yaşam planında farklı düzlemlerde bulunduklarını konuşmuştuk. İnsanların davranışlarının etkileri, kendi yaşam düzlemleriyle sınırlı değildir. "Yeryüzü Cenneti"nde yaşayan insanların, seçimleri ve eylemleri yeryüzünü güzelleştirir, canlı âleme fayda sağlar. Ancak, "Ateş halkı"nın seçimleri ve eylemleri, yeryüzünde canlılar üzerinde olumsuz etkiler yaratır.

Ateş halkının eylemleri, çeşitli dönemlerde zirve yapar. Karanlık bir dönemdir yaşanan. Ateş halkının gözünü mal ve güç hırsı bürümüştür. Hukuk ve adaletin çalışmadığı bir dönemdir yaşanan. Sistem, önüne kattığını yutmaya çalışır. Sistemin hizmetkârları palazlanır. Buna karşı duran iyilik taraftarlarının özgürlükleri ve canları tehdit altında kalır.

Bugünlerde, benim ülkem de böyle bir evreden geçiyor. Belirli bir grubun çıkarına düzenlenen yasalar havada uçuşuyor. Masum insanlar hapse tıkılıyor. Şirketlere el konuluyor. Bu düzene karşı ses çıkaranlar ve hakkı konuşanlar yuhalanıyor. Karalama kampanyalarına maruz bırakılıp, caydırılmaya çalışılıyorlar. Bizim neslimizden önceki nesiller de bunları yaşadı. Biz de yaşıyoruz. Çünkü insanlık, halen zorluklarla öğrenme evresinde. Belki bizden sonrakiler, iyilikle ve güzellikle öğrenmeyi seçeceklerdir. Bilemiyoruz.

Bu yaşananlar çoğumuzu üzüyor. Canını acıtıyor.

Aslında bu iyi bir şey. Demek ki bizler, toplu bir sıçrama yaptık. Kendi bencil istek ve arzularımız için değil, toplumu, insanlığı ve canlı âlemi ilgilendiren konular için dertleniyoruz. Kesilen ağaçlar bize keder veriyor. Terör uğruna kıyılan canlar, yüreklerimizi sızlatıyor. Adaletin ve hukukun günden güne erozyona uğraması bizi sarsıyor. Bu durum, bilinçlerimizin yükseldiğine dair, iyiye işarettir.

Asil bir sorun yaşıyoruz biz.

Ve biliyor musunuz?

Yaşadığımız bu toplumsal sorunlara başımıza gelen bir felaket gibi bakmamamız gerekiyor. **Her nesil, farklı aktörlerle, farklı senaryolarla benzer şeyler yaşıyor. Tarih hep tekerrür ediyor. Ve bunun bir sebebi var.**

Şayet resmin içinden çıkıp, tabloya dışarıdan bakmayı başarırsak, muhteşem çalışan Tanrısal bir sistemle karşılaşırız. Araf altındaki iki taraflı yapı çok dinamiktir ve çok fonksiyoneldir. Pekçok amaca hizmet eder. Bu amaçları şöyle sıralayabilirim:

1- Arındırma

İkili yapı içerisinde yaşanan olumsuzluklar, bazı dönemlerde şiddetlerini arttırırlar. Ve kişiler üzerine basınç yaparlar. Tıpkı makro düzeyde çalışan bir "**Su Arıtma Sistemi**" gibi.

Ters Osmoz Yöntemi

"Ters Osmoz" doğal bir su arıtma yöntemidir. Tıpkı bizim "Yeryüzü Cenneti" ve "Ateş" alanları gibi, iki tanklı bir sistemden oluşur.

Birbirine yapışık iki tank arasında, tıpkı düalite tablomuzdaki ağaç sınırına benzeyen, bir filtre vardır. Buna "Mambran filtre" denir.

Sol taraftaki tankta kirli su bulunur. Kirli suyun içerisinde partiküller, toz, toprak, kimyasallar vs. pek çok madde bulunur. Soldaki tankın üzerine yerleştirilmiş bir mekanizma ile kirli suya basınç uygulanır. Basınç, suyu mambran filtreye doğru ilerletir. Kirli su, içindeki partikülleri soldaki tankta bırakarak, mambran filtreden geçerek, sağdaki ikinci tanka ulaşır. Sağdaki tankımız da böylece tertemiz suyla dolar. "Ters Osmoz" en basit anlatımıyla böyle çalışır. "Ateş bölgesi", kirli suyun bulunduğu tanka, **"Yeryüzü Cenneti" de, temiz-arı suyun olduğu tanka benzer.** Aşağıda Ters Osmozun bir görselini bulabilirsiniz.

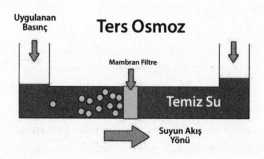

İşte, tüm bu yaşananlar, toplumdaki iyileri ve kötüleri birbirinden ayıran bir süreçtir. Ve tıpkı bir su arıtma sistemi gibi işleyen bir süreçtir.

Bu arınma sistemi, kişisel seviyede de çalışır. Yaşamlarımızın bazı dönemlerinde, bizi sıkıştıran ve aşmakta zorlandığımız durumlarla karşılaşırız. İşte bu sıkışma, bizi daha saf ve temiz bir insana dönüştürmek için oradadır. Böyle süreçleri, temizlenip-arınma fırsatı olarak görmek ve bu gözle değerlendirmek gerekir. Yaşamdaki amacımızı, duruşumuzu daha saf niyetlerle yükseltmemiz istenmektedir.

2- Kamil İnsana Dönüştürme

İşte tıpkı "Ters Osmoz" yoluyla bir arınma yaşadığında insan, niyetini saflaştırmalıdır. Amerikalı yazar *Doreen Virtue*'nun çok sevdiğim bir sözü var: **"Ne zaman kendinizi gergin hissederseniz, hemen hizmet etmeye odaklanın."**

Yaşanan her sıkıntının, her problemin bütünü etkileyen bir tarafı vardır. İşte orada "Büyük İyi"yi aramalıdır. İnsanlığa ve canlı âleme hizmet etmenin yolları araştırılmadır. Bu araştırmanın sonucu, kişiyi problemden çıkış kapısına götürür. **"Büyük İyi" seçimi, problemden çıkış kapısının anahtarıdır.** Her zaman ve daima büyük resme bakmalıdır.

Böyle yaparak kişi saflaşır, incelir. Adeta taştan yontulan bir heykele dönüşür. Tanrı'nın ilahi yasalarını kavrar. Bunları her şeyin üzerinde tutan bir bireydir artık. İşte insan, böyle bir arınma sistemi içerisinde, erdemler kazanmaktadır. Bu açıdan, çok iyi değerlendirilmesi gereken zamanlardır.

Makro arınma süreçlerinde zulme uğrayan insanlar, kendilerini asla kurban olarak görmemelidirler. Sürecin keyfini çıkarmalı ve yeni erdemli hallerini kucaklamalıdırlar. ☺

3- Seçimlerde Kararlılık Sağlama

Bu süreçte, her iki alanın halkı da, seçimlerini netleştirmektedirler. **Bu baskı altında "Yeryüzü Cenneti"nde kalıp, oranın gereği gibi yaşamak mı? Yoksa korkularına esir olup, "Ateş halkı"nın arasına karışmak mı?**

Daha önce de belirttiğim gibi, Nuh Kavmi, "Büyük Tufan" felaketine uğrayıp ölmeden önce, Tanrı seçimlerinden emin olmuş ve durumlarını Nuh Peygamber'e bildirmiştir. Arınma zamanlarında, kişiler seçimlerini netleştirirken, ebedi yaşam düzlemlerindeki yaşamlarını da seçmiş olurlar.

Aslen bakacak olursanız, bugün yaşamdaki insan bir "Yarı Mamul"dür. Yeryüzündeki yaşamlarımız çok hızlı akmaktadır. Sadece an'da yaşanmaktadır. Geçici bir süreçtir. Bedenlerimiz de nihai hallerinde değildir. Yaşamdaki seçimlerimize göre, nihai hallerini alacaklardır. Kitabın son bölümünde bu bedenlerden bahsediyor olacağım. Şu an için bilmemiz gereken, Tanrı insanı yaratmıştır. Ancak nihai halini kişinin seçimine bırakmıştır. Dolayısıyla, yaşanmakta olan "Arınma Süreci", bu açıdan bakıldığında çok çok çok kıymetlidir.

Nihayetinde tüm bu yaşananlar, kişilerin seçimlerini netleştirirler. Kötülükte kararlı olanları ve iyilikte kararlı olanları ortaya çıkarırlar. Bu yönüyle süreç, adeta bir evlilik yemini yapmaya benzer.

Hıristiyanların evlilik yemini geleneğini çok severim. Gelin, "Yeryüzü Cenneti"ne hitaben, bir evlilik yemini yapalım birlikte.. Çok anlamlı olacak, göreceksiniz ☺

"Hastalıkta ve sağlıkta, iyi günde ve kötü günde, yoksullukta ve bollukta, ölüm bizi ayırana kadar seni seveceğime yemin ederim. (YERYÜZÜ CENNETİ)"

4- Ebedi Cenneti Garantileme

Ebedi yaşamlarını cennette sürdürmeyi elbette herkes ister. Daha önce de konuştuğumuz gibi, Araf sistemi altında *"Cennete henüz girmemiş, ancak girmeyi şiddetle arzu eden"* insanlar vardır. Cennete gireceğine emin olmaması, motive edici bir durumdur. Onu daha iyi olmaya zorlar. Ayrıca kişiyi temiz ve arı tutar. Kişiyi kibire kapılmaktan korur çünkü. Yine bu sayede, kişiler hayırlarda yarışabilirler. Bu yarışta, kişinin tek rakibi ise kendisidir. İyilikte rekor üzerine rekor kırar.

Araf sisteminde, basıncın arttığı dönemler, döngüler halinde her nesil tarafından yaşanmaktadır. Hemen herkes, ömründe bir kez böyle bir süreç yaşar. Bazıları bu basıncı kendi kişisel düzlemlerinde, hastalık, kaza vb. ile deneyimlerler. Bazıları da makro düzeyde yaşanan bir basınç altında kalabilirler.

Bugün, hem dünyada, hem de ülkemizde yaşananlar, bizim neslimizin eğitim müfredatının gereğidir. Bu süreci bir filme benzetirsek, aktörler, dekorlar, kostümler ve senaryo farklıdır. Ancak kurgu, önceki nesillerin deneyimledikleriyle birebir aynıdır. **Bu filmin sonu başından bellidir. İyiler kazanacaktır.**

Filmin sonu belli olsa da, gerilim, korku, heyecan, aksiyon doruktadır. Tüm soluklar tutularak izlenir bu film.

Ve bu süreç, insanın hayatta bir kez önüne çıkabilecek bir fırsattır da. Adeta ilahi bir piyango gibidir. Çünkü bu süreçte, kötülüğe karşı dik duranlar, ona karşı mücadele edenler, bu mücadelede canı yananlar veya can tehlikesi altında olanlar... Hepsine de Tanrı Cenneti vaadetmektedir.

Aşağıda vereceğim ayetin muhatabı olan kişiler, "Ebedi Cenneti" garantilemişlerdir. Artık onlar, "Cenneti şiddetle arzu etme" seviyesini geçmişlerdir:

"Nitekim Rableri onlara cevab verdi: 'Şüphesiz Ben, erkek olsun, kadın olsun, sizden bir işte bulunanın işini boşa çıkarmam. Siz, birbirinizdensiniz. İşte, hicret edenlerin, yurtlarından sürülüp-çıkarılanların ve yolumda işkence görenlerin, çarpışıp öldürülenlerin, **mutlaka kötülüklerini örteceğim ve onları, altlarından ırmaklar akan cennetlere sokacağım.** (Bu,) Allah katından bir karşılıktır. Allah, karşılığın en güzeli O'nun katındadır."[216]

Hep dediğim gibi, tekâmülde bu seviyeye gelmiş bir kişi, cenneti kazanmak için kötülüğe karşı durmuyordur. Zira doğ-

---

216 Kur'an, Ali İmran 195

ruyu söylemenin ve doğrudan taraf olmanın hazzı hiçbir şeye benzememektedir. Çelik gibi irade ve kararlılık gerektirir. **Bu iradeyi gösterebilenler, başlarına gelebileceklerin olasılığını ölçüp-biçerek hareket etmezler.** Siz hiç, "Ya düşer de dizim sıyrılırsa" diye endişelenip oyun oynamayan çocuk gördünüz mü? Çocuk gibi cesur, hesapsız olmak gerekir.

Bu insanlar hem kendilerinden çok emindirler. **Hem de, kendilerine zulmedenlerin gerçek durumlarını da çok iyi bilirler.** Sonsuz huzur ve güven duygusu içlerini ısıtır.

"Onlar, iyice korunmuş şehirlerde veya duvar arkasında olmaksızın sizinle toplu bir halde savaşmazlar. Kendi aralarındaki çarpışmaları ise pek şiddetlidir. Sen onları birlik sanırsın, oysa kalpleri paramparçadır. Bu, şüphesiz onların akletmeyen bir kavim olmaları dolayısıyla böyledir."[217]

İnsan vs. Elmas

Dünya bir sahneyse, başrol oyuncusu insanın kendisidir. Diğer insanlar yardımcı kadın ve erkekler oyunculardır, figüranlardır. Bedensel tarafımız, yeryüzünde yaşayan milyonlarca insandan biridir. Ancak ruhsal tarafımız, dünyanın merkezindedir. Merkezin ta kendisidir.

Toplumda yaşanan, makro seviyede bir arınmaya, bu gözle de bakmakta yarar görüyorum. Daha önce bir ilahi yasadan söz etmiştim. **"Sen değişirsen, dünya da değişir."** İşte size bir örnekle, insanın kendisinde yaşadığı bir arınmanın, bütünde nasıl değişim yapabileceği:

İnsan tıpkı elmas gibi çok değerli bir varlıktır. İnsan ve elmasın tek benzerlikleri, değerli olmaları değildir. Tıpkı insan gibi, her bir elmas parçası da benzersizdir. Elmaslar, yine tıpkı parmak izleri, kar taneleri gibi tektir.

---

217 Kur'an, Haşr 14

Bir elmas, belirli bir kaynaktan gelen ışığı, kendi özel yapısına göre, içinde proses eder. Sonra dışarı geri yansıtır. Bir elmasın, dışarıya yansıttığı ışık şöleni de, kendisi gibi eşsiz ve tektir. Her elmas parçası, dışarıda farklı bir ışık oyunu yaratır. Buna "Optik Parmak" izi deniyor. Her bir elmasın, dışarıda yarattığı ışık oyunları *Gemprint* ile görüntülenebiliyor.

Tıpkı elmaslar gibi, bizler de dışımızdaki dünyayı, kendi içsel durumumuza göre biçimlendiririz. **İçimizdeki dünya, dışımızdaki dünyayı yaratır.** Dışarıdaki sorunun çözümü içimizde olduğu gibi, sorumluluğu da üzerimizdedir. Kafamızı kuma gömemeyiz, "Bana dokunmayan yılan bin yıl yaşasın" diyemeyiz. Sorun vardır ve oradadır. Çözüm ise bizdedir. Bir sorundan dolayı başkalarını suçlamak, sorumluluktan kaçmaktır. Sorumluluğu üstlenmedikçe ve içimizde çalışmadıkça dışarıdaki sorunu çözebilmemiz mümkün değildir.

Ruhsal bilincimiz, gözlerimiz aracılığıyla dünya düzlemine girer. Gözler, ruhun dünyaya açılan pencereleridir. "Maddesel düzlem" ve "Ruhsal düzlem"in dinamikleri çok farklı çalışırlar. Mesela diyelim siz Londra'ya gideceksiniz. Uçak bileti alırsınız, uçağa binersiniz, uçak kalkar, gökyüzünde uçar ve Londra'da Healthrow havalimanına iner. Londra'ya gelmişsinizdir, öyle değil mi? Evet, maddesel düzlemde böyle ilerlersiniz.

Ancak ruhsal düzlemde durum başkadır. Siz Londra'ya gitmek istersiniz. Ruhsal tarafınız olduğu yerde durur. Londra size gelir.

Böyle bir denklemden bahsediyorum.

Dileklerimizin gerçekleşmesi de, bu şekilde mümkün olur. Biz bir dilekte bulunuruz. Bu dileği takiben, ruhsal düzlemde birçok düzenleme olur. Daha önce, ruhtan bahsederken, doğanın tüm unsurlarının "Tanrısal Zihin" içerisinde oluştuklarından bahsetmiştim. İşte bu bilinç havuzunda, her şey birbiriyle iletişim halindedir. Sizin dilekleriniz bu unsurlar arasında bir etkileşim yaratır. Ve dilekleriniz, yaşamınıza doğru, maddesel düzlemde yola çıkarlar. Ruhsal tarafının idrakında olan bir insan, bunun bilinci ve güveniyle yaşamda ilerler. Ve yaşamını dönüştürür. Arınmalara da bu gözle bakmak gerekir. Dışımızda gelişen olayların sorumluluğunu almak, hem bütünün hem de kendimizin şifalanması için niyet etmek, sonra da niyetimize gelecek cevap ile büyük buluşmaya hazırlanmak.

Bu çok sırlı bir konudur. Ancak böyledir. Devam kitaplarda, bu konuya biraz daha derinlemesine girmek istiyorum. Şimdilik bu bilginin yeterli olacağını düşünüyorum.

Bu bölümü, bir niyet çalışmasıyla tamamlıyoruz. Niyetinizi içinizden veya yüksek sesle söyleyebilirsiniz:

"Tanrım, Tanrısal Özümle bir ve bütün olarak, ruhsal gelişimim için önüme getirdiğin derslere minnettarım. Kendimi ve dışımdaki dünyayı temizleyip-arındırmak için gereken sorumluluğu üzerime alıyorum. Neyi bilmem, neyi görmem, neyi farketmem gerekiyorsa lütfen bana bildir. Kendimi senden gelecek Tanrısal İlhama açıyorum. Teşekkür ederim."

6. BÖLÜM

YERYÜZÜ CENNETİNDE YAŞAM

"Dostlarla yenilen güzel bir yemeğin keyfini şimdi alamayan, öteki âlemin ebedi şölen vaadinden bahsetse ne olur..." Ausey

İnsanın sadece Tanrı'ya kulluk etmesi, onu hem özgürleştirir, hem de diğer insanlarla eşitler. *"Liberté, Égalité, Fraternité"* (Özgürlük, Kardeşlik, Eşitlik) sadece Fransızların değil, Tanrı'dan başka kimseye kulluk etmeyen insanın da sloganı olmalıdır. Sadece Tanrı'ya kulluk eden insanın yaşamda başı diktir. İnsan başını sadece Tanrı'nın huzurunda eğmelidir.

Yeryüzü Cenneti, kesinlikle Sistemin dışıdır. Bu yüzden, Dünyadaki gerçek *"Özgürlükler Ülkesi"* burasıdır. Taklitler ancak aslını yaşatırlar, öyle değil mi? ☺

Herkes, kendinden sorumludur. Diğerini kınamak yoktur. Esasen diğeri de yoktur, öteki de, beriki de. Burası, hiçbir ırkın, etnik kimliğin, inancın, dinin, mezhebin, cinsiyetin diğerinden üstün olmadığı bir yerdir. Belirli bir dinin mensuplarına da rezerve edilmemiştir.

"Dediler ki: 'Yahudi veya hristiyan olmayan hiç kimse kesin olarak cennete giremez.' Bu, onların kendi kuruntularıdır. De ki: 'Eğer doğru sözlüyseniz, kesin-kanıtınızı getirin."[218]

Tanrı'nın ölçüsü çok nettir:

"Şüphesiz, iman edenler yahudiler, hristiyanlar ve sabiiler Allah'a ve ahiret gününe iman eder ve salih amellerde bulunursa, artık onların Allah katında ecirleri vardır. Onlara korku yoktur ve onlar mahzun olmayacaklardır."[219]

Tanrı, dinleri Öz'de buluşmaya davet ediyor:

"Dediler ki: 'Yahudi veya Hristiyan olun ki hidayete eresiniz.' De ki: 'Hayır, Hanif olan İbrahim'in dini(dir); O müşriklerden değildi."[220]

"Öyleyse sen yüzünü Allah'ı birleyen hanif dine, Allah'ın o fıtratına çevir; ki insanları bunun üzerine yaratmıştır. Allah'ın yaratışı için hiçbir değiştirme yoktur. İşte dimdik ayakta duran din (budur). Ancak insanların çoğu bilmezler."[221]

"Hanif" sıfatıyla bir din tanımlanmış burada. Kelimenin, **"Elif gibi, dimdik, doğru, temel standart"** anlamları vardır. Tüm dinlerin buluşabilecekleri bir orta nokta olarak, **"Hanif Din"** kavramı var önümüzde. Ben **"Öz"** demeyi tercih ediyorum. Çünkü "Öz" kelimesiyle, daha kolay tarif edebiliyorum. Daha önce de yazdığım gibi, ibadetler kişilerin özelidir, mahremidir. Yaratan ve yaratılan arasındadır. Kişinin kendi şahsi sorumluluğundadır. Kişi mensup olduğu dine göre, ibadetlerini yapabilir. Okur-yazar ve düşünen her insan, Tanrı'nın gönderdiği kutsal kitapları inceleyip, nasıl ibadet edeceğine kendisi karar verebilir. Ve "öz"de tüm dinlerin insana mesajı aynıdır.

---

218 Kur'an, Bakara 111
219 Kur'an, Bakara 62
220 Kur'an, Baraka 135
221 Kur'an, Rum 30

İBADETLERİN ÖZÜ VE ÖTESİ

"Ağaç diken, sonsuzluğa inanıyor demektir."
Lao Tzu

Kitabın en başından buraya, ibadetler yerine, iyi-kötü kavramlarıyla geldik. Çünkü, Kuran'ı örnek verecek olursak, Tanrı'nın insandan beklediği, kendisine inanması, iyiyi seçmesi, hakkı konuşması, adil olması ve en önemlisi de kendisinden başka kimseye kulluk etmemesidir. Kuran öğretisinin tamamına yakını bu temel konular üzerinedir. Yerleşik algıdaki ibadetler, Kitap'ta çok az yer tutmaktadır. Tanrı'nın insana öğütlediği yaşam tarzı, yerleşik algıdaki ibadetlerle kısıtlı değildir. Tanrı'nın öğütlediği yaşam tarzı da aslen bir ibattir. Belirli vakitlerle, belirli günlerle sınırlanmamış, insanın tüm yaşamına yayılmış bir ibadet anlayışından bahsediyorum. İbadetlerin "Öz"ü budur.

Tüm dini, yerleşik algıdaki ibadetlerle sınırlayanlar, Güneş, Ay, yıldızlar, dağlar, ağaçlar ve hayvanların Tanrı'ya secde etmesini nasıl açıklayabilirler?

> "Göklerde ve yerde olan ne varsa, canlılar ve melekler Allah'a secde ederler ve büyüklük taslamazlar."[222]

> "Görmedin mi ki, gerçekten, göklerde ve yerde olanlar, güneş, ay, yıldızlar, dağlar, ağaçlar, hayvanlar ve insanlardan birçoğu Allah'a secde etmektedirler..."[223]

> "Bitki ve ağaç (O'na) secde etmektedirler."[224]

Tüm dini, yerleşik algıdaki ibadetlerle sınırlayanlar, gökyüzündeki kuşların Tanrı'yı tesbih etmelerini nasıl açıklayabilirler?

---

222 Kur'an, Nahl 49
223 Kur'an, Hac 18
224 Kur'an, Rahman 6

"Görmedin mi ki, <u>göklerde ve yerde olanlar ve dizi dizi uçan kuşlar, gerçekten Allah'ı tesbih etmektedir.</u> Her biri, kendi duasını ve tesbihini şüphesiz bilmiştir. Allah onların işlediklerini bilendir."[225]

Tanrı'nın tüm yaratımları, ilahi yasalara tam teslimiyet içerisinde yaşarlar. Aralarında büyük bir ahenk ve uyum vardır. Bu ahengi tek bozan varlık, insan olmuştur. Yaşam çok kutsaldır. Yaşamın her bir unsuru da çok kutsaldır. İnsana düşen de, yaratımına uygun olarak yeryüzünde Tanrı'nın halifesi olarak yürümek ve dokunduğu her şeye Tanrı'nın sevgisini ve adaletini yaymaktır. Doğru davranmak, Büyük İyiyi seçmektir. <u>İbadetlerin "Ötesi" budur.</u>

"Yüzlerinizi doğuya ve batıya çevirmeniz iyilik değildir. Ama iyilik, Allah'a, ahiret gününe, meleklere, Kitaba ve peygamberlere iman eden; mala olan sevgisine rağmen, onu yakınlara, yetimlere, yoksullara, yolda kalmışa, isteyip-dilenene ve kölelere (özgürlükleri için) veren; namazı dosdoğru kılan, zekâtı veren ve ahidleştiklerinde ahidlerine vefa gösterenler ile zorda, hastalıkta ve savaşın kızıştığı zamanlarda sabredenler. İşte bunlar, doğru olanlardır ve müttaki olanlar da bunlardır."[226]

Yukarıdaki ayette, Tanrı, iyiliğin tarifini yapmıştır. İki ifade dikkat çekicidir. *"Yüzlerinizi doğuya ve batıya çevirmeniz"* ve *"Dosdoğru namaz"* ifadeleridir bunlar.

Ayetin ilk cümlesi, **iyiliğin ne olmadığını** "Yüzleri doğuya ve batıya çevirmek" ile ifade etmiş. İyiliğin tarif edildiği devam bölümünde de "dosdoğru namaz" tanımı var. Benim kavrayışıma göre, yüzlerin doğuya ve batıya dönmesi, namazdaki selamdır. İyiliğin tüm yaşama yayılmadığı, belirli zamanlarda, fiziksel bir aktiviteye dönüşmüş namazın iyilik olmadığını anlıyorum ben.

Ayette, iyiliğin tarif edildiği bölümde, kalple birlikte yapılabilen ve yaşamın tümüne yayılmış bir ibadet olarak na-

---

225 Kur'an, Nur 41
226 Kur'an, Bakara 177

maz tarif edilmiş. Mallarla ilgili vurgu da iki kere yapılmış. Mala olan sevgisine rağmen vermek, zekât vermek, sözünü tutmak ve sabırlı olmak.

SEVGİ VE KALP

"Kimde sevgi varsa Tanrı'nın varlığı ondadır. Ahiret de, Hakk da, dostluk da sevgide gizlidir." Mevlana

Özellikle vurgulamak isterim ki, "Kalpte" *Tanrısal Sevgi* gerçekten varolduğu zaman, "Dosdoğru namaz" olarak tarif edilen iyilikler doğal eylemlerdir. Kişi, ibadet etmek kastıyla, kendini zorlayarak ihtiyaç sahiplerine para vermez. Yine ibadet etmek için sözünün eri olmaz. Bunlar zoraki yapılabilecek şeyler değillerdir.

Başlarda belirtmiştim, tekrar vurgulamak istiyorum. "Tanrısal Sevgi" gerçekten kalpte var olduğunda, kişi dünyadan vaz geçmez. Tam tersine yaşama dört elle sarılır. İçi yaşam sevinci ile doludur çünkü. Tanrı'ya şükür, gün boyu Tanrı'yı kalpte tutmak, bu yaşam sevincinin doğal sonucudur. **"Tanrısal Sevgi", önce bardağın dolu tarafını gösterir, sonra da bardağın boş tarafını doldurur.** Kişi mala sevgisine rağmen verdikçe, bardağı tekrar dolar, tekrar dolar. Bu bir sırdır. "Tanrısal Sevgi", kişiyi "Bolluk Bilincine" ve "Yeryüzü Cenneti" düzlemine taşımıştır. Kişi, verirken, kendinden eksildiğini düşünmez. Kişi verirken, devirdaim döngüsü başlatır. **Parasal sisteme geri verir, parasal sistemden ona tekrar gelir.**

Ateş bölgesinde, mal biriktiren kişilerin enerjilerinin katılaştığından söz etmiştim. "Yeryüzü Cennetinde", mala sevgisine rağmen ondan ihtiyaç sahiplerine dağıtan kişi, enerjisini de likit tutmaktadır. Kişinin enerjisinin likit olması, üzerinde her türlü meyveden, çiçekten, sebzeden, ağaçtan yetişebilen bereketli bir toprağa dönüşmesidir. Ağaçlarında kuşlara, sincaplara yuva olmasıdır. **Kişinin üzerinde yetişen, aslen evrenin en nadide bitkisi olan Sevgidir.**

Sevgi

Sevgi çok hassastır. Çok temiz, arı, saf tutulması gerekir. Maddeyi bir arada tutan güç olduğundan daha önce söz etmiştim.

Yüzde 1'lik enerji, yüzde 99'luk boşluğu, nasıl olup da tutmaya başlamıştır. Nasıl tutmaya devam etmektedir? Bu enerjinin kaynağı nedir? Bu enerjiyi şarj eden nedir?

Tanrı, sevgi değildir. Sevgi gibi yüce bir kavramla da olsa, kimse Tanrı'yı sınırlandırmamalıdır. Tanrı, bildiğimiz ve bilmediğimiz, gördüğümüz ve görmediğimiz her şeydir. Tüm evren Tanrısal zihin içinde varolmaktadır. Ve sevgi, Tanrı'nın hallerinden biridir.

Bir şey daha var:

Devletler vatandaşlarından vergi alır, efendiler himayeleri altındakilerden vergi alır. İnsanın yaratıcısı Yüce Tanrı, ondan vergi istememektedir. Bunun yerine, Tanrı kulundan ne ister, biliyor musunuz?

Tanrı kulundan borç ister:

İnsanın kulluk ettiği Tanrı, böyle bir varlıktır işte.

"...Gerçekten ben sizinle beraberim. Eğer namazı kılar, <u>zekâtı verir</u>, elçilerime inanır, onları savunup-destekleseniz ve <u>Allah'a güzel bir borç verirseniz</u>, şüphesiz sizin kötülüklerinizi örter ve sizi gerçekten, altından ırmaklar akan cennetlere sokarım. Bundan sonra sizden kim inkar ederse, cidden dümdüz bir yoldan sapmıştır."[227]

---

227 Kur'an, Maide 12

"Allah'a güzel bir borç verecek olan kimdir? Artık Allah, bunu onun için kat kat arttırır. Onun için 'kerim (üstün ve onurlu) bir ecir vardır."[228]

"Gerçek şu ki, sadaka veren erkekler ile sadaka veren kadınlar ve Allah'a güzel bir borç verenler; onlar için kat kat arttırılır ve 'kerim (üstün ve onurlu)' olan ecir de onlarındır."[229]

"Eğer Allah'a güzel bir borç verecek olursanız, onu sizin için kat kat arttırır ve sizi bağışlar..."[230]

Tanrı'ya borç vermenin birkaç boyutu vardır:

1- Tanrı'ya inancı tam olmayan insanları "Yeryüzü Cenneti" düzlemine yönlendirmek.

Kişilerin inançlarında şüphe varsa veya mal sevgileri ağır basıyorsa, Tanrı onları da Cennet düzlemine yönlendirmek için "borç" kavramıyla motive etmektedir.

2- Tanrı'nın istediği borç, şüphesiz onun Yüce varlığına ödenmemektedir. Tanrı'nın istediği borç, ihtiyaç sahiplerine ödenir. Zekât, sadaka mekanizmasıdır bu. Tanrı'nın ilahi sistemi içerisinde, zenginler fakirlere verir. Herkes bolluk içinde yaşar.

Ve Tanrı, kulundan kendisi için iman dışında hiçbir şey istememektedir. İnsanın sadece Tanrı'ya kulluk etmesi, aslen insanı özgürleştirmek içindir. Yaşamda kimsenin önünde başını eğmemesi içindir. Diğer taraftan, Tanrı'nın insana öğütlediği, hemen her şey, insanlararası ilişkileri düzenlemeye yöneliktir. Bu sadece Kuran'da değil, tüm kutsal kitaplarda böyledir. Dinlerin özü de budur zaten.

Aşağıda 10 Emiri dikkatinize sunuyorum. Kuran'da öğütlenenlerden pek bir fark olmadığını göreceksiniz:

"Benden başka tanrın olmayacak.

---

228 Kur'an, Hadid 11
229 Kur'an, Hadid 18
230 Kur'an, Tegabun 17

Kendine yukarıda gökyüzünde, aşağıda yeryüzünde ya da yer altındaki sularda yaşayan herhangi bir canlıya benzer put yapmayacaksın.

Tanrın RAB'bin adını boş yere ağzına almayacaksın...

Şabat Günü'nü kutsal sayarak anımsa. Altı gün çalışacak, bütün işlerini yapacaksın...

Annene babana saygı göster...

Adam öldürmeyeceksin...

Zina etmeyeceksin...

Çalmayacaksın...

Komşuna karşı yalan yere tanıklık etmeyeceksin.

Komşunun evine, karısına, erkek ve kadın kölesine, öküzüne, eşeğine, hiçbir şeyine göz dikmeyeceksin."[231]

Görüldüğü gibi, Tanrı yarattığından kendisi için bir şey istememektedir. Yarattıkları arasındaki ilişkiyi düzenlemektedir. Tanrı'nın kulundan istediği borç, yine ona bolluğu ve güzelliği sunmak arzusundan başka bir şey değildir. Bu mesajı insana ulaştırmak için Tanrı, her çeşit insana, onların anlayabilecekleri farklı ifade biçimleri kullanmaktadır. Kendi Yüce makamı için "borç" kavramını kullanacak kadar, yarattığına değer vermekte ve üzerine titremektedir.

Şimdi de, konuyla ilgili İncil'den bir örneğe bakalım. İsa Peygamber ile bir adam arasındaki konuşmaya görelim:

"Adamın biri İsa'ya gelip, "Öğretmenim, sonsuz yaşama kavuşmak için nasıl bir iyilik yapmalıyım?" diye sordu.

İsa, "Bana neden iyilik hakkında soru soruyorsun?" dedi. "İyi olan yalnız biri var. Yaşama kavuşmak istiyorsan, O'nun buyruklarını yerine getir."

---

231 Tevrat, Mısır'dan Çıkış, Bap 20

"Hangi buyrukları?" diye sordu adam.

İsa şu karşılığı verdi: " 'Adam öldürmeyeceksin, zina etmeyeceksin, çalmayacaksın, yalan yere tanıklık etmeyeceksin, annene babana saygı göstereceksin' ve 'Komşunu kendin gibi seveceksin.' "

Genç adam, "Bunların hepsini yerine getirdim" dedi, "Daha ne eksiğim var?"

İsa ona, "Eğer eksiksiz olmak istiyorsan, git, varını yoğunu sat, parasını yoksullara ver; böylece göklerde hazinen olur. Sonra gel, beni izle" dedi.

Genç adam bu sözleri işitince üzüntü içinde oradan uzaklaştı. Çünkü çok malı vardı."[232]

Sevgi Nedir?

Sevgi, bir duygu değildir. Sevgi varlığın bir halidir. Bir titreşim gibi de düşünebilir. O hal içinde olmak ve yaşama, kendine ve diğer her şeye o hal içinde bakmaktır. Sevgi koşulsuz bir haldir. Bu konuda, bizlere en iyi örnek, Tanrı'dır. Tanrı'nın koşulsuz sevgisi tüm yarattıklarına akar. Onları birbirinden ayırt etmez. Kesintisizdir.

İsa Peygamber'in sevgiyle ilgili de çok güzel bir sözü var:

"'Komşunu seveceksin, düşmanından nefret edeceksin' dendiğini duyunuz. Ama ben size diyorum ki, düşmanlarınızı sevin, size zulmedenler için dua edin. Öyle ki, göklerdeki Babanız'ın oğulları olasınız. Çünkü O, güneşini hem kötülerin hem iyilerin üzerine doğdurur; yağmurunu hem doğruların hem eğrilerin üzerine yağdırır. Eğer yalnız sizi sevenleri severseniz, ne ödülünüz olur? Vergi görevlileri de öyle yapmıyor mu? Yalnız kardeşlerinize selam verirseniz, fazladan ne yapmış olursunuz? Putperestler de öyle yapmıyor mu? Bu nedenle, göksel Babanız yetkin olduğu gibi, siz de yetkin olun."[233]

---

232 İncil, Matta 19, 16-22
233 İncil, Matta 5, 43-48

Bir anne-baba düşünün. Kendilerine itaat etmeyen çocuklarına harçlık kesme ile başladıkları yaptırım, işi evlatlıktan reddetmeye kadar götürür. Oysa her anne-baba çocuklarını çok sever ve onların en iyisini ister. Ancak insani sevgide koşullar devreye girer ve bu sevgi kesintiye uğrayabilir.

Oysa Tanrı, yarattıklarından bazıları kendisini inkar etse de, cani, azgın, vahşi davransa da, onlara olan sevgisinde kesinti olmaz. Tanrı'nın sevgisinde bir anlık kesinti, maddenin yapı taşı atomun parçalarına ayrılması demektir. Yüzde 1'lik enerji ortadan kalktığında, geriye sadece boşluk kalır. Yani hiçlik.

Peki sevgiyi nasıl ölçersiniz?

Benim bilebildiğim kadarıyla sevginin ölçüsü şöyle bir şeydir: Sinemaya gitmiş bir anne ve çocuğunu düşünün. Anne, çocuğunun altına, yükseltici 3-5 tane minder koyuyor. Tabii, bazı çocuklar da mindersiz kalıyorlar. **İşte kişinin ne kadar sevgide olduğu, kendi çocuğuna ne kadar sevgi duyduğuyla değil, diğerlerinin çocuklarına duyduğu sevgi ile ölçülebilir.**

Sevgi Yasaları

Sevginin ne olduğunu etraflıca konuştuktan sonra, onunla ilgili birkaç yasaya, kısaca değineceğim şimdi:

Sevgi Büyür

Sevgi ile yapılan her iş, her proje büyür. Başarıya ulaşır. Kaderi budur.

Sevgi Çoğalır

Sevgi ile yapılan her şey, hem büyür hem de meyveler verir. Yanına sevgide olan başkalarının meyvelerini de toplar.

Sevgi Çeker

Sevgi, kendinden olanı çeker. Sevgide olan kişileri biraraya getirir. Her nerede olurlarsa olsunlar, onları aynı yaşam düzleminde biraraya toplar.

Sevgi Birarada Tutar

Sevgi, kendinden olanı birarada tutar. Hiçbir fırtınanın, hiçbir sarsıntının bu birlikteliği bozmaya gücü yetmez.

Sevgi Şifalandırır

Bedeni de sağlıklı tutan Sevgidir. Sevgi eksildiğinde hastalıklar da başgösterir. Sevgi ile yıkanan bünye, şifalanır. En son ne zaman kendinizi sevdiniz? Okşamak, en güzel sevgiyle yıkama yöntemlerinden birisidir. Çocuklarınızı da bol bol okşayın, onları sevgi sözcüklerine boğun. Sevgi sözcüklerinizde, hem kendinizi, hem de diğerleri için cömert olun..

Bu bölümün sonunda, kalbi aktive etmek, sonsuz sevgi kaynağına açılmak ve sevgi kaynağıyla bağlantıyı korumak için yöntemlerimi sizlerle paylaşacağım.

Kalp

İnsan bedeninde sevginin yeşerdiği organ, tahmin edeceğiniz gibi Kalptir. Kalp, aktive olup sevgiye açıldığında, adeta özel bir frekansa bağlanır. Telefona benzetirsem, daha kolay ifade edebileceğim:

- Kalbin sevgiye açılması, Çevir sesi almak gibidir. Hat vardır; siz sadece ahizeyi kaldırıp çevir sesini duymaya başlamışsınızdır.

- Çevir sesi alınan bu hat, adeta Tanrı ile kulu arasındaki özel telefon hattı gibi çalışır. Yeryüzündeki en güvenli, dinlenmesi imkansız, adeta ilahi olarak kriptolanmış bir hattır bu.

- İnsan, ne zaman bu telefonu kaldırsa, Tanrı'yı cevap veren olarak bulur.

- Tanrı da, kuluna bu hat üzerinden (kalbi üzerinden) çağrıda bulunur.

Buradaki en önemli nokta şudur: Tanrı'nın yarattıkları ile iletişim kurması için herhangi bir araca ihtiyacı yoktur. Her şey, Tanrısal Zihin içerisinde yaratılmıştır. Ve Tanrısal Zihin içerisinde, her şey Tanrı'nın ilahi bilgisi altında gerçekleşir. Hiçbir şey Tanrı'dan gizli olamaz. Tanrı, tüm yarattıklarıyla mutlak iletişim halindedir. Ne var ki, maddesel düzlem içerisinde, insanın Tanrı ile iletişim kurmada, dikkatini dağıtabilecek pek çok uyaran vardır. Kalp yoluyla Tanrı ile iletişim kurmak, insan için en kolay yöntemdir. Bu iletişim kanalına, insanın ihtiyacı vardır. Bu yüzden vardır ve oradadır.

"Kullarım Beni sana soracak olursa, muhakkak ki Ben (onlara) pek yakınım. Bana dua ettiği zaman dua edenin duasına cevap veririm. Öyleyse, onlar da Benim çağrıma cevap versinler ve bana iman etsinler."[234]

Kalbini açabilmiş bir insan, Tanrı'nın sevgisini, O'nun sonsuz şefkatli üslubuyla duyumsar. Kalp açıldığında, gözler de görmeye, kulaklar da işitmeye başlar. Bir yaprağın üzerindeki çiğ tanesi bile, artık kişiye Tanrı'yı anlayabilmesi için ipuçları sunmaktadır. İnsana her şey Tanrı'yı hatırlatıyordur artık. Kalbi titreten şey budur. Tanrı'yı iliklerinde hissetmek!

Öte yandan, Tanrı'nın zalim insanlara yönelik üslubu ile ilgili de bir parantez açma ihtiyacı hissediyorum. Tanrı'nın, kalbi açık insanla iletişim üslubu ile zalim insanla iletişim üslubu çok farklıdır. Bunun nedeni, kızgınlık olarak algılanmamalıdır. Bunun nedeni, zalim insanın iletişim dilinin böyle olması sebebiyledir. Zalim insanlar, katılaşmış enerjileri sebebiyle, ancak korktukları takdirde bir çağrıya (kimden gelirse gelsin) kulak verirler. Kendilerine iyilik ve güzellikle muamele edilen ortamlardan rahatsızlık duyarlar. İş hayatında bulunanlarınız mutlaka gözlemlemişlerdir: Bazı kişilere kibarca isteyerek iş yaptıramazsınız. Ancak emrederseniz, azarlarsanız, bağırır-kızarsanız onlardan iş alabilirsiniz. İlginçtir, ama gerçektir.

---

234 Kur'an, Bakara 186

Kuran'da Kalp

İnsanın ruhsal tarafının Nefis ve ona üflenmiş Tanrı'nın ruhundan bir parçadan oluştuğunu çok kez konuştuk. "Tanrısal Öz" kavramı, benim bu parçayı tanımımdı. Kalp, insanın bedensel tarafını, bedensel bilincini temsil eden bir organdır. Ve kalp öyle bir organdır ki, ruhsal potansiyele açılan bir kapıdır aynı zamanda.

Daha önce Tanrı'nın kendi ruhundan üflediği parçayı aktive eden "Tanrı'ya İnanç"tır. Onu kullanıma sunan ise sevgidir. İnanç bir tohumsa, ekildiği yer kalplerimizdir. Ve Ruh ile Kalp arasında direkt ilişki vardır. İlgili ayete bir bakalım:

> "...Onlar, öyle kimselerdir ki, (Allah) <u>kalplerine imanı yazmış ve onları kendinden bir ruh ile desteklemiştir</u>..."[235]

Tanrı'nın ruhundan üflemesi ile ilgili olarak, önemli bir not düşmek istiyorum. Aslen, kişi Tanrısal inanç kazandıktan sonra mı Tanrı ona kendi ruhundan üflüyor? Yoksa insan olarak bedenledikten sonra mı üflüyor ve kalp sonradan aktive oluyor? Bu çok net değildir. Tanrı'ya inançtan sonra üflense de, önce üflenip sonra Tanrı'ya inançtan sonra aktive olsa da, sonuç aynıdır. Kalben Tanrı'ya inanç, insanı Tanrı'nın halifesi mertebesine çıkarır. Ve ona büyük bir sorumluluk verir. Yanı sıra da, onu pekçok yetenek, ilim, mucize, yardım ile destekler. 9. bölümde, Halife İnsanı daha çok tanıyacağız. Ve potansiyel sınırlarımızı esnetip-genişleteceğiz. Ve hatta onları kaldıracağız.

Kalp, Tanrısal Sevgi kanalına da kişiyi açar. Bildiğimiz sevgilerden çok başkadır, çok farklıdır. Direkt, bu sevgi "Tanrısal Kaynak"tan gelir. Kişi bu kanala açıldığında, hem kendi sevgi ile beslenir, hem de sevgi, kişi aracılığıyla tüm yeryüzüne yayılır.

Kişinin kalbi sevgiye ne kadar açıksa, kalp o kadar yumuşak olur.

"Ve gerçekten Rablerine dönecekler diye, <u>vermekte olduklarını kalpleri ürpererek verenler;</u>"[236]

Bir insanın, sadece ebedi yaşamı değil, yeryüzü yaşam deneyimini de tatmin ve doyum içinde geçirmesinin yolu Tanrı'ya inanç ve kalbin sevgiye açılmasıdır. İnsanın yaratılışı budur. Hamuru budur.

"...Böylelikle, <u>ona iman etsinler ve kalpleri tatmin bulmuş olarak bağlansın.</u> Şüphesiz Allah, iman edenleri dosdoğru yola yöneltir."[237]

İnsanlar farklı düşünce ve fikirlere sahip olabilirler. Bazen bu düşünceler taban tabana zıt olabilir. Bazen bu durum, kişileri birbirlerine karşı saflarda yeralmaya itebilir. Ne olursa olsun, Tanrı'nın sevgisi birleştirici ve uzlaştırıcıdır. Kalbini açmış insan, Tanrı'nın ipine de sımsıkı tutunmuş insandır. Ve o ip onu her zaman doğru yola yöneltip-iletir.

"Hepiniz Allah'ın ipine sımsıkı sarılın. Dağılıp ayrılmayın. Ve Allah'ın üzerinizdeki nimetini hatırlayın. <u>Hani siz düşmanlar idiniz. O, kalplerinizin arasını uzlaştırıp-ısındırdı ve siz O'nun nimetiyle kardeşler olarak sabahladınız.</u>"[238]

"<u>Ve onların kalblerini uzlaştırdı. Sen, yeryüzündekilerin tümünü harcasaydın bile, onların kalblerini uzlaştıramazdın.</u> Ama Allah, aralarını bulup onları uzlaştırdı."[239]

Zekâ beyinden gelir, akıl ise kalpten. Kendini Tanrı'ya açmış insan, kalbiyle düşünür, kalbini titreten yolda adım atar. Gözleri görür, kulakları da duyar.

---

236 Kur'an, Müminun, 60
237 Kur'an, Hac 54
238 Kur'an, Ali İmran 103
239 Kur'an, Enfal 63

"Yer yüzünde gezip dolaşmıyorlar mı, böylece onların kendisiyle akledebilecek kalpleri ve işitebilecek kulakları olsun? Çünkü doğrusu, gözler kör olmaz, ancak sinelerdeki kalpler körelir."[240]

"Kalbleri vardır bununla kavrayıp-anlamazlar, gözleri vardır bununla görmezler, kulakları vardır bununla işitmezler. Bunlar hayvanlar gibidir, hatta daha aşağılıktırlar. İşte bunlar gafil olanlardır."[241]

Tanrı, kişinin kalbinde olan niyetini bilir. Bazen, bir dilek dilediğimizde, gerçekten istediğimizin bu olup olmadığından emin değilizdir. Ancak, en derindeki arzumuzu, yani kalbimizde olanı, Yaratıcımız bizden daha iyi bilir.

"...Allah, kalplerinizde olanı bilir. Allah bilendir, halimdir."[242]

"...Ve bilin ki muhakkak Allah, kişi ile kalbi arasına girer ve siz gerçekten O'na götürülüp toplanacaksınız."[243]

Ve Tanrı, kişiyi kalbindekinden sorumlu tutar. Yanlışlıkla sarf ettiği sözlerden değil.

"Allah sizi, yeminlerinizdeki 'rastgele söylemelerinizden, boş, amaçsız sözler'den dolayı sorumlu tutmaz; fakat kalplerinizin kazandıklarından dolayı sorumlu tutar. Allah bağışlayandır, yumuşak davranandır."[244]

Öte yandan, Tanrı, dili başka söyleyen, kalbi başka söyleyenlere karşı da insanı uyarmaktadır.

"Sizi ağızlarıyla hoşnut kılarlar, kalbleri ise karşı koyar. Onların çoğu fasık kimselerdir."[245]

---

240 Kur'an, Hac 46
241 Kur'an, Araf 179
242 Kur'an, Ahzab 51
243 Kur'an, Enfal 24
244 Kur'an, Bakara 225
245 Kur'an, Tevbe 8

Kalp vs. Kıble

"Kalp" ve "Kıble", Arapça'da aynı harflerden oluşan iki farklı kelimedir. "Kalb" kelimesinin kök harfleri "Kaf, **lam**, **be**"; Kıble kelimesinin kök harfleri de "Kaf, **be**, **lam**"dır. Sanki iki kelimenin, son iki harflerine, ayna efekti yapılmış gibidir.

Kelimelerin bu benzerliklerinin yanında, secde ve kıble ile ilgili ayetlerin bazılarında "Kalb" kökünden yüklemlerin kullanılması da düşündürücüdür.

Dilerseniz önce "Kalb"in isim ve yüklem olarak anlamlarına bakalım. Sonra da ilgili ayetleri görelim:

İsim: Kalp organı, öz, en içteki cevher, töz.

Yüklem: 1- Devir, dönme, etrafında dönme, 2- Kapaklanmak, devrilmek

Kalb kökünden yüklem, aşağıdaki Kıble ayetlerinde 1. anlamı ile kullanılmıştır:

"Senin üzerinde bulunduğun (yönü) kıble yapmamız, elçiye uyanları, topukları üzerinde gerisin geri dönenlerden (Kalb kökü) ayırdetmek içindir."[246]

"Biz, senin yüzünü çok defa göğe doğru çevirip (Kalb kökü) durduğunu görüyoruz. Şimdi elbette seni hoşnud olacağın kıbleye çevireceğiz. Artık yüzünü Mescid-i Haram yönüne çevir. Her nerede bulunursanız, yüzünüzü onun yönüne çevirin."[247]

Kalb kökünden yüklem, aşağıdaki Secde ayetinde 2. anlamı ile kullanılmıştır:

"Kıyam ettiğin zaman seni görüyor. Secde edenler arasında dönüp dolaşmanı[248] (Kalb kökü) da."[249]

---

246 Kur'an, Bakara 143
247 Kur'an, Bakara 144
248 Secde ile birlikte, Kalb kökünün ikinci yüklem anlamı olan "kapaklanmak, devrilmek" bana göre daha doğru bir tercüme olurdu. Yine de ayette önemli olan, Secde ile Kalb kökünün birarada kullanılmasıdır..
249 Kur'an, Şuara 219

"Kalp" kavramı ile "Secde" ve "Kıble" kavramlarının birarada kullanımı bana güçlü bir çağrışımda bulunuyor. Yorumumu, Kuran ayetlerinin açıklaması gibi değil, esinlenme olarak yapacağım. Zira, tüm kitap boyunca da yaptığım budur.

Kalben inanmak, kalben Tanrı'yı anmak, dosdoğru namaz ve Kıble...

Dünya bir insanın bedeni olsaydı; Kâbe de, o bedendeki kalp olurdu. Dosdoğru ibadet için, Kâbe ile birlikte, Kalbe de yönelmeli.

"Gerçek Kâbe, kişinin yüreğindedir." Hallacı Mansur

Kalbi Açmak İçin Çalışmalar

Size birazdan bahsedeceğim çalışmalar, benim kendim için uyguladığım yöntemlerdir. Kendim yararlandığım için, sizlerle de paylaşmak istedim. Dilerim siz de faydalanırsınız.

Kalp Nefesi

Kalbimiz sıradışı bir organdır. Tek bir kastan oluşur. Tüm hücreleri, öyle büyük bir ahenk ve uyum içindedirler ki, adeta tek bir hücre gibi senkronize çalışırlar. Kalbimiz çizgili kaslardan oluşmaktadır. Normalde, çizgili kaslar isteğimize bağlı çalışır. Ancak kalbin ömrümüz boyunca, kesintisiz atması, bizim yönetimimizde değildir. Kalbin, çizgili kaslardan oluşması, onun isteğe bağlı da çalışan fonksiyonları olabileceğine bir işaret olabilir. Kalbini açmak, kişinin seçimine bağlıdır çünkü.

Bu çalışmada, işte bu kaslarımızı hissetmeye çalışacağız. Bu kaslara ulaşarak, kalbimizi açacağız.

Gözünüzün önüne kalbinizi getirin. Sonra da, kalbinizin vücudunuzdaki gerçek yerine odaklanın.

Şimdi, çok ağır ve çok derin bir nefis alın. Nefes almaya devam ederken, aynı anda fiziksel olarak kalbinize odaklanın. Elbetteki nefesimiz akciğerimize gitmektedir, ancak siz bu nefesi kalbinize aldığınızı hissederek ağır ve derin solumaya devam edin.

Bu çalışmayı yaparken, gözünüzün açık veya kapalı olması, fark etmez. Araba kullanırken, metroda giderken, bir iş toplantısında (konuşma sırası sizde değilken elbette)… Her zaman ve her yerde yapabilirsiniz… Kalbinizi aktif tutmak için, her gün mutlaka uygulayın. Günde birkaç defa da uygulamak isteyebilirsiniz. Bol bol kalp nefesi alın.

Dua ve dileklerinizi dile getirirken, Kalp Nefesi ile birlikte ve kalbinize yönelin. Sadece dilek dilemek için değil, rehberlik almak için de kalbinize başvurun. Bir konuda ne adım atacağınızı bilmediğinizde, bir sorunuz olduğunda, bir istihbarata-ilhama-yeteneğe ihtiyaç duyduğunuzda hemen kalbinize başvurun. "Kalp Nefesi" ile birlikte, kalbinize sorunuzu sorun. Sorunuzun cevabı, aradığınız rehberlik size ilahi kaynaktan gelecektir. Emin olun, bilin.

Kalp Nefesi, telefon örneğindeki ahize gibi çalışır. Dileğiniz en saf ve arı haliyle, ışık hızından daha hızlıca Tanrı'ya ulaşır.

Kalbi Sevgiye Açmak

Kalbimizin hücrelerinin yapısında da diğer hücrelerimizden çok önemli bir fark vardır. Kalp hücrelerinde, gıdayı enerjiye çeviren mitokondri hücreleri devasa büyüklüktedir. Hücrenin yüzde 30-35'ini kaplar. Normal hücrelerde mitokondri yüzde

1-2 büyüklüktedir. Sevginin de bir enerji olduğunu hatırladığımızda, kalbin fiziksel olarak, sevgi kapasitesinin ne kadar büyük olduğunu fark ederiz.

Kalp aktive edildikten sonra, sevgiye de açılması gerekir. Bunun için, işe önce Kalp Nefesi almakla başlayın. Sonra, kalbinizi sevgiye açacak olan 2. Aşamaya geçin.

"Tanrısal Kaynak"tan mutlak sevginin, kalbiniz aracılığıyla bedeninize aktığını düşünün. Sonra bu sevgiyi, tüm bedeninizde dolaştırın. Tüm hücrelerinizi bu sevgiyle yıkayın. Ve nefesinizi dışarı verirken -üfler gibi- bu sevgiyi tüm yeryüzüne ve evrene yollayın. Tanrı'nın sevgisinin yeryüzüne sizin kanalınızdan aktığını hissedin.. Bu aşamada, kalbinizi açtıkça ve sevgiyi hissettikçe, içinize güzel kelimeler ve hayırlı dilekler de üşüşür… Bu dilekleri söyleyin. Çünkü bu dilekler ruhsal tarafınızın ve kalbinizin, sizin için asıl dilekleridir. Ve bilin ki, bu dilekler sizden çıktığı anda gerçekleşmişlerdir.

Saf Sevgiye Kalibre olmak

Kalbinizi sevgiye açtıktan sonra, mutlaka kendinizi "Saf Sevgi"ye kalibre etmelisiniz. Bunu nasıl yapabilirsiniz?

"Saf Sevgi" aynı zamanda koşulsuz sevgidir. Karşılık beklemeden verilir. Bu çalışmayı yapmanın en kolay yolu, tanımadığınız bir kişiye sevgi akıtmanızdır. Tanıdığınız kişilere göndereceğiniz sevgi %100 koşulsuz olmayabilir. Amaç kalibrasyon, yani kalbi saf sevgiye ayarlamak olduğu için, çalışmanın yöntemi budur.

Çalışma için, herhangi bir gazete-dergi alıp, oradan bir kişiyi seçebilirsiniz. Karşınıza çıkan, tanımadığınız bir hayvan, bir karınca, bir yaprak, bir çiçek ile de bu çalışmayı yapabilirsiniz. Çalışmayı mutlaka canlı varlıklarla yapıyoruz. Eşya vs. kullanmıyoruz.

Yine önce kalp nefesiyle başlıyoruz ve sonra çalışmayı yaptığımız canlı varlığa odaklanıyoruz. Yine Tanrısal kaynaktan gelen sevgiyle bedenimizi yıkıyor, sonra da bu sevgiyi, çalışmayı yaptığımız canlı varlığa gönderiyoruz.

Çalışmayı istediğiniz zaman bitirebilirsiniz. Bu öyle bir çalışmadır ki, tüm gününüzü değiştirir. Gün içinde size temas eden kişilerin de gününü değiştirir. Ne kadar çok sevildiğinizi size hissettirir. Aldığınız tüm nefesler, attığınız tüm adımlar size doyum verir. Bu çalışma, sanki bir gençlik iksiridir. Sanki bir yaşam sevinci pompasıdır. Saf sevgi, sizden başkalarına da sıçrar. Bu çalışmayı her gün yapmanızı, hiçbir günü atlamamanızı öneririm.

BOLLUK BİLİNCİ

"Yeryüzü Cenneti" düzleminin en önemli özelliği, aynı zamanda "bolluk düzlemi" de olmasıdır. Bolluk, her canlının doğuştan hakkıdır. Tanrı insanı "Yeryüzü Cenneti"ne yerleştirmiştir. Orada kalmak veya oradan çıkmak kişinin seçimindedir. Doğada da bolluk vardır. Ekosistem, her canlının yaşamsal ihtiyaçlarını karşılar.

Hal böyle iken, neden kişi bolluk içinde yokluk yaşar? Bunun iki ana sebebi vardır:

Bu sebeplerden ilki, bedensel tarafımızla ilgili, ikincisi de ruhsal tarafla ilgilidir.

Birinci sebep:

Bedensel tarafımız atalarımızın devamıydı, hatırlarsanız. Atalarımızın geçmişte yaşadığı kıtlıklar, savaşlar ve onların yaşadıkları sıkıntıların yarattığı duygular genetik hafıza yoluyla bizlere taşınmıştır. Atalarımızdan üstlendiğimiz duygulardan en baskın olanları, kıtlık korkusu, yokluk kaygısıdır.·

İsa Peygamber'den bir alıntı yapmak istiyorum yine. Bu kaygılardan bahsediyor ve insanı "Bolluk bilinci"ne davet ediyor:

"Bu nedenle size şunu söylüyorum: 'Ne yiyip ne içeceğiz?' diye canınız için, 'Ne giyeceğiz?' diye bedeniniz için kaygılanmayın. Can yiyecekten, beden de giyecekten daha önemli değil mi? Gökte uçan kuşlara bakın! Ne eker, ne biçer, ne de ambarlarda yiyecek biriktirirler. Göksel Babanız yine de onları doyurur. Siz onlardan çok daha değerli değil misiniz? Hangi biriniz kaygılanmakla ömrünü bir anlık uzatabilir? Giyecek konusunda neden kaygılanıyorsunuz? Kır zambaklarının nasıl büyüdüğüne bakın! Ne çalışırlar, ne de iplik eğirirler. Ama size şunu söyleyeyim, bütün görkemine karşın Süleyman bile bunlardan biri gibi giyinmiş değildi. Bugün var olup yarın ocağa atılacak olan kır otunu böyle giydiren Tanrı'nın sizi de giydireceği çok daha kesin değil mi, ey kıt imanlılar?"[250]

Bu korkular ve kaygılar bize ait değildir. Onlardan arınmamız ve Tanrı'nın tüm ihtiyaçlarımızı karşılayacağına güvenmemiz gerekir.

Şimdi gelin birlikte bir arınma çalışması yapalım ve bilincimizden kıtlığı uzaklaştırmaya niyet edelim:

"Tanrım, tüm bedenlerimle, tüm parçalarımla, tüm zerrelerimle sana güveniyorum ve senden gelecek Bolluğa kendimi açıyorum. Atalarımdan bana geçmiş tüm kıtlık, kaybetme, yokluk çekme korkularından arınmaya, temizlenmeye ve özgürleşmeye niyet ediyorum. Atalarımın kaderi atalarımın, benim kaderim benimdir. Ben kendi kaderimi yaşamayı seçiyorum. Ben, senin bana sunduğun tüm armağanları almaya kendimi açıyorum. Kendimi, senden gelecek bolluğa açmak için, varlığımda sevgiye hizmet etmeyen her şeyden arınmaya niyet ediyorum. Teşekkür ederim."

İkinci Sebep:

Kişi, ruhsal tarafını keşfettikten sonra, dünyadan ve maddeden uzaklaşma eğilimindedir.

"Benim bir ruhum var," evresi

Bu yeni bilinç kazanıldıktan sonra, çok doğal bir etkidir. Çoğu kişinin başına gelebiliyor. Kişi, para ile ilişkisini kesebi-

---

250 İncil, Matta 6, 25-30

liyor. Para ve bolluk için dua etmeyi, dilekte bulunmayı bile istemiyor. Bu yola giren kişiler, tüm ihtiyaçlarını karşılayacak kaynaklara da ulaşıyorlar aslında. Ancak yaşam standartlarını yükseltebilecekken, bunu istemek için bir arzu duymuyorlar. Mevcutla yetiniyorlar. Ürettikleri mal veya hizmet için ücret talep etmekte bile sorun yaşıyorlar. Bu doğal durum, aslında dünya ile dengenin yitirildiği bir evredir.

Bu evrede, kişi kendini bilinçli olarak bolluğa kapatmıştır ve kendine daha çok para kazanmak için izin vermez.

"Benim bir bedenim var," evresi:

Doğru olan, kişinin dünya ile tekrar dengeye gelmesidir. Çünkü insan, hem bedensel hem de ruhsal bir varlıktır. Yeryüzü yaşamında, iki tarafın bilinci ile denge içinde olmalıdır.

2014 yılında, Dünyanın en önemli melek terapistlerinden *Doreen Virtue*'nun Londra'da bir seminerine katılmıştım. Doreen, çok önemli bir soru sordu:

"Bugün para iyilerin elinde olsaydı, Dünya nasıl bir yer olurdu?" dedi.

Bu soru, bende büyük bir farkındalığın kapısını araladı. Evet, haklıydı. Bugün, iyi insanlar parayı talep etmedikleri için, para enerjisi kötülere kaymıştı. Oysa paranın kendisi nötrdür. Her talep edene gider. Ancak bir taraf istemezse, para diğer tarafın elinde çoğalır.

İşte o gün, uzun zamandır ilk defa, daha çok para kazanmayı istedim.

Para-Fayda İlişkisi

Ruhsal tarafının bilincine açılan bir insanın, para ile ilgili doğru bir açıya sahip olması gerekir. Zira, parayı hayatına tekrar alması için, ruhsal ve bedensel tarafı arasında bir uzlaşmaya ihtiyaç duymaktadır. Doğrusu da budur. Şimdi vereceğim açı, kişinin parayı hayatına tekrar almasını ve onu doğru amaçlar için kullanmasını sağlayacaktır.

Her ülkenin bir para birimi vardır. Her ülkenin parasının, diğer ülkelerin paraları karşısında da bir değeri var. Bu yönüyle, paranın değeri değişkendir.

Oysa paranın bir de sabit olan değeri vardır. Bu değer, "Fayda"dır.

Siz bir mal veya hizmet üretirsiniz. Bu mal veya hizmete, satılacak ürün olarak bakmak bana doğru gelmiyor. Ben, mal veya hizmete, yaratılan fayda olarak bakmayı seviyorum. Böyle baktığımda, **"Ne kadar fayda yaratırsam, o kadar çok para kazanırım. Ne kadar çok para kazanırsam, o kadar çok fayda yaratırım"** diye düşünüyorum. Bir ürünüm çok sattığında, çok fayda yarattım diye seviniyorum. Az sattığında da, aynı şekilde, yarattığım faydanın az olduğunu anlıyor ve daha çok fayda yaratmaya odaklanıyorum.

Şayet, amacı para kazanmak değil, fayda yaratmak olarak belirlersek, para bu faydanın bir çıktısıdır. Daha çok fayda yaratmak için para, aynı zamanda bir kaynaktır. Paranın, konumlanması gereken doğru yer burasıdır.

Ruhsal tarafının farkındalığını kazanan tüm insanlar, odak noktalarına faydayı koysunlar. Yarattıkları faydayı artırmaya çalışsınlar. Hem onlar, hem de faydayı elde eden diğerleri kazanır.

Unutulmamalıdır ki;

Her iki tarafın kazandığı bir alışverişte, sevgi de akar. Bir tarafın kazandığı, diğer tarafın kaybettiği bir alışverişte, sevgi barınamaz.

Parayı Sevgiye Programlama Çalışması

Az önce belirttiğim gibi, paranın enerjisi nötrdür. Paranın bir başka özelliği de, elden ele dolaşan bir eşya olmasıdır. Bir paraya, pek çok insan dokunur.

Bu özelliği sayesinde para, dokunduğu herkese sevgi yaymak için programlanabilir. Bu, çok kolay bir çalışmadır. **Parayı programlarken, aynı zamanda kendi para bilincinizi de programlarsınız.**

Öncelikle bu çalışma için kredi kartı kullanmıyoruz. Günlük harcamalarımızda da, ne kadar kolayımıza gelse de, kredi kartı yerine parayı tercih edersek, sevginin yayılmasına o kadar çok katkı sağlayabiliriz.

Cüzdanınızın içindeki tüm kağıt ve metal paraları boşaltın. Onları avucunuz içine alın. Kalbinize odaklanarak, "Kalp Nefesi" ile birlikte, paralarınızı temizleyip-arındırmaya niyet edin. Bunun için 1-2 dakika yeterlidir. Paranızın enerjisinin temizlendiğini hissettikten sonra, şimdi de onlara, kaynaktan gelen "Saf Sevgi"yi yüklemeye niyet edin. Bu sırada kalp nefesi alıp-verin ve kaynaktan gelen sevginin, sizin aracılığınızla paralarınıza aktığını düşünün. Paralarınızın, saf sevgi ile yüklendiğini hissettikten sonra çalışmayı sonlandırın. Yine 1-2 dakikalık bir süre, bu aşama için yeterlidir.

Sonra, sevgi yüklenmiş paralarınızı cüzdanınıza geri koyun. Gün boyunca harcamalarınızı bu paralarla yapın.

Bu paralarla harcama yapmak bütüne saf sevgiyi yayarken, sizin bilincinizi nasıl etkiler?

1- Harcama yaparken, sizden eksildiğini düşünmezsiniz. Odağınızda sevgiyi yaymak vardır. Satın aldıklarınızın karşılığında para öderken, cüzdanınızın hafiflediğine üzülmez, aksine sevinirsiniz. Kıtlık bilincinden çıkıp, bolluk bilincine geçersiniz. Para, sizin için artık sevgiyi yayan bir araçtır. Daha çok parayı, daha çok sevgi yaymak istersiniz. Niyetiniz ve dileğiniz, sevgiye hizmet ettiği için de, yaşamınıza daha çok para akar.

2- Bir sebep çıksa da, cüzdanımdaki paralardan ödeme yapsam, isteği duymaya başlarsınız. Ancak ilginç bir şekilde, bu paralar çok bereketlidirler. Cüzdanınızda öncekinden, daha uzun süre kalırlar. Sizin hayatınızda bolluk ve bereket yarattıktan sonra, başkalarına da bolluk ve bereket yaymak için kanatlanıp giderler.

Bu çalışmayla müthiş bir para/sevgi döngüsünün içine girersiniz. Para size gelir, para sizden gittiğinde ondan boşalan yere tekrar para gelir. Bu döngü, siz niyetinizi korudukça devam eder.

Sevgi, sihirli bir değnektir. Bizler yeter ki, sevgiyi hayatlarımıza alalım. Sonra da hem kendimizin, hem de diğerlerinin hayatlarını güzelleştirelim.

MELEKLERİN YARDIMI VE DESTEĞİ

Melekler, saf sevgide, pür enerjili varlıklardır. Tümüyle, Tanrı'nın iradesine göre hareket ederler. Yeni insanın yaratılışı, Tanrı'nın meleklerle konuşmasıyla başlamıştı. Tanrı, halife yaratma niyetini onlara açıklamıştı. Yaratım tamamlanıp, Tanrı ruhundan insana üflediğinde, meleklerden ona secde etmelerini istemişti. O arada, meleklerin arasından İblis ayrılıp, insana secde etmemişti. Bununla birlikte, ruhsal âlemde de bir düalite oluşmuştu.

Tanrı'nın mutlak ve yüce iradesinin altında, İblis'in isyan ettiğini düşünmüyorum. Ruhsal âlemdeki yeni düzenlemenin gereği olarak, İblis'in görevlendirilmiş olduğuna inanıyorum. Nitekim, bir ayet, meleklerin Tanrı'ya isyan etmediklerini söylemektedir:

"Ey iman edenler, kendinizi ve yakınlarınızı ateşten koruyun ki onun yakıtı insanlar ve taşlardır; üzerinde oldukça sert, güçlü <u>melekler vardır. Allah kendilerine neyi emretmişse ona isyan etmezler ve emredildiklerini yerine getirirler.</u>"[251]

---

251 Kur'an, Tahrim 6

Aynı şekilde, Tanrı "Halife yaratma" niyetini açıkladığında, meleklerin söyledikleri bir söz de, bu anlamda önemlidir:

"Sen yücesin, <u>bize öğrettiğinden başka bizim hiçbir bilgimiz yok</u>."[252]

Unutulmamalıdır ki, bu evrede İblis de meleklerin arasındaydı. Onlardan henüz ayrılmamıştı.

İblis'in ordusundaki şeytanların bir ifadesi de, ayrıca dikkate değerdir:

"İş olup bitince Şeytan der ki: Şüphe yok ki Allah, gerçek olarak vaatte bulundu size. Ben de size vaat ettim ama vaadimde durmadım ve zaten de <u>size karşı bir gücüm kuvvetim yoktu, ancak sizi davet ettim, siz de icabet ettiniz bana</u>; beni kınamayın, kendinizi (nefsinizi) kınayın. <u>Artık ne benim size bir yardımım dokunabilir, ne sizin bana bir yardımınız dokunabilir. Zaten daha önceden de beni ona eş tutmanızı tanımamıştım ben. Şüphe yok ki zulmedenlere elemli bir azap var</u>."[253]

Şeytan sadece görevini yerine getirmektedir. Tanrı'ya olan itaati yerindedir. Ben böyle anlıyorum. En doğrusunu Tanrı bilir.

Sistem, dinlerin ve dinsel kavramların içlerini boşaltmış olsa da, meleklerle ilgili kavramlar, bugünlere kadar korunmuştur. Belki de bunun sebebi, meleklerin enerjisinin saflığıdır.

Meleklerle ilgili tüm kutsal kitaplarda pekçok bahis vardır. Kuran'da da *"Meleklere iman"*, Tanrı'ya ve peygamberlere iman ile birlikte öğütlenmektedir. Çünkü melekler, varlığımızdaki "Tanrısal Öz"ümüzden gelen rehberlik gibi, dışımızdan da bize rehberlik vermektedirler.

Meleklerin özelliği, enerjilerini maddesel boyuta indirgeyebilmeleridir. Onların rehberliği bizlere beş duyumuz aracılığı ile ulaşır: Seslenirler, algıda seçicilik yaratırlar, vizyon gösterirler, kokularla mesaj ulaştırırlar, rüyalarımızda mesaj ulaştırırlar

---

252 Kur'an, Bakara 32
253 Kur'an, İbrahim 22

vs. Kuran'dan öğrendiğimize göre, melekler bazen insan bedenine girerek de, bizlerle iletişime geçmektedirler.

En önemlisi de, meleklerin yardımının, seçkin bir zümre ile sınırlı olmamasıdır. Yerleşik algıda, sadece peygamberlerin meleklerden yardım aldığına dair bir inanış vardır. Öyle değildir. Herkes meleklerden yardım alabilir.

Örneğin, Meryem'e melekler İsa Peygamber'e hamile olduğunu haber vermişlerdir.

Meryem ile evlenerek, onu himayesine alan Yusuf'a da rüyasında melekler görünmüştür. Meryem'in Kutsal Ruh tarafından hamile bırakıldığını söylemiştir. Yusuf ile ilgili Matta ve Luka İncillerinde bahisler vardır.

Meleklerin, insanlarla iletişime girmesinin tek koşulu vardır. O da kişinin özgür iradesi ile, meleklerden yardım istemesidir. Melekler, insana yardım etmek için can atarlar. Bu yüzden, alabildiğine meleklerden yardım isteyin. Her konuda isteyin. Sevgiye hizmet eden her konuda, meleklerin yardımını yanıbaşınızda bulursunuz.

Melekler ve Madde

Melek "mim, lam, kef" köklerinden gelen bir kelimedir. Aynı kökten gelen, *Malik, Mülk, Melekût* kelimeleri de vardır. **Melek kavramıyla, maddesel olan bu kavramların aynı kökten gelmesi dikkat çekicidir.**

Sevgi kavramına geri dönecek olursak, maddenin yapı taşlarını sevginin birarada tuttuğunu söylemiştim. Melekler de saf sevgiden varlıklardır. Saf sevginin "**Bilinçlenmiş**" halleridir. Maddeyi birarada tutan, **melek olarak bilinç kazanmış sevgidir.** Sevginin melek hali, sadece maddenin yapı taşlarını değil, aynı zamanda gökleri, yeri de birarada tutarlar. Gezegenleri yörüngelerinde tutar, ekosistemi yönetirler.

Aşağıda "Melekût" kavramının, gökler ve yerin mülkü ile ilgili kullanımlarına bakalım.

"Böylece İbrahim'e, -kesin bilgiyle inananlardan olması için göklerin ve yerin melekûtunu gösteriyorduk."[254]

"Onlar, göklerin ve yerin 'bağımlı olduğu egemenliğe ve sünnete' (Melekût) Allah'ın yarattığı şeylere ve ihtimal (verip) ecellerinin pek yaklaştığına bakmıyorlar mı?..."[255]

"De ki: 'Eğer biliyorsanız (söyleyin:) Her şeyin melekûtu (mülk ve yönetimi) kimin elindedir?..."[256]

"Her şeyin melekûtu (hükümranlık ve mülkü) elinde bulunan (Allah) ne yücedir..."[257]

Meleksi enerjilerin ekosistemi yönetmesi ile ilgili, hem kuşlar hem de melekler için kullanılan benzer bir ifadeye dikkatinizi çekmek istiyorum:

"Görmedin mi ki, göklerde ve yerde olanlar ve dizi dizi uçan kuşlar, gerçekten Allah'ı tesbih etmektedir."[258]

"Gök gürültüsü O'nu hamd ile, melekler de O'na olan korkularından tesbih ederler."[259]

Daha önce, tesbih kavramının Tanrı'yı kalben anmak olduğunu görmüştük. Kalp ve sevgi arasındaki ilişkiye de bakmıştık.

Meleklerin ne olduğunu anlarsak, insanın da ne olduğunu daha iyi anlayabiliriz. Melekler, sevginin *bilinçlenmiş* halidir. İnsan ise, sevginin önce bilinçlenmiş, sonra da *İrade* kazanmış halidir.

İnsan, Tanrı'nın mutlak iradesi altında, onun belirlediği yönler arasında seçim yapar. Bitmiş ürün halini kendisi belirler. İn-

---

254 Kur'an, Enam 75
255 Kur'an, Araf 185
256 Kur'an, Müminun 88
257 Kur'an, Yasin 83
258 Kur'an, Nur 41
259 Kur'an, Rad 13

san, yeryüzü yaşamında bir yarı mamüldür. Nihai ürün hali, bu yaşamdaki seçimlerine göre şekillenir. Sonra da, bu şekle uygun yaşam planında ebedi yaşamını sürdürür.

Meleklerin ise, iradesi yoktur. Seçim yapmazlar. Tanrı'nın Mutlak emrine göre hareket ederler.

Arınma Zamanlarında Meleklerin Desteği

Araf altında, kötülerin eylemlerinin zirve yaptığı ve bu eylemlerin iyiler ve tüm canlı âlem üzerindeki olumsuz etkilerini konuştuk. İyiliğin taraftarlarına, kötülerin zulümlerinin arttığı bir dönemdi bu. Her nesil, böyle bir evreden geçiyordu ve bu vesileyle iyiliğin taraftarları erdemli insana dönüşüyordu. İşte böyle zamanlarda, melekler, iyiliğin taraftarlarına yardıma gelirler. Melekler, ordular halinde yeryüzündedirler.

"Sen mü'minlere: 'Rabbinizin size meleklerden indirilmiş üç bin kişiyle yardım-iletmesi size yetmez mi?' diyordun."[260]

"Evet, eğer sabrederseniz, sakınırsanız ve onlar da aniden üstünüze çullanıverirlerse, Rabbiniz size meleklerden nişanlı beş bin kişiyle yardım ulaştıracaktır."[261]

"Siz Rabbinizden yardım taleb ediyordunuz, O da: 'Şüphesiz ben size birbiri ardınca bin melek ile yardım ediciyim' diye cevap vermişti."[262]

Arınma dönemlerinde, kişiye düşen şunlardır:

1-Kararlılık

Hakkın, doğrunun yanında durmakta kararlılık göstermek

2- Güven

Tanrı'nın yanında olduğuna, desteğinin yanında olduğuna güvenmek

---

260 Kur'an, Ali İmran 124
261 Kur'an, Ali İmran 125
262 Kur'an, Enfal 9

3- Yardım İstemek

Tanrı'dan ve meleklerinden yardım istemek.

4- Eyleme geçmek

Yardım istemeyi takiben adım atmak. Kötülüğün karşısında saf almak ve kötülükle mücadele etmek.

5- Tanrı'nın Yardımı

Tanrı'nın yardımı, oturup-bekleyenlere, işi sadece Tanrı'ya havale etmekle kalanlara akmaz. Malum, bu bir kamiliyet kazanma sürecidir. Şu halde, önce yardım istenmeli, sonra eyleme geçilmelidir. Kişi bu yönde adım atarken, **yolda Tanrı'nın yardımı ve desteğiyle buluşur.** Sonra da bu yardımın keyfini çıkarır.

Meleklerden İstemek

Meleklerle ilgili, çok önemli bir çizgi vardır. Yardım istendiğinde, yardımın aslen Tanrı'dan geldiğini bilmek gerekir. Yardım istendiğinde de, aslında Tanrı'dan yardım istenmektedir. Meleklerden bu bilinç içinde istemek gerekir.

Tanrı, maddesel âlemi melekler aracılığıyla yönettiği için, bu düzlemle ilgili konularda Tanrı'nın yardımını isterken, meleklere de kendimizi açmamız gerekir. Çünkü maddesel düzlemle ilgili Tanrı'nın yardımı, melekler aracılığıyla gelecektir.

Dikkat çektiğim bu önemli çizgi, aşağıdaki ayette vurgulanmıştır:

"O, melekleri ve peygamberleri Rabler edinmenizi emretmez. Siz, müslüman olduktan sonra, size küfrü mü emredecek?"[263]

Meleklerle İlgili Dikkat Edilmesi Gerekenler

Son yıllarda, meleklerle çok sık çalışıyorum. Çünkü onların, saf ve korunmuş enerjilerini hissetmek çok hoşuma gidiyor.

---

263 Kur'an, Ali İmran 80

Onlardan her konuda rehberlik alıyorum. Mesela bir keresinde, yayın haklarına sahip olduğum bir eserin resimlerinin büyük çoğunluğunu kullanarak, bir başka yazarın kendi eserini üreteceğine dair bir sezgi aldım. Bu sezgiye güvenerek hem yazara hem de yayıncısına ihtarname gönderdim. Her ikisi de bana geri döndüler. Bu istihbaratı nereden aldığımı sordular ve konuyu doğruladılar.

Bu bölüme başlarken, meleklerin saf sevgide ve pür enerjili varlıklar olduklarını söylemiştim. Ancak, İblis'in de bir melek olduğu unutulmamalıdır. Düaliteye hizmet etmektedir. Ruhsal âlemdeki İblis'in, maddesel âlemdeki temsilcileri insan ve cin şeytanlardır. Bunların hepsi, eksi kutubu temsil etmektedirler. İnsan üzerinde zorlayıcı hiçbir güçleri yoktur. Sadece eksi kutup olarak, çekim kuvvetleri vardır. İnsan şeytanların aksine, cin şeytanlar enerji varlıklarıdır. Bu yüzden, enerjilerle çalışırken çok dikkat etmelidir. Alanda şeytani enerjiler de vardır, çünkü. Bu yüzden, meleklerle çalışmaya niyetlendiğinizde, ışığa ve sevgiye hizmet eden melekleri yardıma çağırdığınızdan emin olmalısınız.

Bu yüzden, meleklerle olan çalışmalarınızda, "ışığa ve sevgiye hizmet eden melekler" vurgusu yerine, isimleriyle de melekleri çağırmayı tercih edebilirsiniz. Kur'anda baş meleklerden Cebrail ve Mikail'in isimleri geçmektedir. Bu baş melekleri çağırarak da yardım isteyebilirsiniz. Meleklerden yardım istemek için bu isimler yeterlidir. Bu kitabın konusu melekler olmadığı için, daha derinlere girmeyeceğim. Verdiğim bu temel bilgilerin, herkes için yeterli olacağına inanıyorum.

Melekleri herkesin hayatına almasını önemle tavsiye ederim. Nitekim, her konuda olduğu gibi, meleklerle ilgili çalışmalarda da dikkat edilmesi gerekenler vardır. Mesela, meleklerle ilgili okuyacağınız kitaplar veya yapacağınız çalışmalarda yardım alacağınız kişileri özenle seçmelisiniz. Melekler sadece ve sadece sevgiye hizmet ederler. Sevginin sisteminde, hiyerarşi, üstünlük yoktur. Şayet meleklerle çalıştığını söyleyen herhangi birisi, üstadlık, ustalık vs. vadediyorsa veya uyumlama adı altında kazançlar sağlıyorsa, bu tip uygulamalara ben şüphe ile bakarım.

Biraz açmam gerekirse, mesela bir kişi meleklerle çalışmalarınızda sizi üstad yapacağını söylüyorsa, acaba bu kişi hangi mertebede görmektedir? Bunu düşünürüm. Bu sıfat bana, kendini üstün gören ve kibirli şeytani enerjileri hatırlatır. Aynı şekilde, meleklerle çalışmalar herhangi bir uyumlanma gerektirmediği için, ücret karşılığı yapılan bu tip uygulamalara da şüphe ile bakarım. Yazar sorumluluğum gereği, okurlarımla bu şüphelerimi paylaşırım. Herkesin kanaati kendisinindir.

Tekrar vurgulamak isterim ki, negatif enerjilerin kişi üzerinde hiçbir gücü yoktur. Sıklıkla seçimimizin yönünü ve niyetimizi yinelememiz ve kovulmuş şeytandan Tanrı'ya sığınmamız bizim üzerimize düşendir. Sonra da, güvenle sırtımızı Tanrı'ya rastlarız.

Yeryüzü Melekleri Var Mı?

Meleklerle ilgili öğretilerde, "Yeryüzü Melekleri" kavramına rastlıyorum. Bu konuyu da açıklığa kavuşturma ihtiyacı duyuyorum.

Melekler, insan olarak doğup yaşarlar mı?

Yaratılışta melekler insana secde etmişlerdi, hatırlarsanız. *Melekler* ve *İnsan* bambaşka varlıklardır. Tanrı insana kendinden olan ruh üfler. Meleklerde, Tanrı'nın ruhundan yoktur. *Melekler* ve *Ruh* ayrı kavramlardır:

"Melekler ve Ruh, ona, süresi elli bin yıl olan bir günde çıkabilmektedir."[264]

"Ruh ve meleklerin saflar halinde duracakları gün..."[265]

---

264 Kur'an, Mearic 4
265 Kur'an, Nebe 38

"Melekler ve ruh, onda Rablerinin izniyle her bir iş için inerler."[266]

Melekler, Tanrı'nın mesajlarını iletmek için, bazen insan bedeninde gözükebilirler. Aynı şekilde, arınma zamanlarında yeryüzüne inen melek orduları da bedenli olabilirler. Ancak, bu bedenlenme **sürelidir**.

Bu açıdan, yeryüzünde bir melek olarak yaşamın mümkün olmadığına inanıyorum. Ancak bazı insanların, meleksi yaşam amaçları olabilir. Bu amaç da, insanlığa, canlı yaşama, doğaya yardımla ilgili olabilir. Konunun, bu kadarla sınırlı olduğunu düşünüyorum.

---

266 Kur'an, Kadr 4

7. BÖLÜM

YERYÜZÜ DENEYİMİNİN EN ÖNEMLİ İKİ DERSİ

Yeryüzü yaşam deneyiminde şüphesiz insanın öğreneceği pek çok ders vardır. Bana göre bunlardan iki tanesi çok önemlidir. Biri yaratılış evresinde, diğeri de ebedi yaşama geçişte önemli vurgular olarak karşımıza çıkmaktadır. Gelin, üzerlerinde biraz konuşalım:

KİBİRDEN ÖZGÜRLEŞMEK

Kibir, insanlık tarihinde ilk İblis ile kendini göstermiştir. İnsan yaratılıp, bedenlendikten ve Tanrı ona ruhunu üfledikten sonra, meleklerden İblis ona secde etmemişti. Bunun gerekçesini de, kendisinin ateşten, insansa çamurdan olmasıyla açıklamıştı. İblis kendisini insandan üstün görmüştü. Kibir yapmıştı.

Kibir, insanda da bulunmaktadır. İnsanın karakterinde pekçok kötü özellik görmek mümkündür. Ancak kibir, bunların en büyüğü ve en gizli olanıdır. Kötü özelliklerin pekçoğu da kibir kaynaklıdır.

Elmas örneğinden yola çıkarsak yine, insanın dışarıya göster-
diği bencillik, cimrilik, güç budalalığı gibi olumsuz özellikleri,
içindeki kibirin, dışarı yansımasıdır.

İnsan hariç, tüm canlı âlemi yaratılışına uygun davranır. İn-
san hariç, tüm canlı âlemi doğa ve ilahi yasalarla uyum içerisin-
dedir. Tüm evren, gezegenler, gökyüzü, canlılar ve doğa Tanrı'ya
secde etmektedir. Bir secde ayeti vardır ki, insanın üzerinde çok
düşünmesi gerekmektedir:

"Görmedin mi ki, gerçekten, göklerde ve yerde olanlar, güneş, ay,
yıldızlar, dağlar, ağaçlar, hayvanlar ve <u>insanlardan birçoğu</u> Allah'a
secde etmektedirler..."[267]

Secde etmekten, "İbadetlerin Özü ve Ötesi" başlığı altında
bir parça söz etmiştim. Secde etmek, beş vakit namaz kılmak
olarak algılanmamalıdır. Elbette namaz kılmak da, secdeye va-
rılarak yapılan bir ibadettir. Ancak, tüm evrenin, meleklerin
yaptıkları secde, çok daha geniş kapsamlı bir kavramdır.

Tüm evren Tanrı'ya secde ederken, insanların bir kısmının
secde etmemeleri, büyüklenmekten başka bir sebepten değildir.
İblis'te karşılaşılan bir niteliktir.

Kibir, sevginin karşıtıdır. İnsanın nefsini, tıpkı kötü seçim-
lerinin sonuçlarına benzer bir şekilde, bir giysi gibi kuşatır. Ki-
bir gizlidir. Kibir adeta kemiğe nüfuz etmiştir, oradan kazınma-
sı gerekir. Kibir her yerdedir. Müslüman Hıristiyana karşı kibir
duyar, Hıristiyan Müslümana karşı kibir duyar, dindar ateiste
karşı kibir duyar, ateist dindara karşı kibir duyar, güzel çirkine
karşı kibir duyar, zengin fakire karşı kibir duyar, bilen bilmeye-
ne karşı kibir duyar...

**Sevgi ne kadar birleştirici bir güç ise, kibir o kadar ayrış-
tırıcı bir güçtür.** İnsanları böler. Fikirlerine, inançlarına, dinle-

---

rine, ırklarına göre onları ayırır, un ufak eder. **Kibir, Sistemin yapı taşıdır.**

Bu bölümde, kibire büyük bir darbe vurmak istedim. Nasıl yapabilirim diye düşündüm. Ve kibirden tümüyle arınmayı başarmış yüce bir insan olan Muhammed Peygamber'den bahsetmeye karar verdim. Kibir bilinçli bir varlık olsaydı, bir türlü erişemediği Muhammed Peygamber'in övülmesinden büyük rahatsızlık duyardı. **Kibirli bilinç, övgüleri alanın hep kendisi olmasını ister.** Kibirli bilinç kameraları, objektifleri ve üzerinde patlayan flaşları sever. Arka planda durmak, bu bilinç için büyük bir azap olur.

Muhammed Peygamber

Muhammed Peygamber, peygamberlerin en sonuncusudur. Bana göre, en önemli iki özelliğinden biri kibirden tümüyle arınmış bir insan olmasıdır. İkinci özelliği de kendine vahyedilen yüce metin Kuran'ı tüm saflığıyla aktarmayı başarmasıdır.

Kibirden tümüyle arınıldığında, sevgi var gücüyle parlamaya başlar. Muhammed Peygamber, saf sevgide olmayı başarmış bir insandır.

Bu kitabı kaleme alırken, bir şey fark ettim. Kitabın neredeyse sonlarına yaklaştık; bu bölüme kadar birçok peygamberden isimleriyle örnek vermeme rağmen, Muhammed Peygamber'in adını anma fırsatı bulamamıştım. İstememe rağmen, bir türlü metinle denk düşürememiştim. Sonra, bunun neden böyle olduğunu merak ettim. Çünkü, O hem kendimi çok yakın hissettiğim bir peygamberdi, hem de benim dinimi insanlıkla buluşturmuş bir peygamberdi .

Sonra Kuran'a baktım. 6236 ayetten sadece 8 tanesinde Muhammed Peygamber'in adının geçmekte olduğunu fark ettim. Oysa ki, 6236 ayetin tamamının indirilmesi onun aracılığıyla olmuştu. İsa Peygamber'in adının yaklaşık 33 kere, Meryem'in adının da yaklaşık 34 kere geçtiği Kuran'da, Muhammed Peygamber'in adının bu kadar az geçmesi, üzerinde düşünülmeye değer bir durumdur.

Benim hissiyatıma göre, bu durumun sebebi Muhammed Peygamber'in Ben'den geçmiş, çok mütevazı bir insan olmasıdır. O arka planda durmaya özen göstererek, tüm dikkatleri Kuran'ın üzerinde toplamıştır. Tüm takdiri, Tanrı'ya yöneltmiştir. Bu, onun arzusu ve seçimidir. Böyle de olmuştur.

Muhammed Peygamber'in ne kadar içli, ne kadar ince ruhlu, ne kadar müşfik olduğu herkesçe bilinir. Ruhunun bu zerafitinin yanısıra, Muhammed Peygamber, savaş meydanında çok zorlu bir komutanmış. Hak için kılıç sallar, inkarcılarla göğüs göğüse mücadeleye girermiş. Eti, düşmanının etine değermiş. Savaş meydanında bir yiğitmiş O.

Bugünün liderlerine bakıyorum ve iç geçiriyorum...

(İyiliğin tarafında duranları tenzih ederim.) Yüzlerinden, gözlerinden, dillerinden kibir akıyor... "Bu dağları ben yarattım edasıyla" meydanlara çıkıyorlar. Koruma ordularıyla dolaşıyorlar. Etleri, sadece ve sadece kendi korumalarına değiyor. ☺ Yüksek ve kalın duvarlı binalarında, 1001 çeşit güvenlik önlemi altında yaşıyorlar. Zırhlı araçlarda geziyorlar. Geçecekleri tüm yolları saatlerce önceden kapatıyorlar...

Muhammed Peygamber bugün yaşasaydı, nasıl bir lider olurdu diye düşünüyorum sonra...

O, makamına bisikletle giden bir lider olurdu... Etrafında korumaları bırakın, o zayıfları korumak için kendisini siper ederdi.. Muhammed Peygamber'in halkına çok hizmetkâr bir insan olduğu da, yüzlerce yıldır dilden dile aktarılan bir özelliğidir.

"Hizmetkâr olurum" diye söylenmez!

Hizmetkâr olunur...

Selam olsun sana Muhammed Peygamberim...

ADALET

"Zulüm avludan girerse, adalet bacadan çıkar."
Kaşkarlı Mahmut

"Evrenin düzeni için, dinsiz bir padişahın adaleti,
dindar bir padişahın zulmünden daha iyidir." Cami

"Adalet, evrenin ruhudur." Hayyam

Toplumsal yaşamda, adalet çok önemlidir. Bir anne-babanın evlatlarını ayırmadan onlara imkanlar sunması, ticarette adil rekabet, iktidar partilerinin değil toplumun çıkarına oluşturulan yasaların karşısında herkesin eşit olması, fırsat eşitliği ile örneklendirebilirim.

Arınma zamanlarında, kötülük taraftarlarının ilk yaptıkları hamle, toplumdaki adalet mekanizmasını yok etmektir. Onlar, kibirde sınır tanımadıkları, kendilerini diğerlerinden üstün gördükleri ve maddeye duydukları şehvet için, hemen her şeyde aşırıya kaçma eğilimindedirler. Dengeyi bilmezler, bilseler de istemezler. Onların istedikleri, hukuk mekanizmasının üstüne çıkmak ve adalet terazisinden olabildiğince uzağa kaçmaktır. İşte arınma zamanlarında, toplumdaki adalet mekanizması, neredeyse sıfırlanmaktadır.

Bu durumdan, tüm canlı âlemi, doğa, kültür-tarih, iyi olan ne varsa nasibini alır. Hukuk ortadan kalktığı için, doğayı ve çevreyi koruyan yasalar uygulanamaz hale gelir. Ağaçlar kesilerek imha edilir, ormanlar yok edilip yerlerine beton inşaatlar yapılır. Tarım alanları enerji santrallerine kurban edilir. Tarihi kültürel miraslar işgal edilir. Yaşam sararıp-solmaya başlar. Çünkü adalet havanın içindeki oksijen, gökyüzündeki Güneş, kaynağından fışkırıp gelen su kadar önemlidir.

Üstelik adalet öyle bir kavramdır ki, ebedi yaşama geçişte, kendini göstermektedir.

"O gün tartı haktır. Kimin tartıları ağır basarsa, işte kurtulanlar onlardır."[268]

"Kimin tartıları hafif kalırsa, bunlar da ayetlerimize zulmettiklerinden dolayı nefislerini hüsrana uğratanlardır."[269]

Bu ayetlerde kullanılan **"tartı"** kelimesi ile **"ölçüyü ve tartıyı adaletle yapın"** ifadelerindeki "tartı" birebir aynıdır. Birkaç ayet örneğine bakalım:

"Yetimin malına, o erginlik çağına erişinceye kadar -o en güzel (şeklin) dışında yaklaşmayın. Ölçüyü ve tartıyı doğru olarak yapın..."[270]

"Ey kavmim, ölçüyü ve tartıyı -adaleti gözeterek tam tutun ve insanların eşyasını değerden düşürüp eksiltmeyin ve yeryüzünde bozguncular olarak karışıklık çıkarmayın."[271]

Şimdi gelin, Kuran'da Adalet ile ilgili iki kavramı inceleyelim:

1. Kavram: Adil

Arapça kelime kökü "ayn, dal, lam"dır. Anlamı, **"dürüstlük, doğruluk, namusluluk, açıklık, dengeli davranma"**dır.

Adil, yukarıdaki anlamlarıyla uyumlu olarak, Kuran'da kişilik özelliği olarak kullanılmaktadır:

"Ey iman edenler, belirli bir süre için borçlandığınız zaman onu yazınız. Aranızdan bir katip doğru olarak (**Adil**) yazsın..."[272]

"Ey iman edenler, kendiniz, anne-babanız ve yakınlarınız aleyhine bile olsa, Allah için şahidler olarak adaleti ayakta tutun. (Onlar) ister zengin olsun, ister fakir olsun; çünkü Allah onlara daha yakındır. Öyleyse adaletten (Adil) dönüp hevanıza uymayın. Eğer dilinizi eğip büker ya da yüz çevirirseniz, şüphesiz Allah, yaptıklarınızdan haberi olandır."[273]

---

268 Kur'an, Araf 8
269 Kur'an, Araf 9
270 Kur'an, Enam 152
271 Kur'an, Hud 85
272 Kur'an, Bakara 282
273 Kur'an, Nisa 135 (Ayetteki "şahitler olarak adaleti ayakta tutun," 2. Adalet kavramı ile ilgilidir. İlerleyen sayfalarda açıklanacaktır.)

"Ey iman edenler, sizden birinize ölüm gelip çattığı zaman, vasiyet hazırlanışında, aranızda içinizden <u>adaletli iki kişiyi</u> (şahid tutun.)"[274]

"İçinizden <u>adalet sahibi iki kişiyi</u> de şahid tutun."[275]

"...içinizden <u>adalet sahibi iki kişi hükmedecektir</u> (Hakemlik Yapmak)..."[276]

Görüldüğü gibi, "Adil ve Adalet" kavramları Kuran'da kişilik özelliği olarak kullanılmaktadır. Tanrı'nın adalet sisteminde, bir anlaşmazlıkta, bir davada şahit olarak seçilme kriteri "doğruluk, dürüstlük, adil" olmakmış. Gelişigüzel şahit belirlenmemekteymiş. Ayrıca **"iki şahit, iki hakem"** vurgusuna da dikkat etmelidir. İkinci bir göz, ikinci bir vicdan, ikinci bir kalp, adalet mekanizmasının işleyişi için çok önemlidir.

Adil olmak bir kişilik özelliğidir, Adil kişi bu niteliğini sadece başka insanlar için kullanmakla kalmaz. Adil kişi, başka canlıların yaşam haklarını da adaletle korur. İnsan sağlığı, ekosistem, tarihi ve kültürel miraslar, kurumsal konular... Hepsi de adaletle bakmayı gerektirir. İş hayatında kullanılan *"Etik"* değeri de, birebir adaletle ve adil yaklaşımla bağlantılıdır.

Adil olma özelliği, insana Tanrı tarafından, yaratılışta verilir. İnsan, adil ve dengede olarak yeryüzü yaşamına başlar. Ancak sonradan, madde ve gücün şehvetine kapılarak dengesini kaybettiği, aşırılığa kaçtığı olabilir.

"Adil" niteliği kişiye yaratılıştan, Tanrı tarafından verilir. Adil olmak için, herhangi bir çabaya gerek yoktur. Bu insanın doğasıdır. Aksine, Adil olmamak ilave çaba gerektiren bir durumdur.

"Ki O, <u>seni yarattı, 'sana bir düzen içinde biçim verdi' ve seni bir itidal (Adil kökenli) üzere kıldı</u>."[277]

---

274 Kur'an, Maide 106
275 Kur'an, Talak 6
276 Kur'an, Maide 95
277 Kur'an, İnfitar 7

Ayette, sözü edilen biçim verme, daha önce yaratılıştan bahsederken karşılaştığımız "Suret" değildir. Bu yaratımın, farklı bir boyutudur. **Bu yaratımın hammaddesi toprak değil, Adil'liktir.**

2. Kavram: Kist

Arapça kökü "kaf, sin, tı"dır. Anlamı, "**adaletlilik, kurallara uygunluk, adil yargılama, hakim, yargıç, mahkeme, tarafsızlık, hakkaniyet, kurallara uygunluk**"tur. İngilizce karşılığı "**Justice, Fairness**"tır. Kişisel bir özellik değildir. Bir sistemin işleyiş şeklini ifade eden bir kavramdır.

Mesela, "Şahitlik" kavramını ele alalım. Adil kavramını konuşurken, adil yapılan şahitlikten bahseden ayetlerle karşılaşmıştk. Kist kavramı kişisel özellik olmadığı için, "Şahitler-Şuheda" ifadesiyle birlikte kullanılır.

"Ey iman edenler, adil (**Adaletle: Kist**) şahidler (Şuheda) olarak, Allah için, hakkı ayakta tutun. Bir topluluğa olan kininiz, sizi adaletten (Adil) alıkoymasın. Adalet (Adil) yapın. O, takvaya daha yakındır. Allah'tan korkup-sakının. Şüphesiz Allah, yapmakta olduklarınızdan haberi olandır."[278]

"Ey iman edenler, kendiniz, anne-babanız ve yakınlarınız aleyhine bile olsa, Allah için şahidler (Şuheda) olarak adaleti (**Kist**) ayakta tutun."[279]

"Kist" kavramının en önemli özelliği, *Tartı* kavramı ile birlikte kullanılmasıdır.

"Yetimin malına, o erginlik çağına erişinceye kadar -o en güzel (şeklin) dışında yaklaşmayın. Ölçüyü ve tartıyı doğru olarak (Adaletle: Kist) yapın. Hiç bir nefse, gücünün kaldırabileceği dışında bir şey yüklemeyiz. Söylediğiniz zaman -yakınınız dahi olsa adil (Adil) olun..."[280]

---

278 Kur'an, Maide 8
279 Kur'an, Nisa 135
280 Kur'an, Enam 152

"Ey kavmim, ölçüyü ve tartıyı -adaleti gözeterek (Kist) tam tutun ve insanların eşyasını değerden düşürüp eksiltmeyin ve yeryüzünde bozguncular olarak karışıklık çıkarmayın."[281]

Yukarıdaki ayet, Tartma işleminin iki boyutunu ifade etmektedir:

1. Boyut: Alışverişte, ticarette **"Eşyanın değerini düşük göstermek"** Bu tanımın, bir pazar alışverişinde, aldığınız domatesin doğru tartılmasından, şirket satınalmalarında adaletle davranılmasına kadar geniş bir kapsamı vardır.

2. Boyut: Adalet Sisteminde, **"yargılamada adalet, evrensel hukuk kurallarına uyum"** olarak görülebilir. Aksi durum **"Yeryüzünde bozgunculuk çıkartmak"**tan başka bir şey değildir, çünkü. Kamunun malını yağmalamak, şirketlere haksız yollardan el koymak, masum insanların özgürlüklerini gasp etmek, doğayı ve tarihi dokuyu hukuksuzca tahrip etmek bozgunculuk çıkarmak değildir de nedir? "Adil Tartma Sistemi"nin noksanlığı, 2. boyutta, böyle sonuçlar doğurur işte.

Şimdi vereceğim ayetlerde "Tartı" kavramı, adeta Adalet Sistemini tarfi etmektedir.

"Ölçtüğünüz zaman ölçüyü tam tutun ve dosdoğru (Kist) bir tartıyla tartın; bu, daha hayırlıdır ve sonuç bakımından daha güzeldir."[282]

"Dosdoğru olan terazi (Kist) ile tartın."[283]

Yukarıda verdiğim iki ayete, lütfen çok dikkat edin. 1. Ayette **"Kist olan bir tartıyla tartın"** vurgusu var. Adalet bahsinin başından beri, karşımıza çıkan tartı kavramıdır bu. Ebedi âleme geçişteki, kişinin kendi tartıları ile de aynı kavramdır. İkinci ayette ise, **Kist kavramı, artık bir teraziye dönüşmüştür. Kist, tartının kendisi olmuştur.**

---

281 Kur'an, Hud 85
282 Kur'an, İsra 35
283 Kur'an, Şuara 182

Ölçüyü tam tutmanın tarifi, "adaletli yargılama, mahkeme, yargıç, kurallara uygunluk" anlamındaki bir kavramla yapılıyor. Adeta, günümüzde kullanılan "**Adalet Terazisi**" kavramı ile karşı karşıyayız burada.

Adalet Terazisi Nasıl Çalışır? Yeryüzünde Adil Bir Yargılama Nasıl Olur?

-Tümüyle bağımsız, hiçbir çıkar grubunun etkisi altında olmayan mahkemelerde,

-Evrensel hukuk kurallarıyla,

-Tümüyle, hakim ve yargıçların vicdanlarıyla aldıkları kararlara bağlı olan bir sistemdir bu.

Kötülüğün taraftarları, hem ilahi adalet yasalarına, hem de evrensel yasalara uymayan, hukuksuz uygulamalarda bulunurlar. İşte, ebedi yaşama geçişteki ilahi yargılanma sırasında, tartılarını hafif kılan budur.

"Biz ise, kıyamet gününe ait duyarlı <u>teraziler (Kist)</u> koyarız da artık, hiçbir nefis hiç bir şeyle haksızlığa uğramaz. Bir hardal tanesi bile olsa ona getiririz. Hesap görücüler olarak biz yeteriz."[284]

Yukarıdaki ayette, "Kist" kavramı yine teraziye dönüşmüş. Adeta, "Adil Yargılama" olmuş. Kıyamet gününde, herkes ilahi yargılanmaya tâbi olacak ve hiçbir nefis haksızlığa uğramayacaktır. Tanrı'nın adaleti mutlaktır.

Arınma zamanları, mutlaka iyiliğin "Fetihi" ile sonlanır.

"İyilik her zaman kazanır." Bu da bir ilahi yasadır. Kazanmak, iyiliğin kaderidir. Yerçekimi yasası ne kadar gerçekse, bu yasa da o kadar gerçektir.

Fetih zamanı gelip de, kötülüğün taraftarları yeryüzü mahkemelerinde yargılanacağı zaman, iyilikten yana saf tutanlar, onları mutlaka "Adil" olarak yargılamalıdırlar. Tanrı'nın ilahi

---

284 Kur'an, Enbiya 47

yasaları, böyle emretmektedir. **"Bir topluluğa olan kininiz, sizi adaletten alıkoymasın"**[285] uyarısı herkes içindir.

Adalet ile ilgili bir diğer önemli nokta şudur: İbadetler kişi ile Tanrı arasındadır. Ancak, bir insanın diğerine yaptığı kötülükte, artık üç taraf vardır. Ebedi âlemdeki ilahi yargılamalar bunun içindir.

İnsan, içinde Tanrı'nın ruhundan taşıdığı için, bir insanın diğerine karşı tutum ve davranışı, çok büyük önem kazanmaktadır. Bu yüzdendir ki, tüm kutsal kitaplarda ibadetlerden daha çok, insanların birbirleriyle ilişkilerine yönelik düzenlemeler yer tutarlar.

İlahi mahkemelerde ne tür konular dava konusu oluyor, bir görelim:

1- Tarafların aralarında ihtilafa düştükleri konular.

"'Allah, kıyamet günü, kendisinde ihtilafa düştüğünüz şey hakkında aranızda hükmedecektir."[286]

İhtilaf konusuyla ilgili, güncel bir konu olması sebebiyle, benim aklıma birbirlerini zigzag çizgi olmakla, eşkenar üçgen olmakla suçlayan insanlar geliyor. Mesela bu tip tartışmalar, Tanrı'nın huzurunda mutlak adaletle, yine Tanrı tarafından hükme bağlanacaklardır.

2- Bir diğerinin hakkına tecavüz, **"Kul hakkı"** bir yargılama konusudur.

"...Fakat onlar, kendilerine ilim geldikten sonra, yalnızca aralarındaki 'hakka tecavüz ve azgınlıktan' dolayı ihtilafa düştüler. Şüphesiz Rabbin, hakkında ihtilafa düştükleri şeyde kıyamet günü aralarında hüküm verecektir."[287]

---

285 Kuran, Maide 8
286 Kur'an, Hac 69
287 Kur'an, Casiye 17

Bu yüzden kişiler diğerlerinin haklarını, sağlıklarını, can güvenliklerini etkileyecek konulara azami özen göstermelidirler. Ayrıca şunu da belirtmeliyim ki, ben bugün hukuksuz uygulamalarla doğa ve çevreye verilen zarardan, özellikle de binlerce ağacın kesilmesinden büyük acı duyuyorum. Bu yüzden, doğa adına, canlı hayatına kasıtlı olarak zarar veren herkesten, ilahi yargılama sırasında davacı olacağımı belirtmek istiyorum.

Sevgili okurlarım,

Ebedi Cennet düzleminde ebedi yaşamlarımızı sürebilmemiz için, mutlaka ve mutlaka adil olmayı öğrenmemiz gerekmektedir. Unutulmamalıdır ki, Ebedi Cennette de bir sosyal yaşam olacaktır. Ve o düzlemde, kendini adalet sisteminin üzerinde gören, ilahi adalet yasalarına karşı özensiz yaşayan insanların, Ebedi Cennetin kapısından girmeleri mümkün değildir. Çünkü orası artık, dünya değildir. Bu zihniyeti koruyarak, orada varolunamaz. Bu konu mutlaka ve mutlaka dünyada iken halledilmeli, müfredattaki adalet dersi öğrenilmelidir.

8. BÖLÜM

SİSTEMDEN ÇIKIŞ

Sistem yaşamın her alanında olabilir. Evlilikte, işte, okulda, dinde, sosyal kültürde... Kişi aynı anda, birden fazla Sistemin altına sıkışmış olabilir. Kişinin özgür, bağımsız olabilmesi ve ruhsal potansiyelinin kanatlarıyla uçabilmesi için, Sistemin dışına çıkması gerekmektedir.

Ben bu bölümde, Sistemin "Kariyer" ve "Din" dişlilerinden özgürleşmekten bahsedeceğim. Ayrıca şunu da belirtmeliyim ki, Sistemle işim bu kitapla bitmeyecek. Sistemin kovanına çomak sokmaya, Sistemin ipliğini pazara çıkarmaya, başka kitaplarda da devam edeceğim.

Tanrı'nın bana bahşettiği tüm nefeslerimi, bu amaç için alıp-vereceğim. Kararlılığımın ve gücümün zirvesindeyim. Eminim ki, Sistemin bazı efendiciklerini de rahatsız edeceğim. Rahatsız olsunlar, çünkü bundan büyük memnuniyet duyarım. Tanrı'nın yardımıyla, "Tanrısal Öz"ümden gelen güçle ve meleklerimin de rehberliğiyle, karşılarında dimdik duracağım.

Korksunlar benden! Korksunlar, binlerce yıldır bastırılmış ve kozasını -büyük bir patlamayla- yarıp çıkacak kadınlardan!

Sistemden Çıkış

"Ben bir kadınım, Havva'dan olma,
Bir anneyim, Meryem'den gelme,
Bir kız çocuğuyum, Fatıma ile kardeş,

Bir değil, yüzbinlerceyim.
Ben her yerdeyim.

Önce diri diri toprağın altına gömüldüm,
Sonra cadı diye suçlanarak yakıldım.

Dövdüler, tecavüz ettiler, kesip-biçtiler,
Meydanlarda aşağıladılar,
Örtüler altında gizlediler beni.

Okula göndermediler, çocuk yaşta evlendirdiler,
Ezdiler, sindirdiler beni.
Binlerce yıldır susturdular beni.

Sevgiyi anlatmamdan,
Sevgiye çağırmamdan mı korktular?

Sahne benim şimdi.
Ebediyete kadar konuşacağım artık, işittin mi?
Ve insanlık hatırlayacak,
Öz'ünü bilecek,
Tüm yaratılmışlarla birlikte aynı şarkıyı söyleyecek,
Ve dünya bambaşka bir yer olacak şimdi."

-Banu Özdemir Toros-

SİSTEMİN KARİYER DİŞLİSİNDEN ÖZGÜRLEŞME

"Bir müzisyen müzik yapmalıdır,
Bir ressam resim çizmelidir,
Bir şair yazmalıdır,
Şayet, huzuru arıyorsa," Abraham Maslow

Bugün dünyada, faturalarını ödeyebilmek için sevmedikleri işlerde çalışan milyonlarca insan yaşamaktadır. Eğitim sistemleri, kişilerin yeteneklerini ortaya çıkarıp, onları doğru mesleklere yöneltmek üzere şekillenmemiştir. Eğitim sistemleri, Sisteme yeni köleler yetiştirirler. Bizim ülkemize bakacak olursak, sınav sistemiyle öğrenciler puanlarına göre üniversitelere yerleştirilirler. Öğrenciler, üniversitelere başvurularını yeteneklerine göre mi yaparlar? Büyük çoğunluğunun böyle olmadığını düşünüyorum. Yeni nesiller, dönemin popüler mesleklerine çekim duyuyorlar. Benim anne-babamın döneminde avukatlık-doktorluk-mühendislik popüler mesleklerdi. Benim dönemimde, işletme-elektronik popüler mesleklerdi. Bugün bakıyorum, gençler oyunculuğa-şarkıcılığa-mankenliğe-spikerliğe vs. ilgi duyuyorlar. Elbette, bu herkes için geçerli değil. Günümüzde anne-babalar daha bilinçli. Ancak genel eğilim bu yönde.

Yine bakıyorum bugün, dün hiç bilinmeyen meslekler mevcut. Mesela bir sosyal medya konusu var. Yepyeni bir iş alanı olmuştur. Yepyeni bir endüstridir. Örneğin, bugün dünyanın en değerli şirketlerinden *Facebook* sadece 10 yaşındadır.

Ben iddia ediyorum, bugün de keşfedilmemiş pek çok meslek var. Ve bugün, dünyanın en çok satacak-fayda yapacak ürünü henüz üretilmedi. En büyük keşif yapılmadı. En iyi kitap yazılmadı. En iyi şarkı bestelenmedi. En iyi film çekilmedi.

Tüm bunlar, Sistemin dışına çıkacak insanları bekliyorlar.

Dünyanın en değerli şirketlerinden *Google* Sistemin dışında, yaratıcısı Larry Page'nin yurttaki odasında kurulmuştur. Aynı şekilde, dünyanın en değerli şirketlerinden *Apple* Sistemin dışında, yaratıcıları Stephen Wozniak ve Steve Jobs'un ailelerinin evlerinde kurulmuştur. Onlar, ilk ürünlerini üretebilmek için eşyalarını satmışlardı. *Facebook*'un kuruluşu da onlar gibi Sistemin dışında, Mark Zuckerberg tarafından okulda gerçekleşmiştir.

Her insan bir renktir. Ve her insanın, parmak izi gibi kişiye özel yetenekleri vardır. Yetenekler doğumumuzdan itibaren bizimledirler. Bunların üzerine yaşamımız boyunca öğrendiklerimiz ve deneyimlediklerimiz eklenir. Yeteneklerimiz böylece büyür ve gelişir.

Ve her insanın bir yaşam amacı vardır. Dünyaya basacağı kendi mührü gibidir. Yaşamına anlam katar, varlığını onurlandırır. Yaşam amaç, kişinin hem kendine, hem de insanlığa ve canlı yaşama yapacağı bir hizmettir.

Bu öyle bir amaçtır ki, insanın ruhsal tarafıyla bedensel tarafı tam uyum ve ahenk içindedirler. Aralarında tam bir konsensus vardır. Ruhsal taraf, bedensel tarafı destekler, bedensel taraf da ruhsal tarafı destekler. Tam bir işbirliği içerisinde çalışırlar. İç barışı, huzur, neşe, mutluluk böyle oluşur. Tam bir "Yeryüzü Cenneti" yaşam halidir bu.

Aksi durumda ne olmaktadır? Kişinin ruhsal tarafı, onun en derin arzusunu ve yaşam amacını bilir. O yönde gitmek ister. Bedensel taraf ise, belki korkuları, belki fatura ödeme kaygıları, belki popüler mesleklere eğiliminden ruhunun istediğinden başka yöne gitmek isteyebilir. Böyle bir durumda, kişi çok büyük bir içsel çatışma deneyimler. Ruhsal taraf, yaşam amacı yönünde gitmek istiyordur. Ancak bedensel taraf fren yapıyordur veya başka yöne gitmek istiyordur. Bu şekilde kişi, içinden çıkamadığı bir kısır döngüye girer. Bu döngü onu mutsuzluğa, umutsuzluğa, güvensizliğe, başarısızlığa iter. Bu da bir çeşit karanlıktır.

Benim Sistemden Çıkış Tecrübem

26 yaşımda yönetici oldum. Kendi işimi kurmadan önceki son 10 yılı, ilaç sektörünün en büyük markalarından birinde çalışarak geçirdim. İyi bir gelirim vardı. İşimde başarılıydım. Yaptığım işi ve çalışma arkadaşlarımı da çok seviyordum. İçsel bir yönlendirmeyle, 30 yaşıma doğru, yeteneklerimin neler olduğunu sorgulamaya başladım. İçimde bir şey, kendimi aramam yönünde bana ciddi bir baskı yapıyordu. Öyle ki, denemedik şey bırakmadım. Ahşap boyamadan, tiyatro derslerine, dans derslerinden *Scuba* dalışına, yelkencilikten radyoculuğa kadar her şeye saldırdım. Her şeyi denedim. Tabii bunların hepsini hobi olarak yaptım. Bu arayışım 3-4 sene kadar sürdü. Bu saldırma hali, beni en son kitap yazmaya kadar götürdü. Aldığım bir teklif üzerine, ilk kitabım "30 Mumlu Pasta"yı kaleme aldım. Ve hiç hedeflemediğim halde, kitabım çok popüler oldu. Çok sattı. TV'de hemen tüm kadın programlarını dolaştım, ana haber bültenlerine konuk oldum. Radyo yayınları, gazete ve dergi röportajları.. Olağanüstü bir deneyimdi. Kitapla bağlantılı olarak yaptığım "30'lu yaşlar partileri" de çok büyük ilgi gördü. Yine programlar, röportajlar... Şaşkındım.

Kitapla birlikte, içimdeki tırmalarcasına arayışımın da sona erdiğini hissettim. Aradığımı bulmuştum. Kalbim kitaplar için çarpıyordu sanki. Kitapların dünyasında yaşamak istemeye başladım. Bu düşüncelerle yöneticilik görevime bir süre devam ettim. Bu süreçte fark ettim ki, ruhum artık o işyerinde değildi. Sanki bedenimden çıkıp başka bir yere konmuştu. Mutsuzlaşmaya başladım.

Düzenli gelirimi, konumumu da bırakmaya korkuyordum. Nasıl geçinecektim? Parasız kalırsam ne yapacaktım? Ruhum beni bir yere çekiyordu, bedenim ise orada kalmaya devam etmek istiyordu. Korkularım bedenime ve seçimlerime hâkim olmuştu. Çalışmaya devam ettim. Ancak, bu ateş sönmek bilmiyordu. Alevleri de gittikçe büyüyordu. İki seneyi bu hal içerisinde geçirdim. Cesaretle bir adım atmam gerekiyordu. Çünkü artık ruhumu para için satıyormuşum gibi hissetmeye başlamıştım. Bu yol, yol değildi.

O günlerde, kardeşim yazar Burak Özdemir, yeni kitabını yazmıştı. İç çatışmalarımdan haberi vardı, sık sık dertleşiyorduk. Ve bana hayatımın teklifini yaptı. "Hadi bir yayınevi kur ve yeni kitabımı sen yayınla" dedi. Sanki, o *"Hadi,"* kelimesi marş motoruma basmıştı. Sanki karar vermek için ihtiyacım olan tek şey, bir "Hadi"den ibaretti. "Hadi," peşisıra adım atmayı getiriyordu. Ben de, önünü-arkasını artık düşünmeden, istifa ettim.

Bu arada, şirket kurmak için birikmiş param da yoktu. Birikimimle son model bir jeep almış ve kredi borçlarımı daha yeni kapatmıştım. 2004 yılında, şirketimden aldığım 19.000 TL tazminatı (o günün kuruyla 13.000 USD) şirket sermayesi yaptım. Ve adeta bir paraşütle, yayıncılık sektörüne girdim. İşi hiç bilmiyordum, kimseyi tanımıyordum. 34 yaşımda makas değiştirmiştim. Başlarda çok zorlandım. İşi öğrenmek, ticari bağlantılar kurmak, dağıtımcıları çalışmaya ikna etmek...

Ama şunu söyleyebilirim, işlerim hep rast gitti. Yolumda ilerlerken kapılar hep önümde açıldı. Bu işi kurmadan önce, fikrini almak için görüştüğüm insanlar, hep olumsuz şeyler anlatmışlardı. Büyük bir sektör değil, insanlar az kitap okuyor, yayıncılar iflas ediyorlar, kriz var... vesaire vesaire

Ancak bilmiyorlardı ki, ben oraya epey uzun bir yoldan gelmiştim. İçime düşen aşkla, bu işi yapmak istiyordum. Kalbimi koyarak yapacağım için de, bambaşka fizik yasalarına tâbi idim. Sevgi yasalarına.

Yeni işimde, eşsiz deneyimler edindim, pekçok da komiklikler başıma geldi. Bunlardan en unutulmazını da, o son model *jeep*imle Cağaloğlu'na kitap dağıtımına çıktığım bir gün yaşadım. Benim için rutin bir gündü. Ancak, nakliyeciler bir kadını sevkiyat yaparken görmeye alışık olmadıkları için şaşırmışlardı. Hep bir ağızdan, bana laf attılar: "Abla, nakliyeyi kaça yapıyorsun?" dediler. Bu laf atma beni kızdırmadı. Aksine çok hoşuma gitti, gururlandım.

Şirketim, şu günlerde 10 yaşını dolduracak. Ve ben her gün, verdiğim karar için şükrediyorum. Kendimi kutluyorum.

🌸

Benim hikâyem işte böyle. Ancak, kimsenin benim geçtiğim yollardan geçmesi, yaşam amacına hizmet eden ve yeteneklerini dolu dizgin kullanabileceği işi yapması için, işinden istifa etmesi gerekmiyor. Hatta, sakın işinizden istifa etmeyin, diye uyarıda da bulunabilirim.

Hayalinizin işini yapmaya giden yol, bir anda keskin bir kararla geçiş yapmayı gerektirmez. Hobi olarak başlanması, bence daha iyidir. Parasal baskılar, kişinin yaratıcı enerjisini bloke edebilir. Heyecan ve panik, "Öz"den ve meleklerden gelen rehberliği almayı etkileyebilir. Başlangıçta hobi olarak başlayın. Bir noktaya getirip, sizi geçindirecek kadar gelir elde etmeye başladığınızda geciktirmeden dümeninizi kırın, derim.

Hayatınızı bir başyapıta dönüştürün. Dünyaya izinizi bırakın. Kendinizle gururlanın. **Bu kibir değildir. Bu, kendini ve yaratılışını onurlandırmaktır.**

Bir Amaca Bağlanmak

"Oscar'lı aktör George Clooney, Sudan'ın güneyinde Darfur bölgesinde insanların öldüğüne, katledildiğine dair gazetelerde bir süredir haberler okumaktadır. Özellikle bir gazeteci bu konuya yoğunlaşmış, birkaç yıldır bu konuyu yazılarında işlemektedir. Ancak gazetecinin yazıları, Darfur'daki insanların dramına dünyanın ilgisini çekmeye yetmemektedir. Bunun üzerine

George Clooney, kendi şöhretinin Darfur'lu insanlara fayda sağlayabileceği umuduyla, gazeteci ile birlikte Darfur için kolları sıvar. Bir ara Clooney, Google map uygulamasının kendi evini gösterdiğini, ancak bu insanların katledildiği Darfur'u göstermediğini fark eder. Bunun üzerine bir uydu kiralar. Artık, Google map'ten Darfur'daki insanların dramı tüm Dünyadan görüntülenebilmektedir. Bugün Clooney, her yıl 3 milyon dolar bu uydunun kira bedelini ödemeye devam etmektedir." Inside The Actors Studio

Tekrar hatırlatıyorum. Sistemden çıkmak için, kimsenin benim gibi yapması ve işinden istifa etmesi gerekmiyor. Mesele kişinin çalıştığı işin yaşam amacına hizmet etmesidir. Bu pekala da, kişinin halihazırda çalışmakta olduğu işi de olabilir.

Görüyorum, Sistemin dışına çıkma cesareti gösterenler, akın akın, yaşam koçu, terapist, astrolog vs. oluyorlar. Ben bu kadar çok yaşam koçuna veya terapiste ihtiyacımız olduğuna inanmıyorum. Bu meslekler, herkesin yaşam yolunda olmayabilir.

Kişilerin çalıştıkları işlerde, sevgiye hizmet eden bir amaca bağlanmaları da çok önemlidir. Bütünün şu anda buna çok ihtiyacı var. Gıda, ilaç, eğitim, teknoloji… Tüm sektörlerin mal ve hizmetlerinin, insan sağlığı, canlı hayatı, ekosistem vb. üzerinde etkileri vardır. Dolaylı veya direkt bir etki sözkonusudur. Siyaset, sivil toplum örgütleri, yardım kuruluşları… Ticari olan-olmayan, tüm kurumların faliyetlerinde sevgiye, iyiliğe, hakkaniyete ihtiyaç var.

Eğer kişisel devriminizi gerçekleştirir ve **İyiliğin Barış Savaşçısı** olursanız, çalıştığınız sektörlerde bu bilinci yayarsınız, dünya bambaşka bir yer oluverir. **Sistemin içinde, ancak Sisteme karşı durmuş olursunuz.** Bu Sistemin dışına çıkmaktan farklı değildir. Her ikisi de aynıdır.

Bu yolda ihtiyacınız olan tek şey, kalbinizi açık tutmaktır. Kalbiniz açık olduğunda, sizden sevgiden başka bir şey yayılmaz. "Tanrısal İlham", "Öz"ünüzden gelen güç, Tanrı'nın meleklerinin yardımı ve desteği, mucizeler... hepsi sizinledir. Tarih sizi yazar.

Ebedi yaşamdaki Cennet de, büyük kutlama hazırlıkları yapmaya başlar ve kucak açarak sizi bekler. Tüm ruhsal âlem, sizi coşkuyla alkışlamaktadır.

Sistem ve Sınırlar

Sistem insana sınırlar çizer. İnsanı sınırları olduğuna inandırır. Hep olumsuzlukları öne sürer, her cümleye "ama" ile karşılık verir. Başkalarının tecrübelerinden yararlanın, ancak diğer yandan onların deneyimlerinin kendileriyle ilgili olduğunu da bilin. Herkesin yaşam dinamikleri farklıdır. Bu dinamikler, kişinin yeryüzü yaşamını sürdüğü düzleme göre değişkenlik gösterir.

Kalbini açmış, sadece ve sadece sevgiye hizmet eden insanlar, bambaşka yasaların etkisindedirler. "Yeryüzü Cenneti"nde geçerli olan yasalar, sevgi yasalarıdır. Sevgi ile yaptığınız bir iş, mutlaka büyür. Hem siz, hem de işiniz korunur.

Bu yüzden, küçük olumsuzluklarla veya zorluklarla karşılaştığınızda ilk yapmanız gereken, temizlenip-arınmaktır.

"Tanrım, bilerek veya bilmeyerek işlediğim tüm günahlarım için bağışlanma diliyorum. Bilerek veya bilmeyerek, kendilerine kötü davrandığım veya kendilerini kötü hissettirdiğim herkesten özür diliyorum. Kibir yapmaktan sana sığınıyorum. Kovulmuş şeytandan da sana sığıyorum. Teşekkür ederim."

Bu benim sıklıkla yaptığım bir temizlenip-arınma niyetidir. Kalben dile getirilmelidir.

Bu niyetten sonra deneyimlediğiniz olumsuzluk veya zorluk için "Bu neden başıma geldi?" değil, "**Bu neyi öğrenmem için**

başıma geldi?" deyin. **"Neyi bilmem, neyi görmem, neyi fark etmem gerekiyor?"** diye kalbinize sorun. Cevabınız size Tanrısal Kaynaktan gelecektir. Kulak kesilin.

Başkalarının yaşam deneyimleri, aynı zamanda kendilerine koydukları sınırlarla da ilgilidir. Her insan, kendisine bir çember çizmiştir. Çemberini titizlikle korur. Zaman zaman tozunu alır. O orada mı diye bakar. Orada olduğunu hissettiğinde de, tuhaf bir güven duygusu duyumsar. Bu çember, fiziksel olarak yoktur. Ancak kişinin inancıyla, fiziksel bir madde gibi mevcudiyet kazanmıştır. O artık, gerçekten de oradadır. Gitmeseniz de, görmeseniz de, dokunmasanız da, o artık vardır. Oysa onu oraya yerleştiren kişinin kendisidir. Sistemin altında yaşarken, gerçekten de deneyimlediğidir. Sistem, kişilere özenle sınırlar koyar ve onları buna inandırır. Çünkü onu sınırlarıyla yönetir. Sistem kişilerin yeteneklerini geliştirmesiyle ilgilenmez. Sistem, onun işine ne kadar yaradığıyla, ona verilen görevi yapıp-yapmadığıyla ilgilenir. Kendine sadakatiyle ilgilenir. Sistem içindeki efendiler (siyasi liderler, cemaat liderleri, direktörler, müdürler vs.) sizin kendinizle ilgili sınırlarınızı kaldırmanızdan hoşnut olmazlar. Sınırlarınızı kaldırırsanız, onlar için rakibe dönüşürsünüz. Efendiler kendi yetki alanlarında, başka yıldız yetişmesini istemezler. Tam tersine, biri başını çıkardığı anda, o başı ezmek için ellerinden geleni yaparlar. *"Yılanın başını küçükken ezeceksin"* sözü, Sistemin efendilerinin ortak söylemidir.

Kutsal kitaplarda, Tanrı'nın peygamberlerini sıkça örnek vermesinin sebeplerinden biri, onları insana rol model olarak sunmaktır. Oysa Sistem bize öyle demez. Sistem der ki; "Onlar peygamber. Haşa, kimse onlar gibi olamaz. Orası, peygamberlerin ulaştığı en son noktadır. O noktanın ilerisine kimse geçemez." Ve böylece, sınır çizgisi çizilmiş olur.

Ve başkalarını bir sınır çizgisinin içine hapsettikten sonra, kendilerini o çizginin dışında tutarlar. Kendilerini bizzat peygamberlerle eş tutmaya başlarlar. Kendilerini özel ve seçilmiş insan ilan ederler.

Kariyerime ilk olarak bir patron şirketinde başlamıştım. Hem üniversitede okuyor, hem de çalışıyordum. Şirketin patronu, ismini vermeyeceğim ünlü bir işadamıydı. Her sabah belirli bir rutini vardı. Odalarımız karşılıklı olduğu için, bu merasimi (!) her sabah duyuyordum. Muhasebe departmanını başlarında müdürleriyle beraber, önüne dizerdi. Günlük raporlarını alırdı. Sonra da, tüm haşmetiyle onlara bağırır ve ağıza alınmadık sözler sarf ederdi. Çenesini hep yukarıda tutarak yürürdü. İlginç bir insandı. Kendisiyle birebir çalışırdım. Bana hep nazik davranırdı. Bir gün, dosyalamam için verilen dokümanları arasında, not kağıdına aldığı bir not dikkatimi çekti. Kağıdın tepesinde "Tanrı" yazıyordu. Aşağıya doğru bir sıralama yapmıştı.

"Tanrı, Peygamber, Patron..." ☺

Sevgili okurum,

Gökyüzüne bir bak.

Orada herhangi bir sınır görebiliyor musun?

Göremezsin.

Şu halde, senin de sınırların yoktur.

Peygamberler gibi saf ve temiz olabilirsin. Sen de onlar gibi, mucizeler deneyimleyebilirsin. Tanrı'nın mucizeleri sadece peygamberlerine akmaz.

Sevgili okurum,

Yaşam amacını gerçekleştirme yolunda, Musa Peygamber gibi, sen de denizleri yarıp kendine ilerleyecek bir yol bulabilirsin. Kendine bir yol açabilirsin.

O yol oradadır ve seni beklemektedir...

SİSTEMİN DİN TACİRLERİNDEN ÖZGÜRLEŞME

Sistem ve sınırlardan bahsederken, bu başlığa da bir parça giriş yapmış bulundum. Kendini peygamber, halife, imam vs. ilan eden insanlar aramızda yaşıyorlar.

Peygamberleri seçen Tanrı iken, bu insanlar kendi kendilerini seçiyorlar. Sonra bunu pervasızca ilan ediyor, insanlardan da kendilerine "İtaat" etmelerini bekliyorlar. Kendilerinin emrettiği dışında davrananı da "İhanet" ile suçluyorlar. Çok garip bir insan türüdür, bu bölümde ele alacağımız.

Koltuklarınızın arkasına yaslanın.

Böyle kişilerle yolunuz hiç kesişmediyse, size ne mutlu. Yine de bu bölümü ilginç bulacağınızı düşünüyorum. Ve ileride böyleleriyle karşılaşma ihtimalinize karşın dikkatle okumanızı öneriyorum.

Bu başlık, belki de bu kitapta Sistemi en kızdıracak bölümdür. Sistemi kimse gözünde büyütmesin. İllüzyondan başka bir şey değildir. Hayali bir yapıdır. Ona doğru adım atın ve üzerinden geçin. Ve özgürlüğe doğru ilerleyin. Dümdüz ileri bakın. Arkada bıraktığınızla ilgilenmeyin. Arkanızda bıraktığınız o yapıyla, ilahi âlem ilgilenecektir.

İtaat Konusu

Kitabın başında Sistemden bahsederken, en büyük dişlisinin Din olduğunu söylemiştim. Öyledir. Çünkü dini sembolleri kullanarak, bir insana yaptırılamayacak hiçbir şey yoktur. Sistemin diğer çarkları, bu kadar maharetli değildir. Sahte, çakma bir dindir bu. Tanrı'nın dinlerinde, insanlar sadece iyiye ve doğruya hizmet ederler. Ancak bu çakma dinler, iyilikle ilgili tüm değerleri çarpıtırlar. İyiyi kötü, Kötüyü de iyi gösterirler. Sonra da Kuran'daki "İtaat" ayetleriyle, insanların boğazına tasma geçirirler:

"De ki: 'Allah'a ve elçisine itaat edin.' Eğer yüz çevirirlerse şüphesiz Allah, kafirleri sevmez."[288]

"Allah'a ve elçisine itaat edin, ki merhamet olunasınız."[289]

"Ey iman edenler, Allah'a itaat edin; elçiye itaat edin ve sizden olan emir sahiplerine de. Eğer bir şeyde anlaşmazlığa düşerseniz, artık onu Allah'a ve elçisine döndürün. Şayet Allah'a ve ahiret gününe iman ediyorsanız. Bu, hayırlı ve sonuç bakımından daha güzeldir."[290]

"Kim Resûl'e itaat ederse, gerçekte Allah'a itaat etmiş olur. Kim de yüz çevirirse (bilsin ki), Biz seni onların üzerine koruyucu göndermedik."[291]

Yukarıdaki ayetlerde, Tanrı'nın Elçisine ve Tanrı'nın Elçisinin emir yetkisi verdiklerine itaat etmesi emredilmektedir. Ancak bu ayetler, "Tanrı'nın Elçisi"nden başkası için kullanılamaz. Kullanıldığı takdirde, az evvel bahsettiğim tasmalar ortaya çıkar. Tanrı'nın Elçilerine itaati emrettiği ayetleri, kendileri için kullanmaya cüret eden insanlar, takipçilerine sınırsızca her şeyi yaptırırlar. Bu konudaki yaratıcılıkları, şeytana bile parmak ısırtır.

Tanrı, *Elçi* kavramını Kuran'da peygamberleri ve melekleri için kullanmaktadır. Yukarıda verdiğim ayetlerde peygamberlerle ilgili kullanımını gördük. Aşağıdaki ayette ise, Tanrı'nın meleklerden de elçiler seçtiği belirtilmektedir:

"Allah, meleklerden elçiler seçer ve insanlardan da. Şüphesiz Allah işitendir, görendir."[292]

Ayetlerde "Elçi" olarak çevrilen kelime Arapça "Resul"dür. Şimdi verdiğim ayette, "Resul"leri Tanrı'nın seçtiğini görüyo-

288 Kur'an, Ali İmran 32
289 Kur'an, Ali İmran 132
290 Kur'an, Nisa 59
291 Kur'an, Nisa 80
292 Kur'an, Hac 75

ruz. Bir insanın kendi kendisini Tanrı'nın Resulü ilan edebilmesi veya bir grup insanın, bir kişiyi Tanrı'nın Resulü ilan edebilmeleri sözkonusu değildir.

En önemlisi de, yeryüzünde peygamberlerin dönemi kapanmış ve insanlık için yeni bir dönem başlamıştır. Tanrı başka bir peygamber göndermeyecektir. Son peygamber Muhammed'dir.

"Muhammed, sizin erkeklerinizden hiçbirinin babası değildir; ancak o, Allah'ın Resûlü ve peygamberlerin sonuncusudur. Allah her şeyi bilendir."[293]

Yukarıdaki ayette, çok açık ve net olarak, hiçbir şüpheye mahal bırakmayacak şekilde, **Muhammed Peygamber'in peygamberlerin sonuncusu olduğu bildirilmektedir.** Ayette ayrıca, Muhammed Peygamber'in Allah'ın Resulü olduğu vurgulanmaktadır. Bu da, **"İtaat" ayetlerinin, Muhammed Peygamber'den sonra başka hiç kimse tarafından kullanılmaması için adeta mühürlemektedir.** Bu kadar nettir.

Hal böyle iken, bazı insanların çıkıp kendilerini elçi ilan etmeleri, üstelik de kendilerine taraftar bulmaları, üniversitelerde incelenmesi gereken bir vakadır.

Kitap boyunca insanla ilgili pekçok kavram gördük. "Zalim" ve "Yaban" insanın özelliklerini sıraladık. Ancak bu başlık altında ele aldığımız insan türü, saydıklarımızın hepsini sapkınlıkta sollamıştır. Adeta gözü dönmüş ve arsız bir insan türüdür bu. Öyle ki işi, peygamber ayetlerini kendilerine yakıştırmaya kadar vardırmışlardır. Peygamberin eşleri, peygamberlerin evleriyle ilgili ayetler, bunların sapık zihinlerinde, kendilerini anlatmaktadır. Taraftarlarını da bağlamaktadır!

Oysa Muhammed Peygamber'in yeryüzü yaşam deneyimini tamamlamasını takiben, insanlık için yeni bir dönem başlamıştır. İnsanlığın geçtiği bu yeni evrede, yaratan ve yaratılan ara-

---

293 Kur'an, Ahzab 40

sında üçüncü kişilere ihtiyaç kalmamıştır. Olmaması da gerekir. Zira yeryüzündeki yeni düzenlemeden sonra, donanımı yükseltilen yeni insan "Halife" olma potansiyeli ile yaratılmıştır. Tanrı'nın hayali, yeryüzünde kendisinin temsilcisi olan insanların yaşamasıdır.

Tanrı'nın hayali, insanın hayaline benzemez. İnsanlar, çoğunlukla gerçekleşmesini mümkün görmedikleri şeylerin hayalini kurarlar. Oysa Tanrı'nın hayali, "Ol" demesiyle, mevcudiyet kazanır.

Dün de bugün de yeryüzünde pekçok halife yaşadı ve yaşıyor. Ancak biz onları tanımıyoruz. Tanımayacağız da. Bu konu da tıpkı inançlar konusu gibi, Tanrı ve yarattığı arasındadır. Tıpkı cennetin umulması gibi, halifelik de umulur. Durum böyle iken, bu başlıkta gördüğümüz insan türü, **kendi kendini** peygamber ilan etmekte hiçbir beis görmemektedir.

Şimdi size İsa Peygamber'in sahte peygamberlerle ilgili uyarısını vereceğim. Aşağıdaki İncil ayetinde, İsa Peygamber iyi ile kötüleri nasıl ayırt edebileceğimize dair, uygulaması çok basit bir yöntem sunmaktadır:

"<u>Sahte peygamberlerden sakının! Onlar size kuzu postuna bürünerek yaklaşırlar, ama özde yırtıcı kurtlardır. Onları meyvelerinden tanıyacaksınız. Dikenli bitkilerden üzüm, devedikenlerinden incir toplanabilir mi?</u> Bunun gibi, her iyi ağaç iyi meyve verir, kötü ağaç ise kötü meyve verir. İyi ağaç kötü meyve, kötü ağaç da iyi meyve veremez. İyi meyve vermeyen her ağaç kesilip ateşe atılır. <u>Böylece sahte peygamberleri meyvelerinden tanıyacaksınız.</u>"[294]

Konuyla ilgili buraya kadar verdiğim bilgilerin yeterli olacağını düşünüyorum. İnsanın ruhsal potansiyelini konuşmaya, artık iyice yaklaştık. Akışı korumak istiyorum. Yine de sahte peygamberlerin, dillerini eğip-bükerek, Kuran ayetleri kullanarak kurdukları saltanatlarını parçalayıp, unufak etmeye devam

---

[294] İncil, Matta 7, 15-20

etmek de beni cezbediyor. Bu sebeple, bölümün sonuna ilave bilgiler koydum. Detaylı bilgi sahibi olmak isteyenler okuyabilirler; istemeyenler diğer bölüme geçerek, kitaba devam edebilirler.

Mehdi Rüyası

Kendilerini Tanrı'nın elçisi makamına yakıştırmaya cüret eden ve çevresindekileri de "İtaat" ayetleriyle kendine bağlayan insan türü, ilaveten kendilerine Mehdiliği uygun ve münasip görmektedirler. Şu anda dünyada kendisini Mehdi zanneden yüzlerce, belki binlerce insan yaşamakta ve pekçok acılara sebep olmaktadırlar.

Ben Mehdilik konusunu, üzerinde pek fazla durmaya değer görmüyorum. Zira "Mehdi" kavramı Kuran'da geçmemektedir. Muhammed Peygamber'in ölümünden sonra biraraya toplanan hadislerden ortaya çıkmış bir kavramdır. Muhammed Peygamber Mehdiden bahsettiyse bile, ne kastettiğini asla bilemeyiz.

Üç kişinin arasındaki bir kulaktan kulağa oyununda bile, söylenenler büyük değişime uğrarlar. Bu yüzden, ben **bugünkü kullanımıyla** Mehdi kavramına itibar etmiyorum. Şayet, önemli bir konu olsaydı, Tanrı'nın kitabı Kuran'da da bulunması gerekmez miydi?

"Mehdi"nin kelime anlamı "doğru yola iletilen, doğru yola yönlendirilen, doğru yola rehberlik yapılan" demektir. Zaten tüm kitap boyunca bunlardan bahsettik. Doğru yolda yürümek, belirli bir makam ile sınırlandırılabilir mi? Bu herkesin yapabileceği ve yapması gerekendir.

İlaveten, belirli bir makam olarak Mehdilik, kelime anlamı ile tümüyle çelişkilidir. Kimse kusura bakmasın. Ayrıcalıklar, özel seçilmişlikler tümüyle Sisteme ait söylemlerdir. İnsanları köleleştirmekten, kendilerine bağlamaktan başka amaç taşımazlar. Ayrıca bu tür söylemlerden, kibir taşmaktadır. Bu yönüyle, şeytani söylemlerdir.

Biz, kendilerine Mehdiliği bir makam olarak gören ve kendilerini bu makama yakıştıran insanları, kendi küçük dünyalarında Mehdicilik oyunlarıyla başbaşa bırakalım. Ve gerçekten üzerine eğilmeye değer bir kavrama girelim.

Veli Kavramı

Şimdi inceleyeceğimiz kavram, Sistemin din çarklısının dişlerini yerinden sökecek güçtedir.

Arapça "Veli" kelimesi "vav, lam, ye" köklerinden gelmektedir. İngilizce bilenler için anlamları "follow, associate, companion, chief, master, holder, possessor"dur.

Türkçe karşılıkları şöyledir:

Follow: Takip etmek, uymak, peşinden gitmek.

Associate: Dost, arkadaş, ortak, bağlı bulunan, müttefik

Companion: Yoldaş, refakatçi, eşlik eden

Chief: Şef, amir, başkan, önder, en üst rütbeli

Master: Efendi, usta, patron, hoca, üstad

Holder: Sahip, hamil

Possessor: Malik, sahip

Kuran'da insanın tek velisinin Tanrı olduğu bildirilmektedir:

"Bilmez misin ki, gerçekten göklerin ve yerin mülkü Allah'ındır. Sizin Allah'tan başka veliniz ve yardımcınız yoktur."[295]

"Rabbinizden size indirilene uyun, O'ndan başka velilere uymayın. Ne az öğüt alıyorsunuz?"[296]

Tanrı'nın insanın velisi olduğu ile ilgili, Kuran'da pekçok ayet vardır. Ben yukarıdakileri örnek verdim. İkinci örnekteki ayet Araf suresindedir. "Veli" kavramının, Araf altındaki düalite

---

295 Kur'an, Bakara 107
296 Kur'an, Araf 3

yapısı (Yeryüzü Cenneti-Ateş düzlemleri) ile önemli bağlantıları vardır. Şimdi buna bakacağız.

"Allah, iman edenlerin velisidir. Onları karanlıklardan nura çıkarır; inkâr edenlerin velileri ise tağut'tur. Onları nurdan karanlıklara çıkarırlar. İşte onlar, ateşin halkıdırlar, onda süresiz kalacaklardır."[297]

Tablomuzda, daha önce "Tağut"u "Ateş" alanına eklemiştik. Yukarıdaki ayette "Tağut"u veli tutanların, inkarcı ve ateşin halkı oldukları, orada süresiz kalacakları belirtilmiş. Tanrı'nın ise iman edenlerin velisi olduğu, onları karanlıklardan nura çıkardığı belirtilmiş. Yeryüzü Cenneti düzlemi ile bağlantılı bir anlatım.

Doğru olanın, insanın kendisine sadece ve sadece Tanrı'yı veli almasıdır. Tanrı'dan başka veliler edinilmesi durumunda, "Ateş"in halkından olunmaktadır.

Yaratan ve yaratılan arasındaki direkt iletişimin en önemli özelliği, kişinin Tanrı'yı önder edinmesi, sadece Tanrı'yı takip etmesidir. Üçüncü kişilerin kalplerindeki asıl niyetleri asla bilemeyiz. Kişi ancak, kendi niyetinden emin olabilir. Eşi de olsa, çocuğu da olsa, en yakın arkadaşı da olsa bu böyledir. Kuran'da Nuh'un oğlu, Lut'un karısı örnek olarak verilmiştir. Aynı aileddendiler, ancak seçimleri farklı yönlerdeydi.

Kişinin başkalarına güvenerek bir yol tutması, doğru yoldan kendisini saptırabilir. Direkt Tanrı ile iletişim varken, Tanrı bunun için insanı gerekli donanımlarla donatmışken, araya niye başkalarını sokmalıdır? Nefis olan ruhsal benliğimiz, Tanrı'nın parçasını taşıyan ruhumuz ve kalbimiz.. Hepsi de bizleri doğru yola yöneltip-iletebilecek araçlardır. Kişi birini duyamasa, diğerini duyabilir. Yeter ki kendini bu iletişime açsın.

---

297 Kur'an, Bakara 257

Yüce makam sahibi, mutlak güç ve kudret sahibi Tanrı, insana dost ve yardımcı olmaya teveccüh göstermişken, insanın kendine başka veliler aramasındaki niyet nedir?

Seçim Yapma ve Sorumluluk Alma Tembelliği

Sırtını bir lidere yaslama ihtiyacı, yaşamının ve seçimlerinin sorumluluğunu almaktan kaçmaktır.

"Ben yapmadım, o yaptı", *"O söyledi, ben de yaptım"* demek içindir. Bu bir yetişkin davranışı değildir. Çocuksu bir davranıştır. Bu satırları herkes kendi üzerine alarak düşünmelidir. Kişinin iradesini teslim ettiği kişi, bazen "sözde" bir dini liderdir, bazen de bir yoga master, psikolog, NLP uzmanı veya herhangi biri olabilir. Bir toplumda kanaat önderliği, mentorluk önemlidir. Ancak çok önemli bir sınır vardır. Hiçbir yaşam koçu, kanaat önderi veya mentor sizin seçimlerinize karışmamalıdır. Siz de bir konuda ne yapmanız gerektiğini onların iradesine bırakmamalısınız. Seçiminizi yapmalı ve bu seçimin sorumluluğunu almalısınız.

Yetişkin bir insan, seçimlerinin sorumluluğunu almak istemezse, bu da bir seçim olmaktadır. Sorumluluk alma tembelliği ile sırtını Tanrı'dan başkasına yaslamak da bir seçimdir. Bu yüzden, *"Ben, bana söyleneni yaptım"* demek geçerli bir mazeret değildir.

Bir ayette, Tanrı insanın düşmanları olduğuna vurgu yaparak, veli ve yardımcı olarak kendisinin yeterli olduğunu söylemektedir.

"Allah, sizin düşmanlarınızı daha iyi bilendir; bir veli olarak Allah yeter, bir yardımcı olarak da Allah yeter."[298]

İnsanın düşmanları ve Tanrı'dan başka edindiği "Veli"ler kimlerdir?

---

298 Kur'an, Nisa 45

Tanrı'dan Başka Edinilen Veliler

1- Tağut.

İlgili ayeti yukarıda vermiştim.

2- (El) Şeytan

"Onları -ne olursa olsun şaşırtıp-saptıracağım, en olmadık kuruntulara düşüreceğim ve onlara kesin olarak davarların kulaklarını kesmelerini emredeceğim ve Allah'ın yarattığını değiştirmelerini emredeceğim.' Kim Allah'ı bırakıp da şeytanı (El Şeytan) dost (veli) edinirse, kuşkusuz o, apaçık bir hüsrana uğramıştır."[299]

"İman edenler Allah yolunda savaşırlar, inkar edenler ise tağut yolunda savaşırlar; öyleyse şeytanın (El Şeytan) dostlarıyla (Veli) savaşın. Hiç şüphesiz, şeytanın hileli-düzeni pek zayıftır."[300]

"Kimine hidayet verdi, kimi de sapıklığı haketti. Çünkü bunlar, Allah'ı bırakıp şeytanları (El Şeytan) veli edinmişlerdi."[301]

"Andolsun Allah'a, senden önceki ümmetlere de (elçiler) gönderdik, fakat şeytan (El Şeytan) onlara yapıp ettiklerini süslü göstermiştir; bugün de onların velisi odur ve onlar için acı bir azab vardır."[302]

3- Kafirler

"Mü'minler, mü'minleri bırakıp da kafirleri veliler edinmesinler. Kim böyle yaparsa, Allah'tan hiçbir şey yoktur..."[303]

"Onlar, mü'minleri bırakıp kafirleri dostlar (veliler) edinirler. 'Kuvvet ve onuru' onların yanında mı arıyorlar? Şüphesiz, 'bütün kuvvet ve onur,' Allah'ındır."[304]

4- Başka İnsanlar

---

299 Kur'an, Nisa 119
300 Kur'an, Nisa 76
301 Kur'an, A'râf 30
302 Kur'an, Nahl 63
303 Kur'an, Ali İmran 28
304 Kur'an, Nisa 139

"İnkâr edenler, Beni bırakıp kullarımı veliler edindiklerini mi sandılar? Gerçekten Biz cehennemi kafirler için bir durak olarak hazırlamışız."[305]

Şimdi bir soru daha sormak istiyorum:

Tanrı'yı bırakıp kâfirleri, şeytanları veya başka insanları veliler edinenler kimlerdir? Bu ayetlerin muhatapları kimlerdir?

Peki ya bu ayetlerde Tanrı'dan başka veliler **edinilenler** kimlerdir? İçlerinde tanıdıklarımız olabilir mi?

El Şeytan Kavramı

İşte geldik "El Şeytan" bahsine. Şeytan olarak kimlik bulmuş, aramızda yaşayan bu karanlık insanlara. Daha önce de onlardan, "El Nefis" olarak kişilik bulmuş insan-şeytanlar bahsinde kısaca değinmiştik. Şimdi onların tüm kişilik özelliklerini sıralayacağız. Çevremizde, bu tarife uyan kişilerin kimler olabileceğini düşüneceğiz.

Bu sessiz bir düşünme olacak. Herkes, Kuran'dan alacağımız tanımlarla, tarife uyan kişilerin çevrelerinde kimler olabileceğini, kendi kalplerine soracaklar. Cevaplar belki hemen birkaç saniye içinde, belki birkaç gün içerisinde tümüyle gelecektir.

Sizlerin yaşam düzlemlerinizde bu kişilerin kimler olabileceğini ben bilemem. Bazıları ortak tanıdıklarımız olabilir, bazıları olmayabilir.

Şunu bilmenizi isterim. Tanıdığınız tüm o isimler, zihninizde, boncuklar gibi yanyana bir ipe dizilecekler. Zihninizde o ipi, üzerindeki boncuklarla birlikte, avucunuzun içine alın ve uzay boşluğuna savurun. Fırlatın atın onları. Yaşam düzleminizden gitmeleri emrini verin onlara. Onlara artık ihtiyacınız kalmadığını söyleyin.

Sonra içinize dönün ve kalbinize yoğunlaşın. Aşağıda verdiğim niyeti, kendi cümlelerinizle söyleyerek, bu konuda Tanrı'dan yardım isteyin.

"Tanrım, benim yolum sanadır. Benim yolum ışığa ve sevgiyedir. Benim tek velim sensin Tanrım. Bilerek veya bilmeyerek, isteyerek veya istemeyerek, bugüne kadar kendime edindiğim, senden başka tüm velileri hayatımdan çıkarıyorum. Bütün kuvvet ve onur senindir. Bunu biliyorum ve sırtımı sadece sana yaslıyorum. Tanrım, lütfen yolumu aç, beni yardım ve desteğinle koru. Teşekkür ederim."

El Şeytan'ın Özellikleri:

- Büyü yapar 2/102
- İnsanın apaçık düşmanıdır 2/168
- Fakirlikle korkutur 2/268
- Çirkin hayasızlıkları (ahlaki olmayan şeyleri) emreder 2/268
- Şaşırtıp saptırır 4/119, 25/29
- Olmadık kuruntulara düşürür 4/119
- Vaadlerde bulunur. Vaadleri boştur, aldatıcıdır 4/120
- Yalan vaadlerde bulunur 14/22
- İnsanların arasına düşmanlık ve kin düşürmek ister 5/91
- Kardeşlerin arasını açar 12/100
- İnsanların aralarını açıp bozar 17/53
- Unutturur 6/68
- Ayartarak yerde şaşkınca bırakır 6/71
- Aldatmak için yaldızlı sözler fısıldar 6/112
- İyilerle mücadele etmeleri için kendi dostlarına gizli-çağrılarda bulunur. 6/121
- Aldatır 7/22
- Amellerini (yaptıkları işi) süslü gösterir 8/48, 16/63

- Tahrik edip kışkırtır 19/83, 7/200, 23/97
- Çirkin utanmazlıkları ve kötülüğü emreder 24/21
- Yaptıklarını süsleyip, doğru yoldan alıkoyar 27/24, 29/38
- Yoldan alıkoyar 43/62
- Tanrı'nın indirdiği yerine, atalarının dinine uydurtur 31/21
- Çılgınca yanan ateşe çağırır 31/21
- Kendi grubunu çılgınca yanan ateşin halkından olmaya çağırır 35/6
- Aralarında bina ustası ve dalgıç olanları vardır 38/37
- Kahredici bir acı ve azap dokundurur 38/41
- Kışkırtır ve uzun emellere kaptırtır 47/25
- Gizli toplantılar yapar 58/10
- Sarıp-kuşatır 58/19
- Tanrı'yı anmayı unutturur 58/19

Şeytana dönüşmüş, "El Şeytan" olmuş insanların özellikleri böyledir. İnsan-şeytanlar, dini sembolleri kullanmakta çok ustadırlar. Dini sembolleri kendi gizli amaçları için kılıf olarak kullanırlar ve takipçilerine her türlü kötülüğü yaptırırlar.

Sevgili okurlarım,

Çok iyi bilinmelidir ki, kutsal amaçlara kötü yollardan ulaşılmaz. Yalan söyleyerek, emanete hıyanet ederek, hırsızlık yaparak, çalarak, can alarak, insanların özgürlüklerine kast ederek, insanları birbirlerine düşürerek, insanlara kötü lakaplar takarak, insanları meydanlarda aşağılayarak, cinsel fantazilerini gerçekleştirmek için yine kılıflar üreterek vb. asla iyiliğe ulaşılamaz. Bu saydıklarım, kötülükten başka şeyler değildir. Hiçbir gerekçeyle, iyilerin yapacağı işler olamazlar. Şayet, bunları yapmak için, makul gerekçeler üreten birilerini tanıyorsanız, bu insanların yaptıkları yalan söylemekten başka bir şey değildir. Tipik aldatmadır.

Bu tip insanlarla kolkola yürümenin sonuçları da çok ağırdır. Kötülükte daha ötesi yoktur. Aşağıdaki ayetler, Şeytanların kimlere indiklerini tasvir etmektedir.

"Şeytanların kimlere inmekte olduklarını size haber vereyim mi? 'Gerçeği ters yüz eden,' günaha düşkün olan her yalancıya inerler. Bunlar (şeytanlara) kulak verirler ve çoğu yalan söylemektedirler."[306]

El Şeytan ve Araf

Tanrı'dan başkasını veliler edinenlerle ilgili Kuran ayetlerindeki kavramlar, "Araf"ın altındaki "Ateş" ve "Yeryüzü Cenneti" alanları ile bağlantılıdır. Aşağıdaki ikili kavramlar, "El Şeytan" ile ilgili ayetlerde kullanılmaktadır.

Hidayet-Sapıklık

Gören-Görmeyen

Nur-Karanlık

Daha önce Araf ile ilgili konuşurken, oradaki arınma sisteminden bahsetmiştim. Acaba Şeytan da benzer bir amaca hizmet ediyor olabilir mi? Öncelikle şu ayete bakalım:

"Oysa onun, kendilerine karşı hiç bir zorlayıcı-gücü yoktu; ancak biz ahirete iman edeni, ondan kuşku içinde olandan ayırdetmek için (ona bu imkanı verdik). Senin Rabbin, her şeyin üzerinde gözetici-koruyucudur."[307]

Yukarıdaki ayetin bir öncesinde İblis'ten bahsedilmekte, İblis'in zannının doğru çıktığı ve insanlardan bir kısmının ona uyduğu belirtilmektedir. Bu ayette ise, İblis'in hiçbir zorlayıcı gücü olmadığı ve Tanrı'nın iman eden ile kuşku içinde olanı ayırt etmek için ona imkan tanıdığı belirtilmektedir.

İblis'in ruhsal âlemde meleklerin arasından sıyrıldığını ve düalitenin ortaya çıkışını hatırlayın. Şimdi de, iman edenlerle kuşku içinde olanların birbirlerinden ayırt edilmeleri için İblis'e

---

306 Kur'an, Şuara 221-223
307 Kur'an, Sebe 21

izin verildiği bilgisini alın. Her iki bilgi de, şimdi size vereceğim ikinci bir tür arınma yöntemini çağrıştırmaktadır.

El Şeytan ve Arınma

Kirli sudan, arı su temin etmek için, daha önce bahsettiğim yöntem *Ters Osmoz* idi. Araf altındaki "Ateş"-"Yeryüzü Cenneti" alanları gibi, iki tanktan oluşuyordu. Sisteme basınç uygulandığında, kirli su filtreye doğru itiliyor, 1. Tankta kirler kalıyor, 2. Tanka sadece saf ve temiz su geçiyordu.

Şimdi, maddeleri fiziksel olarak birbirlerinden ayırmak için kullanılan **Mıknatıs yönteminden** bahsedeceğim. Zira, İblis (ve şeytan orduları) düalite içerisinde adeta eksi kutuptur. Tıpkı bir mıknatıs prensibiyle çalışır.

Mıknatıs, bir karışımın içindeki demir, nikel ve kobaltı karışımdan ayırır ve kendine doğru çeker.

Tıpkı yukarıdaki ayette, ahirete iman edenler ile kuşku içinde olanların birbirlerinden ayrılmaları gibidir. Ahirete inananlar dosdoğru yollarında dururlar. Kuşku içinde olanlar Şeytan'ın yanına giderler.

Şeytan'ın zorlayıcı gücü bakın kimler üzerinde etkilidir? Kimler demir, nikel ve kobalt gibi mıknatısa yönelmektedirler?

"Onun zorlayıcı-gücü ancak onu veli edinenlerle, onunla O'na (Allah'a) ortak koşanlar üzerindedir."[308]

İnsan-şeytanların, yukarıdaki saydığım özellikleri ile uyumlu bir özelliği de insanlara korku salmalarıdır. Bunu meydanlarda kükreyerek, hırlayarak, diş göstererek ve insanları tehdit ederek yaparlar. **"Biz yoksak, siz de yoksunuz"**, **"Biz olmazsak parasız kalırsınız"**, **"Size biz bakıyoruz"** , **"Dışarısı kötü, size buradan başka yerde hayat yok"** söylemleridir bunlar.

---

308 Kur'an, Nahl 100

Ayrıca bu insanlar, şov yapmakta da mahirdirler. Kendilerinin çok cesur oldukları imajını yaratmaya çalışırlar. Oysa gerçek hiç de böyle değildir. Bu insanlar, ortalama insanlardan çok daha korkak ve tırsıktırlar. Bu taraflarını göstermemek, gerçek karakterlerini fark ettirmemek için, kükremelerini çok şiddetle savururlar.

Filozof ve Teolog *Peter Deunov*'un cesaretin ne olduğuyla ilgili çok sevdiğim bir sözü vardır:

"Ataklık ve Cesaret farklı şeylerdir. Ataklık korku kaynaklıdır. Kedi tehlike anında insanın üzerine atlar. Oysa, Tanrı'nın her yerde olduğunu bilirseniz, cesaretli olursunuz. Her şey yolundadır. İnsanlar kendilerini garanti altına almak için atak davranırlar. Ataklık, karşı hamledir. Çünkü korkmaktadırlar."[309]

Ve insan-şeytanlarla ilgili son sözlerimi söyleyerek bu başlığı sonlandırayım:

Şeytanlar, sadece ve sadece kendilerini dost edinenleri korkutabilirler.

"İşte bu şeytan, ancak kendi dostlarını korkutur. Siz onlardan korkmayın, eğer mü'minlerseniz, Ben'den korkun."[310]

Ve Tanrı'nın izni olmadıkça, insan-şeytanlar inançlı kimseye zarar veremezler!

"...Oysa Allah'ın izni olmaksızın o, onlara hiçbir şeyle zarar verecek değildir. Şu halde müminler, yalnızca Allah'a tevekkül etsinler."[311]

Tutsaklıktan Kurtulmak

Din tacirlerinin sisteminde iki türlü tutsaklık vardır. Kendi iradeleriyle tutsak olanlar, kendi iradelerinin dışında "zorla" tutsak tutulanlar.

---

309 Le Livre des Anges, Peter Deunov, Editions Ultima, Sf. 47
310 Kur'an, Ali İmran 175
311 Kur'an, Mücadele 10

Ben bu kitabı, her iki yolla tutsak olan tüm ruhlara ithaf ettim. Bir gün gelecek ve o gün, bizler özgürlük şerbetlerimizi karşılıklı yudumlayacağız. Bunu biliyorum. Her iki yolla tutsak olanlara birkaç şey söylemek istiyorum:

Kendi İradeleriyle Tutsak Olanlar

Bugüne kadar her ne seçimde bulunmuş olursanız olun, Tanrı her zaman bağışlayıcı olarak yanıbaşınızdadır. Bir anlık niyetinizle ve bağışlanma dileğinizle, sizi sarıp-sarmalamış bu batıl yoldan sıyrılabilirsiniz. Tanrı sizi çok sevmektedir. Bu sevgi sizi hasretle bekleyen aileleriniz, kardeşleriniz ve dostlarınız aracılığıyla akmaktadır. Bu sevgiyi almak için, tek gereken kendinizi açmanızdır.

Bu tip yapılardan çıkmayı başarmış onlarca insan tanıyorum. Ve her birinin, kendilerine ne harika yaşamlar kurduklarını görüyorum. Sizleri kendine tutsak eden bu yapılardan sıyrılmaya karar verirseniz, siz de kendinize harika yaşamlar kurabilirsiniz. Dışarısı kötü değildir. Dışarıda, içeride karşılaştığınız ve *iyi olduklarını düşündüğünüz* (?) insanlardan çok çok çok daha fazla iyi insanlar yaşamaktadır. Siz de iyiliğin tarafında olur ve "Yeryüzü Cenneti" düzleminde yaşamayı seçerseniz, etrafınıza sizin gibi iyi insanlar toplanırlar. Tanrı size bolluğundan akıtacak yollar bulur. Siz şu anda, bu yolların neler olabileceğini bilemeyebilirsiniz. Ancak su yolunu bulur. Bu da ilahi bir yasadır. Bolluk sizin de yaşam düzleminize akacak yollar bulacaktır. Tek yapmanız gereken, sırtınızı Tanrı'ya yaslayarak, dışarı adım atmaktır.

Bunu yapmadığınız ve özgür iradenize sahip çıkmadığınızda, birilerine TÂBİ kalmanın sonuçları sizi hayal kırıklığına uğratabilir:

"Onların tümü-toplanıp Allah'ın huzuruna çıktılar da, zayıflar büyüklük taslayanlara dedi ki: 'Şüphesiz, biz size tâbi idik; şimdi siz, bizden Allah'ın azabından herhangi bir şeyi önleyebiliyor musunuz?' Dediler ki: 'Eğer Allah bize doğru yolu gösterseydi biz de sizlere doğru

<u>yolu gösterirdik.</u> Şimdi yakınsak da, sabretsek de farketmez, bizim için kaçacak bir yer yoktur."[312]

İşte özgür iradesini, üçüncü kişilere teslim edenlerin uğrayacakları **Ebedi Hayal Kırıklığı** böyle bir şeydir. Kişileri bu noktaya taşıyan, Tanrı ile aralarına başkalarını sokmak olmuştur. Aldıkları *"Eğer Allah bize doğru yolu gösterseydi, biz de sizlere doğru yolu gösterirdik"* cevabı tüyler ürperticidir.

Tanrı doğru yolu gösterir, kişi de bu yolda yürür. Tanrı ile direkt iletişim kurmak dururken, araya niye başka kulaklar sokulmaktadır?

Lütfen, bu soruları kalbinize sorun. Alacağınız cevaplar aynı zamanda size **Acil Çıkış Kapısının** yolunu da gösterecektir.

Zorla Tutsak Tutulanlar

Şunu bilmenizi isterim ki, Sisteme karşı durarak, doğruyu konuşma, evrensel doğrulara göre hareket etme kararlılığınıza büyük hayranlık duyuyorum. Sizler, duvarlar arasında tutuluyor olsanız bile, yeryüzünde hiçbir varlığın ruhsal tarafınızı kısıtlamaya gücü ve imkanı yoktur. Olamaz. Ruha hiçbir kelepçe, hiçbir pranga işlemez. Bu yaşadığınız süreç, ruhsal tarafınızın farkındalığını daha çok kazanmak için büyük fırsattır. Bilin ki, sizler Cennet basamaklarını çıkmayı garantilediniz. Arınma zamanlarında, "Ebedi Cenneti Garantilemek" ile ilgili konuştuklarımızı hatırlayın. Şu an özgür olup, sizlerin yakaladığı bu fırsata imrenen pek çok insan bulunmaktadır.

Bu sürecin kısa ömürlü olduğunu da bilin. Tağut'un sistemi kırılgandır. Tağut'un sistemi fay hatları üzerinde kurulmuştur. Tağut'un binası derin çatlaklarla doludur. Tağut'un binasının temeli de yoktur.

---

312 Kur'an, İbrahim 21

Tutsak tutulduğunuz duvarların ardında karşıladığınız her yeni güne, ilahi yargılama gününe yaklaştığınızı bilerek başlayın. Sizlere ilahi yargılamayla ilgili bir ayeti hatırlatmak isterim:

"Yer, Rabbi'nin nuruyla parıldadı; (orta yere) kitap kondu; peygamberler ve şahidler getirildi ve aralarında hak ile hüküm verildi, onlar haksızlığa uğratılmazlar."[313]

İşte sizler, bu ilahi yargılama sırasında, peygamberlerle birlikte orada bulunacak olan şahitlersiniz. Bu tarihi günde, orada olma şerefini yakalayacaksınız.

Sadece ilahi yargılama mı?

Yeryüzü mahkemeleri de, insan-şeytanları ve taraftarlarını yargıladığında, sizler orada da bulunacaksınız.

İnsanlar aralarında tartışmalara girecekler. İdam mı edelim? Müebbet cezalara mı çarptıralım? Tek kişilik hücrelerde hapis cezası mı verelim? Mallarına el mi koyalım? Tüm bunların tartışıldığını duyacaksınız.

Tüm bu konuşmalar arasında, sizler hakkaniyetin, adaletin ve dürüstlüğün yine yanında olacaksınız. Adil yargılamanın nasıl yapılması gerektiğini, tüm âleme göstereceksiniz.

Yüreklerinizi açık ve ferah tutun. Tanrı'nın ve meleklerinin tüm yardımı ve desteği sizlerle olsun.

Nebi vs Resul (İsteğe Bağlı Okunabilir)

Sahte Peygamberler, insanlara boyunlarından tasma takmak için, Kuran ayetlerini, kirli amaçları için kullanırlar.

Kuran'daki tüm itaat ile ilgili ayetleri, tek bir tane bile atlamadan, aşağıda sıralayacağım. <u>Ve bu sahte peygamberlerin, çakma dinlerini alaşağı edeceğim. Çürük saltanatlarını yerle bir edeceğim.</u>

---

313 Kur'an, Zümer 69

Bu ayetleri okuyan, tüm samimi ve içten kalplerin yeniden özgürlüklerine kavuşacaklarına inanıyorum. Onları kalpleri ve vicdanlarının öğütleri ile başbaşa bırakıyorum.

Önce, itaat konusunun belkemiği 2 ayeti tekrar görelim:

1- Peygamberlik Muhammed Peygamber ile son bulmuştur.

"Muhammed, sizin erkeklerinizden hiçbirinin babası değildir; ancak o, Allah'ın Resûlü ve peygamberlerin sonuncusudur. Allah her şeyi bilendir."[314]

Bu ayette "Peygamberlerin sonuncusu" ifadesindeki 'Peygamber' kelimesi "Nebi"dir. Nebi "kutsal kitap verilen peygamber" demektir. Kuran'da bu peygamberlerin isimleri verilmiştir. Bu yüzden, sahte peygamberler "Nebi" kavramını kullanarak insanları kendilerine biat ettiremezler. Onlar, "Resul" kavramına çalışırlar. Kendilerini "Resul" ilan etmektedirler.

Oysa...

2- Resuller, ancak ve ancak, sadece ve sadece Tanrı tarafından seçilirler.

Kimse, kendi kendisini Resul ilan edemez. Bu eşyanın tabiatına aykırıdır. Nasıl ki bir erkek, çocuk doğuramazsa, doğurganlık sadece kadına has bir özellikse, resullük de Tanrı'nın seçtiğine has bir özelliktir.

"Allah, meleklerden elçiler seçer ve insanlardan da. Şüphesiz Allah işitendir, görendir."[315]

İtaat Ayetleri

İçinde "İtaat" ve "Biat" kelimeleri geçen, Kuran'daki tüm ayetler aşağıda sıralanmıştır. Kelime köklerinden yola çıkarak, bütün Kuran ayetlerini, teker teker inceledim. Sıralayacağım

---

314 Kur'an, Ahzab 40
315 Kur'an, Hac 75

tüm ayet numaralarının karşılarına, "İtaat-Biat" kavramlarının ne şekilde geçtiğini belirttim.

Tanrı'nın "İtaat" edilmesini emrettiği resullerin, cümle içerisinde nasıl kullanıldığına özellikle dikkat etmek gerekiyor. Ben 3 çeşit kullanım tespit ettim.

1- Allah'a ve Resulüne itaat.

Bu anlatımdaki "Resulüne" ifadesinde iyelik zamiri vardır. "üne" eki ile Resul'ün Allah'a ait olduğu belirtilmektedir.

2- Allah'a ve El Resul'e itaat

"El Resul" baştaki "El" takısı belirli bir kişiyi ifade etmektedir. Ayetlerde "El Resul" ifadesi "Allah" ile birlikte kullanılmaktadır. İkinci bir "Allah'ın Resulü" ifadesidir.

3- Ben güvenilir bir elçiyim, bana itaat edin

Bu ifadelerde, elçi kelimesiyle birlikte "Allah" kelimesi kullanılmamıştır. Elçi kelimesinin başında, herhangi bir belirleme takısı da yoktur. Ancak bu elçilerin isimleri, hemen bir önceki ayetlerde verilmiştir. İtaat edilmesi emredilen elçilerin isimleri bellidir.

4- Allah'a ve El Nebi'ye biat ayetleri

Ayetler

24/47 **Allah'a** ve Resul**üne** itaat ettik diyorlar...

24/51 **Allah'a** ve Resul**üne** aralarında hükmetmesi için...

24/52 Kim **Allah'a** ve Resul**üne** itaat ederse...

24/54 **Allah'a** itaat edin ve **El Resul'e** itaat edin

24/56 **El Resul'e** itaat edin (İki ayet önce, "Allah-El Resul" birlikte kullanılmıştır.)

26/106 (**Nuh:**)

26/107 Ben güvenilir **bir elçiyim**

26/108 Bana itaat edin

26/110 Bana itaat edin (**Nuh:**)

26/125 (**Hud:**)

26/126 Ben güvenilir **bir elçiyim**

26/127 Bana itaat edin

26/131 O halde bana itaat edin

26/142 (**Salih:**)

26/143 Ben güvenilir **bir elçiyim**

26/144 Bana itaat edin

26/150 Bana itaat edin

26/161 (**Lut:**)

26/162 Ben güvenilir **bir elçiyim**

26/163 Bana itaat edin

26/177 (**Şuayb:**)

26/178 Ben güvenilir **bir elçiyim**

26/179 Bana itaat edin

33/33 **Allah'a** ve Resul**üne** itaat edin

33/36 Keşke biz **Allah'a** itaat etseydik, **El Resul'e** itaat etseydik

33/71 Kim **Allah'a** ve Resul**üne** itaat ederse

47/33 **Allah'a** itaat edin, **El Resul'e** itaat edin

48/17 Kim **Allah'a** ve Resul**üne** itaat ederse

48/18 Ağacın altında **sana biat** ettikleri zaman... (Önceki ayetten, biat edilenin "Allah ve Resulü" olduğunu görüyoruz.)

49/7 **Allah'ın** Resul**ü** içinizdedir...

49/14 **Allah'a** ve Resul**üne** itaat ederseniz

58/4 **Allah'a** ve Resul**üne** inanmanız içindir

58/13 **Allah'a** ve Resul**üne** itaat edin

60/12 Ey Peygamber (**El Nebi**)... sana **biat** etmek amacıyla geldikleri zaman, onların biatlarını kabul et...

64/12 **Allah'a** ve **El Resul'e** itaat edin

71/1 (**Nuh:**)

71/3 **Allah'a** kulluk edin, bana (Nuh) itaat edin

48/9 **Allah'a** ve Resul**üne** iman edenler

48/10 **Sana biat** edenler, **Allah'a biat** etmişlerdir

Bu bölümü, Tanrı'nın "benzeriniz olan bir beşere" itaat edilmemesi uyarısı ile tamamlıyorum.

Bir beşer, başka bir beşere itaat edemez. İtaat sadece ve sadece Allah'ın peygamberlerine ve Allah'ın Resulüne yapılır. Bir kişi, kendi kendini resul ilan etse de, bu onun bir "beşer" olduğu gerçeğini değiştirmez. Böyle bir kişinin takipçilerinin uğrayacağı hüsrana "**Andolsun**" ve "**gerçekten**" ifadeleriyle iki kere vurgu yapılmıştır. Çok ciddi bir uyarıdır.

"Eğer benzeriniz olan bir beşere boyun eğecek olursanız (itaat)[316], andolsun, gerçekten hüsrana uğrayanlar olursunuz."[317]

---

316 Bu bölümde, parantez içinde "İtaat" yazan tüm kelimeler, "Tı, vav, ayn" kökünden gelmektedir.

317 Kur'an, Müminun 34

9. BÖLÜM

RUHSAL POTANSİYELİN GÜCÜ

"İnsanlık; yaşamın yüzde doksandokuzunu, varlığının yalnızca yüzde biri olan beden için harcamaktan vazgeçmeye başladığı oranda ilerlemeye başlar..." Ausey

Öncelikle, tüm okurlarımı bu bölüme ulaşmayı başardıkları için kutluyorum. Önceki bölümlerde çok önemli şeyler konuştuk. Bize öğretilenden çok farklı bir yaratılış gördük. Yine bize öğretilenden çok farklı bir inanç sistemiyle karşılaştık. Ayrıca şu an yeryüzünde yerleşik Sistemi ve işleyiş mekanizmasını tanıdık. Bu mekanizmanın dışına çıkmanın önemini ve yollarının neler olabileceğini konuştuk.

Kitapta bu sayfaya ulaşmayı başardıysanız, Tanrı'ya inandığınızı ve iyinin tarafında olduğunuzu düşünüyorum. Bu bir halifede aranan temel özelliktir. Şimdi gelin, kimler halife olabilir, buna bakalım.

KİMLER HALİFE OLABİLİR?

Tanrı'nın "Halife" yaratmaya karar vermesini takiben, yeryüzündeki yeni düzenleme olmuş, insanın yaratımı yükseltilmişti. Adem'in yaratılışını incelerken, tüm bunları konuştuk. Bugünkü insanın, "Halife olma potansiyeli ile" yaşamda olduğundan bahsettik.

Kuran'a soralım; kimler Halife olabilir?

"O sizi yeryüzünün halifeleri kıldı ve size verdikleriyle sizi denemek için kiminizi kiminize göre derecelerle yükseltti..."[318]

"...Nuh kavminden sonra sizi halifeler kıldığını ve sizin yaratılışta gelişiminizi arttırdığını (veya üstün kıldığını) hatırlayın..."[319]

"Ad (kavminden) sonra sizi halifeler kıldığını ve sizi yeryüzünde (güç ve servetle) yerleştirdiğini hatırlayın..."[320]

"Umulur ki, Rabbiniz düşmanınızı helak edecek ve sizleri yeryüzünde halifeler kılacak, böylece nasıl davranacağınızı gözleyecek' dedi."[321]

"Sonra, nasıl yapıp-davranacaksınız diye gözlemek için, onların ardından sizi yeryüzünde halifeler kıldık."[322]

"Fakat onu yalanladılar; biz de onu ve gemide onunla birlikte olanları kurtardık ve onları halifeler kıldık..."[323]

"Ya da sıkıntı ve ihtiyaç içinde olana, kendisine dua ettiği zaman icabet eden, kötülüğü açıp gideren ve sizi yeryüzünün halifeleri kılan mı? Allah ile beraber başka bir ilah mı? Ne az öğüt-alıp düşünüyorsunuz."[324]

---

318 Kur'an, Enam 165
319 Kur'an, Araf 69
320 Kur'an, Araf 74
321 Kur'an, Araf 129
322 Kur'an, Yunus 14
323 Kur'an, Yunus 73
324 Kur'an, Neml 62

"Yeryüzünde <u>sizi halifeler kılan</u> O'dur. Öyleyse kim inkâr ederse, artık inkârı kendi aleyhinedir."[325]

"Allah'a ve Resûlü'ne iman edin. '<u>Sizi kendilerinde halifeler kılıp</u> harcama yetkisi verdiği' şeylerden infak edin. Artık sizden kim iman edip infak ederse, onlara büyük bir ecir vardır."[326]

Ayetlere baktığımızda, halife kavramı ile ilgili hiçbir sınırlandırma olmadığını görüyoruz. Gördüğümüz tek şey, halifeliğin zamanlamasıdır. Nuh ve Ad kavminden sonra halife kılınma, yaratılışta gelişimin artırılması ve insanın nasıl yapıp-davranacağının gözlenmesi ifadeleri dikkat çekmektedir. Yeni insanın, öncekinden farkı, Tanrı'nın ruhunun üflenmesiydi. Nefis, önceki insanda da vardı. Bunları hep konuştuk.

Kuran ayetleri, halifeliğin siyasi bir makam olmadığını çok açık ve net ortaya koymaktadır. Halifelik, insanın ruhsal tarafından gelen bir özelliğidir ve ruhsal âlemde yaratılmıştır.

Siyasi makam olarak Halifelik, Muhammed Peygamber'in ölümünden sonra ortaya çıkmıştır. Muhammed Peygamber'in ölümünden sonra, Sistem hiç vakit kaybetmemiş ve dini "öz"ünden uzaklaştırmaya başlamıştır.

Halifeliğin, Tanrı'nın ruhundan parça taşıyan, tüm insanlığa verilmiş bir armağan olması Sistem ve "Din Tacirleri" için kötü bir haberdir. Bu kişilerin, diğer insanlardan hiçbir farkı ve ayrıcalığı yoktur. Çürük tahtları çoktan çatırdamaya başlamıştır. Ve yıkılması an meselesidir.

Halifelik, Tanrı'nın insana armağanı olmakla birlikte, önemli bir sorumluluktur da. Yeni insanın yaratılışı ile birlikte, ruhsal âlemde "Ebedi Cennet" ve "Cehennem" yaşam planlarının da yaratıldığını hatırlayın. Bu sorumluluğa yaraşır şekilde yaşayanlar "Ebedi Cennet"te ağırlanacaklardır. Bu sorumluluğa sırtlarını dönüp, yeryüzü yaşamlarını insan-şeytan veya onun taraftarı

---

325 Kur'an, Fatır 39
326 Kur'an, Hadid 7

olarak geçirmeyi tercih edenler de, kendilerini layık gördükleri yaşam planında ebedi yaşamlarını sürdüreceklerdir.

Halifelik Nedir? Ne Değildir?

Öncelikle, Halifeliğin ne olmadığına bakalım:

Halifelik, asla ve kesinlikle bir makam veya bir asalet ünvanı değildir. Bu tip anlayışların Sisteme ait olduğunu artık hepimiz çok iyi biliyoruz.

Ayrıca halifelik, hiçbir zümrenin, hiçbir sınıfın, hiçbir cinsiyetin tekeline de verilmemiştir. Büyük Tufandan ve Ad kavmine gelen rüzgar felaketinden kurtulanlar kadın-erkek biraradadırlar.

Halifelik bir Sorumluluktur.

Bu sorumluluk yaratılıştan tüm insanlığa verilmiştir. Halifelikte belirleyici olan, bu sorumluluğu alıp almamaktır. Sorumluluğu alıp, onda kararlı davranmaktır. Adem'in yaratılışı ile ilgili ayetlerde, Tanrı, Adem'in ahidini unuttuğunu ve bu konuda kararlılık göstermediğini bildirmektedir. "Ahid" kelimesi Kuran'da "verilen söz, emir ve sorumluluk" anlamlarında kullanılmaktadır.

"Andolsun, biz bundan önce Adem'e ahid vermiştik, fakat o, unuttu. Biz onda bir kararlılık bulmadık."[327]

Halifeliğin Aşamaları

Halifelik kavramının anlamlarını daha önce görmüştük. Tanrı'nın temsilcisi, vekili, başarı skorcusu bir kişilikten bahsetmiştik.

- Bir kişinin Tanrı'nın temsilcisi veya vekili olabilmesi için, doğal olarak önce Tanrı'ya inanması gerekir.

- Sonra da, iyilikten taraf olması gerekir.

---

327 Kur'an, Taha 115

- Yeryüzünde halife olarak yürürken, gittiği her yere sevgiyi ve iyiliği de beraberinde götürmesi gerekir. Bunun için önce kendi kalbini sevgiye açmalıdır. Gerisi sonradan gelir.

- En önemlisi de, bir halifenin yeryüzünde sevgiye hizmet eden bir amaca bağlanmış olması gerekir. İnsan sağlığı, hayvan sağlığı, çevre, doğa, yardım faliyetleri, evrensel değerlerin yayılması, zayıf bırakılmış kadınlar veya çocuklarla ilgili konulardır benim ilk aklıma gelenler. Eminim, bugüne kadar kimsenin el atmayı aklına getirmediği pek çok bakir konu da vardır.

Halifeler ayrıca, iyi ve kötü arasındaki mücadelenin zirve yaptığı dönemlerde, en çok çalışması gereken insanlardır. Onlar, kendi çalışma sahalarında, kendi görev alanlarında, kendi yetkileri çerçevesinde, hakkı ve doğruyu konuşmak, adaleti canlı tutmak, hakkaniyetli davranarak anlaşmazlıklarda hakem olmak gibi türlü görevler üstlenebilirler.

Kişi kendini ne kadar saf ve temiz tutarsa, Tanrı'nın sistemine hizmet arzusu ne kadar güçlü ve samimiyse, o nisbette etkili olur. Ve etki alanı, günden güne genişler.

Halife Sorumluluğu Talep Etme Duası

Halifelik, tıpkı "Yeryüzü Cenneti" düzlemi gibi, kişinin arzuladığı, ancak kendinden emin olunmaması gereken bir sorumluluktur. Bir makam, bir ayrıcalık değil, bunun yerine bir hizmetkarlık sorumluluğudur.

Kişi yaşamında öyle bir noktadadır ki, kendi kişisel veya aile konuları yerine, "Bütün" için dertlenmektedir. Bütünün iyileşmesine katkıda bulunmak için sonsuz bir arzu duymaktadır. Bu noktada, Tanrı'ya teslimiyet ve yakınlık duygusu artar. Tanrı ile bir olma halini daha çok duyumsamaya başlar.

Ben de, insanlığa faydalı işler yapmak için derin arzu duyan, bir garip insanım ☺ Kendim için yaptığım bir duayı, sizlerle de paylaşacağım şimdi.

"Tanrım, kendimi tümüyle sana teslim ediyorum. Beni kullan. Gözlerimden bak. Ayaklarımla adım at. Ellerimle yaz, dudaklarımla konuş. Yaşamımda tümüyle, seninle birlikte adım atmak istiyorum Tanrım."

Bu duayı, birkaç senedir tekrarlıyorum. Kelimeler her zaman birebir aynı olmuyor. Böyle cümleler sarf ederek yapılan bir duanın, kişiyi dünyadan vazgeçmeye ittiğini hiç zannetmeyin. Bu duayı söyledikten sonra, kendimi -adeta- bir doping almış gibi hissediyorum. Yaşamda koşar adımlarla ilerliyorum. Önümde daha çok yollar açıldığını gözlemliyorum, kendimi daha güçlü hissediyorum. Sonra, belki de en önemlisi, kendimi daha iyi bir insan olarak hissediyorum. Kalbimle daha çok bakabiliyorum, kalbimle daha çok konuşabiliyorum. Yakın arkadaşlarım, eskisine göre çok değiştiğimi (iyi yönde elbette) söylüyorlar.

Ben, bu duanın, gerçekten, beni daha iyi bir insan yaptığını düşünüyorum. Duamın, sizlerin de yolunu açmasını diliyorum.

Şimdi gelelim, benim duamın bir benzerinin sahibine. O da dualarında, "Kullan beni Tanrım," ifadesini kullanırmış. İnsanlığa büyük hizmetleri olmuş, örnek bir isim o. Sizlere *Martin Luther King*'ten bahsetmek istiyorum...

Ve Martin Luther King...

"Kullan beni Tanrım. Kim olduğum, kim olmak istediğim ve ne olabileceğimden kurtulup, kendimi kendimden daha büyük bir amaç için nasıl kullanabileceğimi göster bana."

Martin Luther King, *Amerikan Sivil Haklar Hareketi*'nin lideri, bir aktivist ve bir eylem adamıydı. Irkların eşitliği için çabalamış, haksızlıklara karşı şiddeti öngörmeyen direnişi savunmuştur. O, barışçı eylemleriyle tanınmıştır. Ayrıca, yoksulluk karşıtı eylemleriyle de tarihe geçmiş bir halk lideridir. Sadece Afro-Amerikalıların değil, tüm insan hakları savunucularının ikonu haline gelmiştir.

King, siyahların oy hakkı, ayrımcılığın sona ermesi, çalışan hakları ve diğer temel haklar için, barışçıl gösteriler düzenledi. Onun bu asil mücadelesinin sonunda, uğraş verdiği tüm haklar 1964 yılında çıkan *Yurttaş Hakları Kanunu* ile 1965 yılında çıkan *Oy Hakkı Kanunu* ile Amerikan hukukunun birer parçası olmuştur.

"Benim bir hayalim var" adlı konuşması, dünya tarihine geçmiştir.

Martin Luther King, insanlığın hayrına olan bir amaca kendini bağlamıştır. Girişte duasını gördük. Tüm yaşamı boyunca kendini adadığı bu amacı için attığı adımlar öyle büyük etki yaratmıştır ki, bugün evrensel olarak kabul edilen yasalarda emeği çoktur. Hayatını da bu uğurda kaybetmiş bir insandır.

İsa Peygamber'in sahte peygamberler uyarısında, bizlere verdiği bir reçete vardı. İyi ile kötüyü birbirinden ayırmak için, kişinin meyvelerine dikkat çekiyordu. Martin Luther King'in meyvelerine baktığımızda, Onun iyiliğin tarafında olduğunu açıkça anlayabiliriz.

Bir suikast sonucu hayata veda eden King'in, ölümünden bir gün önceki konuşmasında söyledikleri dikkat çekicidir:

"Bu saatten sonra bana ne olacağı önemli değil. Bazıları bazı hasta beyaz kardeşlerimiz tarafından bana karşı yapılabilecekler hakkında konuşmaya başladı. Herkes gibi ben de uzun bir hayat yaşamak istiyorum. Uzun yaşamak önemli, fakat şu an bununla ilgilenmiyorum. Sadece Tanrı'nın isteğini yerine getirmek istiyorum. Ve o bana bu dağa çıkmam için izin verdi. Ve çevreme baktım, Vaadedilmiş Toprakları gördüm. Oraya sizinle beraber gidemeyebilirim. Fakat bu gece bilmenizi istiyorum ki, biz halk olarak, o Vaadedilmiş Topraklara ulaşacağız. Bu nedenle bu akşam mutluyum. Hiçbir şeyden endişelenmiyorum. Kimseden korkmuyorum. Gözlerim Tanrı'nın gelişinin Zaferini gördü!"

Martin Luther King'in yaşamı, insanlığa hizmetleri ve birazdan aşağıda vereceğim sözleri, Onun hakkında bizlere epeyce şey anlatmaktadır. Bir insanın ağzından çıkan sözler, şayet niyetleri ve davranışlarıyla aynı yöndeyse değerlidir. Dili başka, eylemleri başka söyleyen insanların kim olduklarını çok iyi biliyoruz, artık.

King'in aşağıdaki sözlerini okuduğunuzda, onun kalbinin ne kadar sevgiye açık olduğunu göreceksiniz.

"Bazı şeyler doğrudur ve bazı şeyler yanlıştır. Ezelden beri öyle, kesinlikle öyle. Nefret kötüdür. Her zaman yanlıştı ve her zaman yanlış olacaktır."

"Sevgi bu dünyadaki en kalıcı güçtür. Bu yaratıcı güç; sevgi, insanlığın barış ve güvenlik isteminde en kudretli vasıtadır."

"Herhangi bir yerdeki adaletsizlik, her yerde adalete yönelik bir tehdittir."

"İnsanlığı yücelten her iş, onurlu ve önemlidir; dört dörtlük yapılmalıdır."

"Kuşlar gibi uçmayı, balıklar gibi yüzmeyi öğrendik, ancak kardeşçe yaşamayı unuttuk."

"Yaşamımız önem verdiğimiz olaylara karşı sessiz kaldığımız gün son bulmaya başlar."

"Eğer sizden sokakları süpürmeniz istenirse, Micheangelo'nun resim yaptığı, Beethoven'ın beste yaptığı veya Shakespeare'in şiir yazdığı gibi süpürün. O kadar güzel süpürülsün ki, gökteki ve yerdeki herkes durup "Burada dünyanın en iyi çöpçüsü yaşıyormuş," desin."

"İnsanlar genellikle birbirlerinden nefret ederler çünkü birbirlerinden korkarlar; birbirlerinden korkarlar çünkü birbirlerini tanımazlar; birbirlerini tanımazlar çünkü iletişim kurmazlar; iletişim kurmazlar çünkü sınıflara ayrılmışlardır."

"Her şeyin sonunda düşmanlarımızın sözlerini değil, dostlarımızın sessizliğini hatırlayacağız."

"Enine boyuna düşünecek olursak, aslında her yeşil ağaç, altın ya da gümüşken olabileceğinden daha çok muhteşemdir."

"Beni korkutan kötülerin baskısı değil, iyilerin kayıtsızlığı."

"Karanlık karanlığı uzaklaştıramaz; bunu ancak ışık yapabilir. Nefret nefreti uzaklaştıramaz; bunu ancak sevgi yapabilir."

"Kardeşiniz ile ilgili olun. Birlikte hareket etmeyebilirsiniz. Ancak ya birlikte yükselir ya da birlikte düşeriz."

"Sevginin gücünü keşfetmeliyiz, kurtaran sevginin gücünü. Ve biz onu keşfettiğimizde, bu yaşlı dünyayı yeni bir dünya yapabileceğiz."

Bir söz vardır. *"Dünyada senden bahsedecek son kişi öldüğünde, işte o zaman gerçekten ölmüşsündür."* Martin Luther King, 1968 yılında aramızdan ayrılmış olabilir. Ancak üzerinden 50 yıl geçmiş olsa bile, insanlık halen daha onu saygı ve şükranla anmaktadır. Amerika'dan binlerce kilometre ötedeki bir yazarın sayfalarına konuk, okurlarına da esin kaynağı olmaktadır.

Selam sana Martin Luther King...

TEZAHÜR ETTİRME YETENEĞİ

İnsanın bedensel tarafıyla yapabileceklerinin bir sınırı vardır. Ancak insanın ruhsal tarafı devreye girdiğinde sınırlar ortadan kalkar. Mucize zannedilen şeyler, yaşamın doğal rutini haline gelir.

İşte bu yüzdendir, Musa halkını Firavunun zulmünden kurtarmak için yola koyulduğunda, denizleri yarabilmiştir. Önünde yol açabilmiştir.

İşte bu yüzdendir, İsa Peygamber insana dilerse dağları bile yerinden oynatabileceğini öğütlemiştir.

Özellikle İsa Peygamber, fizik yasalarının ve doğa yasalarının üzerine en çok çıkabilmiş bir peygamberdir. Mesela suyun üzerinde yürümüş, mesela ölüleri diriltmiş, çamurdan üflediği bir kuşa can vermiştir. İsa Peygamber Tanrı ile o kadar bir ve bütün olmuştur ki, O'nun nefesinden adeta Tanrı üflemiştir. O'nun elleriyle adeta Tanrı dokunmuştur hastalara.

İsa Peygamber, insanın ruhsal potansiyelini anlayabilmemiz açısından çok önemli bir örnektir.

Mesela, vaazlarında *"Göklerin Egemenliği"* kavramından söz etmektedir. Bu tıpkı "Ruhsal Potansiyele" benzeyen bir anlatımdır:

"İsa onlara bir benzetme daha anlattı: "Göklerin Egemenliği, bir adamın tarlasına ektiği hardal tanesine benzer" dedi. "Hardal tohumların en küçüğü olduğu halde, gelişince bahçe bitkilerinin boyunu aşar, ağaç olur. Böylece kuşlar gelip dallarında barınır."

İsa onlara başka bir benzetme anlattı: "Göklerin Egemenliği, bir kadının üç ölçek una karıştırdığı mayaya benzer. Sonunda bütün hamur kabarır."[328]

---

328 İncil, Matta 13, 31-33

En küçük tohumun bahçe bitkilerinin boyunu aşması, üç ölçek unun büyükçe bir hamura dönüşmesi... Fizik ve doğa yasalarının üzerine çıkmanın mümkün olabileceğine dair, o dönemin insanının anlayabileceği bir anlatıma benzemektedir.

Tezahür Ettirmek Ne Demektir?

Tezahür Ettirmek, bir çeşit yaratmaktır. Dileklerinin maddesel düzlemde vücut bulmasını sağlamaktır. Mutlak yaratıcı olan elbette Tanrı'dır. Ne var ki, Tanrı insana, kendinden olan bir ruh da üflemiştir. İşte, yaratımındaki bu yeni parça, insana yaratıcılık da kazandırmıştır. Ve bu yaratım, Tanrı'nın Mutlak İradesi ve izniyle olmaktadır.

"Allah şöyle diyecek: 'Ey Meryemoğlu İsa, sana ve annene olan nimetimi hatırla. Ben seni Ruhu'l-Kudüs ile destekledim, beşikte iken de, yetişkin iken de insanlarla konuşuyordun. Sana kitabı, hikmeti, Tevrat'ı ve İncil'i öğrettim. İznimle çamurdan kuş biçiminde (bir şeyi) oluşturuyordun da (yine) iznimle ona üfürdüğünde bir kuş oluveriyordu. Doğuştan kör olanı, alacalıyı iznimle iyileştiriyordun, (yine) benim iznimle ölüleri (hayata) çıkarıyordun..."[329]

İnsanın, dileklerini hayatına geçirebilmesi için pek çok teknik ve yöntem havada uçuşuyor. Bunların en bilinenleri "Çekim Yasası", "Olumlama" ve "Zihinde Canlandırma" teknikleridir. Benim gerçekten varolduğunu gördüğüm iki çeşit çekim yasası var. Bunlardan sevginin, sevgiyi çekmesi, diğeri de şeytanın kendinden olanları kendine çekmesidir. Bunun dışında, düşünce gücüyle bir şeyleri hayatına çekmenin, tek başına yeterli olmadığına inanıyorum. "Olumlamalar" ve "zihinde canlandırmalar", birazdan anlatacağım "Tezahür Ettirme" yöntemine destek olabilecek tekniklerdir. Ancak, tezahür ettirmenin formülü bambaşkadır. Hayatını defalarca, değiştirip-dönüştür-

---

329 Kur'an, Maide 110

müş, dileklerini hayatına geçirebilmiş biri olarak bu formülü okurlarımla paylaşacağım.

Bu öyle bir formüldür ki, çok gizlidir. Ancak, onu paylaşmak gizliliğini ihlal etmez. Çünkü formül elde olsa da, uygulayabilmek için bazı şartlar vardır. Kişi o şartları karşılıyorsa, hemen formülü kullanmaya başlasın ve hem kendi hayatını, hem de dünyanın çehresini değiştirme yoluna girsin.☺

Tezahür Ettirmenin Gizli Formülü

"Dileyin, size verilecek; arayın, bulacaksınız; kapıyı çalın, size açılacaktır. Çünkü her dileyen alır, arayan bulur, kapı çalana açılır. Hanginiz kendisinden ekmek isteyen oğluna taş verir? Ya da balık isterse yılan verir? Sizler kötü yürekli olduğunuz halde çocuklarınıza güzel armağanlar vermeyi biliyorsanız, göklerdeki Babanız'ın, kendisinden dileyenlere güzel armağanlar vereceği çok daha kesin değil mi?"[330]

1- Üçlü Anlaşma

Tanrı, "Mutlak İrade" sahibidir. İnsan için iyilik, bolluk ve güzellik ister. Ancak seçimlerine karışmaz. Doğru yönü gösterir. Elçileriyle, melekleriyle, kitaplarıyla, ilhamlarıyla ve daha pek çok yolla insanı doğru yola çağırır. Yanlış yöne sapanları uyarır. Tüm bunların yanında, Tanrı insana özgür irade bahşetmiştir ve seçimlerine karışmaz. Bu yüzden, hayatımıza bir şeyin girmesine veya hayatımızdan bir şeyin çıkmasına ihtiyacımız varsa, bunu istememiz gerekir.

Bir dileğin hayata geçmesi için Üçlü Anlaşmanın ilk şartı, Tanrı'nın iznidir. Şayet bu konuda Tanrı'nın izni varsa, Üçlü anlaşmanın ikinci parçası olan ruhsal tarafımızın izni gerekir.

Ruhsal tarafımız, Tanrı ile birlikte hareket eder. Ve ruhsal tarafımız, bizim yaşam amacımızla uyumlu en derin istek ve arzularımızı gözetir.

---

330 İncil, Matta 7, 7-11

Üçlü Anlaşmanın, üçüncü parçası ise bedensel tarafımızdır. Dileme mekanizmasını çalıştıran tarafımızdır.

Dileklerimiz açısından ruhsal ve bedensel taraflarımızın ilişkisini bir örnekle görelim.

Diyelim, kişi hayatına daha çok bolluk çekmek istiyor. Bunun için dilekte bulunuyor. Üçlü anlaşmanın ilk tarafı olan Tanrı, kulları için bunu istemektedir. Ruhsal taraf da Tanrı ile birlikte hareket ettiği için, o da bu dileği arzu etmektedir. Gel gelelim, bedensel tarafımız atalardan gelen genetik hafızanın, üstlenilmiş duyguların etkisi altında olabilir. Mesela, kıtlık bilincinde olabilir. Veya, atalarından birinin başka bir insana yaptığı haksızlıktan dolayı, kefaret ödemeyi bilinçsizce üstlenmiş olabilir. Veya parayla ilgili korkuları olabilir. Kişinin bedensel tarafı, bolluk için ne kadar dua ederse etsin, yukarıda saydığım sebepler yüzünden, bolluğu hayatına alamayabilir. Fren yapar. Böyle bir durumda da, kişinin hayatına bolluk akamaz.

Bir dileğin maddesel düzlemde vücut bulabilmesi için, mutlaka ruhsal ve bedensel tarafın tam bir uyum içinde olması gerekmektedir. Her ikisinin aynı yöne bakması şarttır.

İlişkilerle ilgili bir örnek verecek olursam;

Kişi hayatına bir partner almak ve hatta onunla evlenmek istiyor olsun. Bu, Tanrı'nın onay vereceği bir dilektir. Ruhsal taraf, kişinin ruhsal amacıyla uyum içerisinde ve sevgi odaklı bir ilişki arzulamaktadır. Bedensel taraf ise, elektrik ve kimyasal çekimi, sosyal olarak kendisini taşıyabilecek birini veya şehvetsel çekim duyduğu birini istiyor olabilir. Böyle bir durumda, ruhsal ve bedensel taraf arasında uyum olmaz. Böyle bir durumda, ruhsal ve bedensel taraflar aynı yöne bakamazlar. Sonuçta kişi iç çatışmalar ve başarısız ilişkiler yaşar.

2- Sevgiye Hizmet

Dua yoluyla, sevgiye hizmet etmeyen bir dileğin gerçekleşmesi mümkün değildir. Tanrı'dan, kızdığınız bir insanın hastalanmasını, başarısız olmasını veya işlerinin bozulmasını isteseniz, sizce böyle bir dilek kabul olabilir mi?

Böyle arzuları hayata geçirmek mümkündür. İmkansız değildir. Ancak bunun için şeytani enerjilere başvurmak, entrika çevirmek, yalan söylemek, haksızlık yapmak vs. gerekir. Çok ağır bedelleri vardır. Başvurulmaması gereken yollardır. Konuyu izah edebilmek için, böyle örnekler verdiğim için kusuruma bakmayın. Ama böyledir.

Ve bu yollarla elde edilen şeylerin bedellerinin yanısıra, hiçbir güçleri de yoktur. Kumdan kaleler inşa etmeye benzer. Bu yollarla ortaya çıkan şeyin kaderinde yıkılmak, çökmek, başarısızlık vardır.

Oysa, maddeyi birarada tutan yegâne güç sevgidir. Sevgiye hizmet eden bir dileğinizi gerçekleştirdiğinizde, başarınız garantidir. Başarı skorcusu halifeleri hatırlayın. Sevgiye hizmet eden bir dilek vücut bulduğunda, kaya gibi sağlamdır. Gücü ve etkisi büyük olur. Asırlarca ayakta kalır, şöhreti sınırları aşar. Bu dileğin kaderinde, vücut bulduktan sonra büyümek vardır. Çünkü sevgi büyür ve çoğalır.

Sevgiye hizmet eden bir dilek nasıl olabilir?

İyi anlaşılabilmesi için, çok basit bir örnek vereceğim.

Dileğiniz bahçeli bir eve geçmek olsun. Bahçeli bir eve taşınmak, sizin doğayla daha çok temas etmenizi, titreşiminizi yükseltmenizi, sevgiye daha çok açılmanızı sağlar. Böyle bir dileğiniz varsa, hem bedensel tarafınız, hem de ruhsal tarafınız, bu konuda tam bir mutabakat halinde olurlar. Tanrı da, sizin için iyiliği, güzelliği arzuladığı için, onun da bu dileğiniz için onayı tam olacaktır. Bütçenize uygun, enerjinizle uyumlu, harika bir eve taşınmanız an meselesidir. Tek yapmanız gereken dilemektir. Bu dileğinizi, mutlaka kalbinize odaklanarak yapmanızı öneririm. Kalp nefesi ile kalbinizden sevgi akışını başlattıktan sonra, Tanrı ile birebir iletişime geçeceğiniz direkt hattı çevirmek, en doğru dilek dileme yoludur. Dileğinizi söyledikten sonra üçüncü aşama gelir:

3- İnanmak

Dileğinizi söyledikten sonra, **size doğru yola çıktığına tam olarak, kalben inanmalısınız.** Unutmamalısınız ki, bu dilekler önce ruhsal âlemden yola çıkarlar, sonra maddesel düzleme gelirler. Melekler bu süreçte çok emek sarf ederler. Kişilere ilham ederler. Dileğinizin maddesel düzlemde vücut bulması, dileğinizin etkilediği kişilerin sayısına göre, bazen bir günde bazen biraz daha uzun sürer. Ancak mutlaka gerçekleşir. Bu konuda asla şüphe taşımamalısınız. İnancınızı korumak için, ihtiyaç duyarsanız olumlamalar yapma, zihinde canlandırma yöntemlerini kullanabilirsiniz. "Dileğim yola çıktı, bana doğru geliyor" diye tekrarlayabilir veya kendinizi o evin bahçesinde güneşlenirken hayal edebilirsiniz.

İsa Peygamber'in İnanç konusundaki sözünü hatırlatmak istiyorum:

"İmanınız kıt olduğu için" karşılığını verdi. "Size doğrusunu söyleyeyim, bir hardal tanesi kadar imanınız olsa şu dağa, 'Buradan şuraya göç' derseniz, göçer; sizin için imkânsız bir şey olmayacaktır."[331]

Dileğinizle buluşmanızı sağlayacak, "Tezahür Ettirmenin Gizli Formülü"nde son bir aşama kaldı.

4- Adım Atmak

Dileğinizin gerçekleşmesini asla oturarak beklememelisiniz. O gerçekten de yola çıkmıştır. Büyük buluşmanın gerçekleşmesi için, onun olduğu yöne doğru adımlar da atmalısınız. Bahçeli ev örneğine geri dönersek, kiralık veya satılık ev ilanlarına bakmalısınız. Emlakçılardan randevu almalısınız. Bir eve bakmaya giderken, son anda bir ev çıkabilir. Veya bütçenizin biraz üzerindeki bir ev için, emlakçı mal sahibinden indirim isteme

---

331 İncil, Matta 17, 20-21

ilhamı alabilir. O arada, sizin için en uygun ve hayırlı olan evin, mal sahibi de ilhamlar alacaktır. Bu böyle, sihirli bir süreçtir. Ve dilekler böyle hayata geçirilebilir.

Sonraki başlığımıza geçmeden önce, "Tezahür Ettirmenin Gizli Formülü" için bir not düşmek isterim. Bu formülün tüm aşamaları, olmazsa olmazlardır. Biri bile eksik kalmamalı, aşamaların hepsi titizlikle uygulanmalıdır. Birkaç pratikten sonra, ömrünüz boyunca, kolayca kullanabilirsiniz.

Okurlarımın, tüm dileklerinin hayatlarına akmasını dilerim ☺ Tam şu anda, ben de sevgiye hizmet eden bir dilekte bulunmuş oldum.

Toplu Niyet Çalışması

İsa Peygamber'in aşağıdaki İncil ayetinde söylediği gibi, iki kişinin üzerinde anlaştıkları dileklerin gücü çok büyüktür.

"Size doğrusunu söyleyeyim, yeryüzünde bağlayacağınız her şey gökte de bağlanmış olacak. Yeryüzünde çözeceğiniz her şey gökte de çözülmüş olacak. Yine size şunu söyleyeyim, yeryüzünde aranızdan iki kişi, dileyecekleri herhangi bir şey için anlaşırlarsa, göklerdeki Babam dileklerini yerine getirir."[332]

"Tezahür Ettirmenin Gizli Formülünü" kullanmak isteyen tüm okurlarımdan, aşağıdaki niyeti yapmalarını rica ediyorum. **Bu kitabın tüm okurları, birlikte bu niyeti yaparsak, sonuçlar daha hızlı alınabilir ve bu sonuçların görkemi çok daha fazla artabilir.**

"*Tanrım, ilahi adaletenin tüm köşelerine nüfus ettiği, barış, bolluk ve huzur içinde bir ülkede yaşamaya niyet ediyorum. İnsan sağlığına, hayvan haklarına, çevreye, doğaya, tarihi kültürümüze değer veren bir ülkede yaşamaya niyet ediyorum. Dünyadaki ekosistemin iyileşmesine, şifalanmasına niyet ediyorum. Bunlar için üzerime düşen sorumluluğu almayı kabul ediyorum. Meleklerden*

---

332 İncil, Matta 18, 18-19

ordularınla, ülkeme ve dünyaya, yardım ve desteğini gönder. Senden gelecek her yardımı, tüm parçalarımla, tüm zerrelerimle, tüm zamanlarda ve tüm boyutlarda almak için kendime izin veriyorum. Kendimi, senden gelecek yardım ve desteğe açıyorum. Teşekkür ederim Tanrım."

ÖZEL YETENEKLER

İlahi yasalarla uyum içinde ve "Ruhsal Potansiyelini" kullanan bir insan pek çok yetenekle donanır. Ona pekçok ilim verilir.

Bunun için, yapılması gereken sadece Tanrı'dan talep etmektir. Belirli bir yetenek de isteyebiliriz, gerçekleştirmek istediğimiz bir proje için, neye ihtiyacımız olduğunu Tanrı'ya sorarak onu bize vermesini de talep edebiliriz.

Özel yetenekler konusu için, Kuran'dan Süleyman Peygamber örneğini seçtim. Yeryüzünün en zengin ve en güçlü insanı olmuştur Süleyman Peygamber. Bu güce, henüz daha ulaşabilen yoktur.

Ne var ki, bu mümkündür.

Ruhsal Potansiyelini kullanan bir insan için, her şey mümkündür. Süleyman Peygamber, bunun ispatlarından biridir.

Süleyman Peygamber

Davud Peygamber'in oğludur. İsmi, kendine kitap verilen peygamberler arasında sayılır. Yahudilerin Kutsal Kitaplarından *Ezgiler Ezgisi*, *Vaiz* ve *Özdeyişler*'in Süleyman Peygamber tarafından yazıldıkları söylenir.

Süleyman Peygamber'e verilen ilimlere bakmadan önce, onun kişilik özelliklerini görmekte fayda var.

"Biz Davud'a Süleyman'ı armağan ettik. O, ne güzel kuldu. Çünkü o, (daima Allah›a) yönelip-dönen biriydi."[333]

"Şüphesiz, onun Bizim katımızda gerçekten bir yakınlığı ve varılacak güzel bir yeri vardır."[334]

Süleyman Peygamber'in yeryüzünün en zengin kralı olduğu kabul edilir. "Süleyman'ın Hazineleri" tarihe geçmiştir. O'nun mal ve mülk ile ilişkisi, üstüste yığıp biriktirme hırsı asla değildir. Süleyman Peygamber'in mal ile ilişkisi, fayda temeli üzerine kurulmuştur. Nedir, mal ve mülkün Süleyman Peygamber'e sağlayacağı fayda?

"O da demişti ki: 'Gerçekten ben, mal sevgisini Rabbimi zikretmekten dolayı tercih ettim.' Sonunda bu atlar (koştular ve toz) perdesinin arkasına saklandılar."[335]

Süleyman Peygamber'in mal ile ilişkilendirdiği fayda "Tanrı'yı zikretmek"tir. Şükür ile Tanrı'yı anmaktır.

Yukarıdaki ayetin devamında, Süleyman Peygamber'in atların boyunlarını ve bacaklarını okşaması anlatılmaktadır. Anlayabiliyoruz ki, Süleyman Peygamber atları okşarken, kalben Tanrı'yı anıyor ve O'na şükrediyordu. Tanrı, bizlerin en derindeki arzularımızı, isteklerimizi ve niyetlerimizi bilir. **Süleyman Peygamber'in diliyle, kalbiyle ve eylemleriyle söyledikleri birdir.** Bu sebeple, Tanrı ona yeryüzünün en büyük hazinelerini vermiştir.

Dua ve Dileklerdeki Sınırları Kaldırmak

Şimdi, Süleyman Peygamber'in duasını görelim. Bu duaya Tanrı'nın cevabı, Ona birçok ilim vermek olmuştur.

---

333 Kur'an, Sad 30
334 Kur'an, Sad 40
335 Kur'an, Sad 32

"Rabbim, beni bağışla ve benden sonra hiç kimseye nasib olmayan bir mülkü bana armağan et. Şüphesiz sen, karşılıksız armağan edensin."[336]

Bu dua çok önemlidir.

Süleyman Peygamber'deki bolluk bilincini göstermektedir. O, duasında bile bolluk bilincindedir. **"Benden sonra hiç kimseye nasib olmayan bir mülkü"** Belirli bir miktar değil, ucu tamamen açık bırakılmış bir dilektir bu. Süleyman Peygamber'e yeryüzünün en büyük hazinelerinin ve ilimlerinin verilmesinin sebebi, dualarında sınır koymaması olabilir.

İnsan, kendini sınırlandırmaya o kadar eğilimlidir ki, dualarında bile cimri davranabilmektedir. Tanrı'dan isteklerine bile sınırlar koyabilmektedir. Oysa, Tanrı'dan her şeyi, çokça-bolca isteyebiliriz. Çünkü, Tanrı vermek ister. Tanrı bolca vermek ister. Yeter ki biz talep edelim ve almak için kendimizi açalım.

Gelin, şimdi, Tanrı'nın Süleyman Peygamber'e armağanlarına maddeler halinde bakalım:

- Hesapsız mal-mülk, hazine.

- Emrine giren, şeytanlar, cinler ve birbirlerine zincirlerle bağlı kötü varlıklar.

- Emrine giren rüzgar. Rüzgar onun emrettiği yöne gider, tatlı tatlı esermiş.

- Erimiş bakır madeni. Maden O'na sel gibi akıtılmış.

- Kuşların konuşma dili öğretilmiş.

- Karıncaların ve başka hayvanların da konuşma dili öğretilmiş.

Süleyman Peygamber'e verilen yetenekler, ilimler gerçekten de çok sıradışıdır. Yaşama sınırlarla bakmaya alışık zihinler için, çok da şaşırtıcıdır.

---

336 Kur'an, Sad 35

Şeytanlardan olabildiğince uzak durmak isteriz. Ancak Süleyman, onları emrine alarak Sevgiye hizmet için kullanmayı talep edebilmiştir.

Paranın kötü olduğuna inanırız ve yaşamımızda fazlasını istemekten kaçınırız. Oysa paranın Süleyman Peygamber için çağrışımı bizimkinden çok farklıdır. Para, Onun için kendisini Tanrı'ya daha çok yaklaştıracak bir araçtır. Daha çok Tanrı'ya yaklaşmak için, daha çok mal-mülk ister. Ve Tanrı, Onun niyetindeki samimiyeti ve saflığı gördüğü için de, yeryüzünde kimseye nasip olmamış hazineleri önüne yığar.

Ön kabullerimiz vardır. Hayvanlarla ve doğanın unsurlarıyla iletişim kurabileceğimiz, böyle bir seçeneğimizin olabileceği aklımıza bile gelmez. Ancak Süleyman'ın dualarında ve niyetlerinde sınırlar yoktur. O, alabildiğine ister.

Bana göre, işte Tanrı'nın Süleyman Peygamber'e bu kadar çok ve sıradışı armağanlar sunmasının sebeplerinden biri de, Onun kalbinin açık olması, kendisini sürekli sevgide tutması, sıklıkla arınıp-temizlenen bir insan olmasıdır.

Süleyman Peygamber bahsini, Onun kişiliğini yakından tanımamıza olanak veren bir ayetle tamamlıyorum.

Ve **dualarınızın menzilini geniş tutun**, diye ekliyorum...

"Bu sözü üzerine <u>tebessüm edip güldü</u> ve dedi ki: 'Rabbim, bana, anne ve babama verdiğin nimete <u>şükretmemi</u> ve hoşnut olacağın <u>salih bir amelde bulunmamı</u> <u>ilham et</u> ve beni rahmetinle salih kulların arasına kat."[337]

---

337 Kur'an, Neml 19

10. BÖLÜM

İLERİ GELECEK

Sistemin insana yaptığı en büyük kötülüklerden birisi de, zihnini yanlış bilgilerle doldurmasıdır. Atalarımızın Cennetten kovulduğu, sonra da lanetlenerek yeryüzüne gönderildiği inancını, önceki bölümlerde temizledik.

Şimdi sırada, Kıyamet günü anlatımları var. Hepimizin bilinçaltlarına yerleştirilmiş bir Kıyamet Günü senaryosu vardır. Ve bu senaryo, insanda içsel bir korkuya neden olmaktadır. Nasıl olmasın ki? Gökyüzünden her an dev bir göktaşı düşebilir, her an Dünya gezegeni bir başka gezegenle çarpışabilir.

Yaşamda, her an büyük bir felaket yaşayabileceği korkusu, kişide derin bir güvensizlik ve endişe yaratır. Yaşam bir futbol maçıysa, cennetten kovularak kişi maça 3-0 yenik çıkmıştır. Henüz ikinci yarı yeni başlamış olsa da, hakem bitiş düdüğünü her an çalabilir. Böylesine garip bir durum içinde yaşamaktadır insan.

Oysa, Cennetten kovulma hikayesinde olduğu gibi, yerleşik algıdaki Kıyamet anlayışında da yanlışlıklar vardır.

DÜNYA GEZEGENİNİN MİSYONU

Yeryüzü ve maddesel düzlem, düalite üzerine kurulmuştur. Artı-eksi, İyi-kötü, aydınlık-karanlık, doğru-yanlış, hak-batıl ikiliklerini çok kez konuştuk. Yeryüzünde bu ikilikler birarada bulunurlar. İyiler ve kötüler de biraradadırlar. Ateş ve Yeryüzü Cenneti de aynı yeryüzünde, farklı düzlemler halinde yaşanmaktadırlar. Ve birbirlerine yakındırlar. Yeryüzü, "Eski İnsana" ve "Yeni İnsana" yurt olmuştur.

Yeryüzündeki yaşamın bir başka önemli tarafı, ruhsal tekamülünün bu aşamasındaki insanın, zorluklar ve sıkıntılarla öğrenmeye eğilimli olmasıdır. Araf yapısı altında, öğrenme böyle gerçekleşir ve yeni insanların bir kısmı "Kâmil İnsana" dönüşür. Yeni insanın diğer bir kısmı da "El Nefis" ve şeytan-insana dönüşür.

Yeryüzünün bu misyonu bir gün bitecektir. Çünkü tüm yaratılmışlar, sırayla bu yaşam planından geçmekte ve "Nihai Ürün" hallerini belirlemektedirler. Ve zamanları geldiğinde, ruhsal tekamüllerini ebedi yaşam planlarında sürdüreceklerdir. Aslında, bu yorumum sadece "Ebedi Cennet" için geçerlidir. Kuran'da, tekamül basamakları gibi, yukarı doğru yükselen çok sayıda Cennetten bahis vardır. Bunları daha önce konuşmuştuk. Kuran'daki araştırmalarımda, seçimini "Ateş" ve "Cehennem"den yana yapanların, ebedi âlemde, tekamüllerinin devam ettiğine dair herhangi bir bilgiye rastlayamadım.

Aksine, "Kıyamet" bahsimizde de göreceksiniz, ebedi âleme geçiş yaptıktan sonra, kötülerle Tanrı iletişimi kesmekte, onların bağışlanma taleplerine karşılık vermemektedir. Bu durum, onların affedilmemelerinin yanı sıra, gelişim göstermeyecekleri şeklinde düşünülebilir. Zira, cehennem bir çukurdur. Çukurun içerisinde ilerleme olmaz. Bu açıdan çok acı bir akibettir. Yine de kötülerin seçimidir.

Sonuç olarak, yeryüzü ve maddesel düzlem, bir evrede misyonunu tamamlayacaktır. Bambaşka maddesel ve doğa düzlemlerinde, yaşam ebediyette devam edecektir.

VAKIA

Bizlere "Kıyamet" olarak öğretilen, aslen "Vakıa"dır. Vakıa, tek başına Dünya gezegeninin başına gelen bir felaket değildir. Tüm madde âleminde yaşanır. "dağların darmadağın ufalanması", "göğün sarkması ve zaafa uğraması", "gökyüzündeki ışıma", "Ay'ın yörüngesinden çıkması", "Güneş ve Ay'ın birleşmesi" ifadelerinin hepsi de maddesel düzenle ilgili anlatımlardır.

Atomun parçaları arasındaki çekim gücünün "Tanrısal Sevgi" ve bu parçaları kesintisiz olarak birarada tutanın "Tanrısal İrade" olduğunu konuşmuştuk. Sonsuz boşlukta, Tanrı'nın "Ol" niyetiyle tüm madde âlemi yaratılmıştı. Gezegenleri yörüngelerinde tutan da yine Tanrısal İrade idi.

İşte, dünya gezegeni ve maddesel âlem misyonunu tamamladığında, Tanrı iradesini kaldıracaktır. Bu irade ortadan kalktığında, elektronların atom çekirdeğinin yörüngesinde dönmeleri, gezegenlerin Güneş yörüngesinde dönmeleri gereği ortadan kalkmış olur.

"Dağların darmadağın ufalanması" ile madde formunu kaybeder.

Yeryüzü-gökyüzü ayrımı kalkmıştır. Büyük bir ışıma, gezegenlerin yörüngelerinden çıkmaları ve nihayet birleşme..

Sanki tarif edilen, ters yönde bir Büyük Patlamadır. Önceki Büyük Patlama, Tanrı'nın "Ol" emriyle başlamıştı. Tanrı, madde âlemini yaratırken, ona belirli bir süre biçmişti. Ve süre bittiğinde, meleklerinin "Sur'a" üfürmesi ile Büyük Patlamanın tam tersi yönde bir oluşum başlayacaktı.

Vakıa Suresinin ilk 6 ayetini aşağıda veriyorum:

"1. Vakıa vuku bulduğu zaman,

2. Onun vukuuna yalan diyecek yoktur.

3. O aşağılatıcı, yücelticidir.

4. Yer, şiddetli bir sarsıntıyla sarsıldığı,

5. Ve dağlar darmadağın olup ufalandığı,

6. Derken toz duman halinde dağılıp-savrulduğu,"

Vakıa ile ilgili, Hakka Suresinde de anlatımlar vardır:

"1. 'Elbette gerçekleşecek olan'.

2. Nedir o 'muhakkak gerçekleşecek olan?'

3. O gerçekleşecek olanı sana bildiren nedir?

13. Artık sur'a tek bir üfürülüşle üfürüleceği,

14. Yeryüzü ve dağlar yerlerinden oynatılıp kaldırılacağı, ardından tek bir çarpma ile birbirlerine çarpılıp parça parça olacağı zaman.

15. İşte o gün, vakıa artık vuku bulmuştur.

16. Gök yarılıp-çatlamıştır; artık o gün, 'sarkmış-za'fa uğramıştır."

Yukarıdaki ayetlerde tasvir edilen **Vakıa, Sur'a üfürülmesini takiben başlar. Tıpkı, Tanrı'nın en başında verdiği "Ol" emri gibidir.** Bu kez Tanrı'nın emriyle, maddeyi birarada tutan irade kalkmıştır. Atomu birarada, gezegenleri de yörüngelerinde tutan meleksi enerjiler, artık geri çekilmişlerdir.

Vakıa ile ilgili başka bir anlatım örneği vereceğim şimdi. Bu anlatımlarda, belki de bizi en çok korkutan ifade budur:

"Eğer inkâr edecek olursanız, <u>çocukların saçlarını ağartan bir günde kendinizi nasıl koruyacaksınız?</u> Bu nedenle gök bile yarılıp-çatlamıştır; O'nun va'di gerçekleştirilip-yerine getirilmiştir."[338]

---

338 Kur'an, Müzzemmil 17-18

"Gök bile yarılıp-çatlamıştır" ifadesinden, bu ayette "Vakıa" anlatımı yapıldığını anlıyoruz. Ayette en dikkat çekici ve belki de en ürkütücü olan, "**çocukların saçlarını ağartan bir gün**"ifadesidir.

Bu ifade ilk olarak, Vakıa gerçekleştiğinde dünya üzerinde yaşayan insanlar olabileceğini akla getirmektedir. İkinci olarak da, çocuklar için endişeye sevk etmektedir.

Oysa, Tanrı'nın sonsuz şefkatli, sonsuz esirgeyici ve sonsuz koruyucu olduğunu hatırladığımızda, elimizde adeta bir anahtar belirir. Ve bu anahtar, bilgiyi bize açar.

Tanrı'nın kutsal kitaplarındaki mesajlarını tam olarak anlayabilmek için, önce Tanrı'yı anlayabilmemiz gerekir. Bunu ne kadar çok başarırsak, kutsal kitaplar bize kendilerini o kadar çok açarlar.

Bir editör olarak "Çocukların saçlarının ağarması" ifadesini çok güçlü bir benzetme olarak görüyorum. Bu ifadede, zıt kavramlar kullanılarak, kuvvetli bir tasvir yapılmış. Okuyanı sallıyor. "İlahi Yazar"ın vermek istediği duygu, okura tam olması gerektiği gibi geçiyor. Çünkü tasvir edilen Vakıa, çok muazzam bir olaydır. İnsanın hayal gücü sınırlarından, baraj kapakları açılmış gibi dışarı taşmaktadır.

"Çocukların saçlarının ağarması" ifadesi, aslen *Zamanın Akışıyla* ilgili bir anlatımdar.

Rölativite Teorisine göre, maddenin ışık hızına yaklaşması durumunda zaman akışında değişiklikler olması çok olasıdır. Böyle bir durumda, zamanın yavaş akması, ışık hızında durması veya **ışık hızı ötesinde tersine akabilmesi mümkündür.** "Vakıa Patlaması"nın etkisiyle, ışık hızının ötesinde bir hızın ortaya çıkması, çok mümkündür.

Vakıa anlatımlarına, bir de Kıyamet suresinde bakalım:

6.'Kıyamet günü ne zamanmış' diye sorar.

7. Ama göz 'kamaşıp da kaydığı,'

8. Ay karardığı,

9. Güneş ve ay birleştirildiği zaman;

10. İnsan o gün:'Kaçış nereye?' der.

11. Hayır, sığınacak herhangi bir yer yok.

12. O gün, 'sonunda varılıp karar kılınacak yer (müstakar)' yalnızca Rabbi'nin katıdır.

Güneş ve Ay'ın birleşmesi de, "Büyük Patlama"nın tam tersi yönde bir oluşumdur. Belki de, "Yok Oluşum" demek daha doğrudur. **Madde ve evren, başladığı noktaya geri dönmektedir.**

Yukarıdaki ayetlerde, insanlar için kullanılan "**kaçış nereye, sığınacak herhangi bir yer yok**" ifadesi çok çarpıcıdır. "İlahi Yazar"ın vermek istediği duyguyu, başarıyla aktaran bir ifadedir. "Sığınacak herhangi bir yer yok" ifadesi, yaşananların tüm madde âlemini kapsadığına yönelik bir vurgudur. İnsanın bedeni de maddesel bir yapı olduğundan, gerçekten de kaçacabileceği hiçbir yer yoktur.

Şu halde, insan Vakıa anlarında fiziksel bedeni içerisinde, herhangi bir soru sorabilir mi? İnsanın böyle bir hadise ile yüzyüze gelmesi mümkün değildir. Maddenin yapısındaki değişim sebebiyle, Sur'a üfürülmenin gerçekleştiği, saniyenin binde birlik bir anında bile, insan bedeni yok olur. Yeryüzünde, konuşabilecek, soru sorabilecek bir insan bulunamaz.

Benim kişisel kanaatime göre, insan Vakıa'yı fiziksel bir temasının olmayacağı koşullarda izleyecektir. Belki bu izleme rahsal bilinç ile olacaktır. Ya da başka bir yolla. İnsan, evrenin "Büyük Patlama" ile varoluşuna şahitlik edememiştir, ancak bu "Büyük Olay"a şahit olabilecektir. En doğrusunu Tanrı bilir.

Kıyamet Günü ile ilgili korkularımızdan ve endişelerimizden arınmış olduğumuzu umuyorum. Şimdi sırada, yeryüzü yaşamının en büyük korkusundan arınmak var. Ölüm Korkusundan Özgürleşmek.

Buna geçmeden önce, Dünya gezegeni ile ilgili bir not düşmek istiyorum. Gezegen, üzerine düşen misyonu tamamladığında yok olabilir. Bunun için Tanrı'nın öngördüğü bir zaman vardır. Oysa bugün insanlık, bu zamanı öne çekmek için yoğun çaba ve gayret sarf etmektedir. Kuruyan göller ve su kaynakları, kirlenen denizler, yok olan canlı türleri, bozulan iklimler, atmosfer tabakalarındaki hasarlanmalar, kimyasallar, gıda teknolojisinin ucube hali, tarım alanlarının yok edilmeleri, ağaçların kesilmeleri... Lütfen gezegenimizi, hem kendimiz hem de çocuklarımız için çok iyi koruyalım.

ÖLÜM KORKUSUNDAN ÖZGÜRLEŞMEK

Ölüm, iyiliğin taraftarları ve doğru yolda yürüyenler için korku duyulacak bir son değildir. Ölüm, ebedi yaşama doğumdur. Bu yaşama da doğarak geldik.

Ölüm, insanın sonu olmadığı gibi, bir kez yaşanan bir şey de değildir. Ve hatta, yaşamımızın bir rutinidir.

Çünkü bizler, her gece uykumuzda ölüm halini zaten yaşamaktayız. Ruhlarımız bedenlerimizden ayrılarak, yükselmektedir. Eceli dolanların ruhları Tanrı tarafından tutulur. Vakti gelmemiş olanların ruhları bedene geri salıverilir.

Bunlar benim şahsi görüşlerim, kanaatim, yorumum vs. değildir. İlgili ayette bizzat böyle anlatılmaktadır:

"Allah, ölecekleri zaman canlarını (**Nefis**) alır; ölmeyeni de uykusunda (bir tür ölüme sokar). Böylece, kendisi hakkında ölüm kararı verilmiş olanı(n ruhunu) tutar, öbürüsünü ise adı konulmuş bir ecele kadar salıverir. Şüphesiz bunda, düşünebilen bir kavim için gerçekten ayetler vardır."[339]

Aslına bakarsanız, ruhsal âlemde yaratıldıktan sonra bedenlenerek dünyaya gelen ruhsal tarafımız, orasıyla bağını hiçbir zaman koparmamıştır. Beden geceleri dinlenirken, ruhsal tarafımız uyumaz. Ve kaynağa geri gider. Zaten oradadır.

Bizlerin, ölüm ile ilgili gördüğümüz acılı-kanlı dramatik ölüm sahneleri, kişinin ruhsal benliği, bedeninden ayrıldıktan sonra yaşanmaktadır. Ruhsal benlik, bedende değildir. Bedende kalan bilinç ise "Ben" bilinci değildir.

Eminim siz de yaşamışsınızdır: Bazen gece uykunuzda, biri sizi uyandırıp bir şey sorar; cevap verirsiniz. Veya siz uyanıp yakındaki birine bir şey söylersiniz. Sonra uyumaya devam edersiniz. Ertesi gün, gece söylediğiniz şey size hatırlatılır. Siz uykudayken, ağzınızdan çıktığı söylenen cümle, sanki size ait değildir. Günlük hayatta hiç kullanmayacağınız kelimelerle söylenmiştir. Sizin ilgi alanınıza bile girmeyen veya hiç umursamadığınız bir konudadır bu söylem. Ruhsal bilinciniz çekildiği için, tek başına bedensel bilincinizle konuşmaktasınızdır.

İşte kişi uykudayken, ruh başka âlemlerde yolculuktayken, bedenin bilinci olduğu yerde durmaktadır.

Rüyalar bu açıdan ölüme benzerler. Ruh ve beden birbirlerinden ayrılmışlardır. Büyük ölümün farkı, ruh ile bedenin birbirlerinden kalıcı olarak ayrılmalarıdır. Ve bunu takiben bedenin ölmesidir. Ruh artık o bedeni kendine konak alamayacaktır.

Varmak istediğim nokta şudur: Bizler her gece ölürüz, sabahları, yeni günle birlikte yeniden doğarız. Uykumuzda, ruhumuz bedenden ayrılırken herhangi bir acı duymayız. Ruhumuz bedene geri dönerken de bunu hissetmeyiz. Ruh ile bedenin ayrılması acılı bir deneyim kesinlikle değildir. Ölüm, her gün yap-

---

339 Kur'an, Zümer 42

maya alışık olduğumuz bir şeydir. Bedensel tarafımız, ölümünü deneyimlerken, "Ben" bilincimiz olan nefisimiz orada değildir. Dışarıdan bu durumun anlaşılabilmesi mümkün değildir. Dışarıda yaşayanlar, nefisimizin bedenimizde olup olmadığını anlayamazlar. **Bedenin ölüm anı ile ilgili dramatik görüntüler, ölen değil, hayatta olan kişiler içindir.**

Ölüm iyidir. Ve yaşam, taşınması güç bir sorumluluktur. Ölümün insana hoş gösterilmemesi de belki bu yüzdendir. Şayet, ölüm gizemli ve ürkütücü olmasaydı, en ufak bir sorunda herkes yaşamı terk etmek isterdi. Bu yüzden bir parça ölüm korkusu da iyidir ☺

Ayrıca şunu da belirteyim, büyük ölümde, ruh bedenden önceden ayrılmış olması nedeniyle, bedensel bilinç bazen öleceğinin farkında olabilir. Bedenin ölümü, ruhun çekilmesinden sonraki gün veya birkaç gün içinde gerçekleşebilir. Zira, öleceğini aynı günün sabahında veya birkaç gün sonrasına tarih vererek önceden bilenler olmaktadır. Son dönemde böyle örnekler çok duyar oldum. Yakınlarını telefonla arayanlar, takvimlerine birkaç gün sonrasının tarihini "Ben yokum" yazarak imzalayanlar, Facebook sayfalarına mesaj atanlar benim duyduğum örneklerden bazılarıdır.

Her ne kadar, küçük bir doz ölüm korkusu iyiyse de, çoğu da zararlıdır. Her an ölebileceği korkusuyla yaşamak, kişide psikolojik rahatsızlıklara yol açabilir. **Örneğin, panik atak ve anksiyetenin sebebi ölüm korkusudur.** Kişi, kalbinin her an durabileceğinden korkmaktadır.

Şimdi, hep birlikte rahatlayalım.

Güne bilinciniz yerinde olarak başladıysanız, gün sonuna kadar hayatta olacağınızı düşünebilirsiniz. Her adımınızı, korkusuzca atabilirsiniz. Kişinin her gününü, son günüymüş gibi yaşaması, hayata dinamizm katar. Bir güne pek çok güzel, hayırlı, neşe dolu aktivite sığdırabilir. Her yeni günde, bir öncekinden daha çok iyi iş yapmak için, kişi kendiyle yarışabilir.

Ölümle ilgili değinmek istediğim son nokta, "Ateş" alanının içinde veya kıyısında bulunulup-bulunulmadığını anlamaya yönelik içgörü vermesi ile ilgilidir.

Gece uykunuza nasıl gittiğinize bir bakın. Melekler gibi mi uyuyorsunuz? Huzursuz musunuz? Şayet kendinizde huzursuzluk hissediyorsanız, uyumadan önce mutlaka ve mutlaka temizlenip-arının. Tanrı'dan bağışlanma dileyin ve dua edin. Uykuya sonra gidin.

Ateş halkının gece uykusu, Karanlıkların basamaklarında aşağılara indikçe, kötüleşir. Acı kişinin her yanını sarmıştır. Kişi uyumaktan korkmaktadır. Çareyi ilaçlarda, bitki çaylarında veya özel reçetelerde arar. Oysa bunların hiçbiri çare olamaz.

Uykuya dalmadan önce mutlaka ve mutlaka bağışlanma dileyin. Bağışlandığınızı umarak, yeni günü, iyi bir insan olarak yaşayınız.

Şimdi Kıyamet konusuna geçiyoruz. Bu başlıkta, ölüm önemli bir çizgi olarak karşımıza tekrar çıkacak. Şimdilik vedalaşıyoruz.

KIYAMET KAVRAMI

Kuran'da Kıyamet ile ilgili iki kavram vardır:
1- Kıyamet Günü
2- Saat

Kıyamet Günü Kavramı

"Kıyamet Günü", dünyada yaşanan bir felaket değildir. "Kıyamet Günü", ebedi âlemde yaşanır. "Kıyamet Günü"nden bahsedilen ayetlerden birçoğunda, "Dünya hayatı"-"Kıyamet Günü" kıyaslaması vardır. Ayet örneklerine bakalım:

"…Artık sizden böyle yapanların <u>dünya hayatındaki</u> cezası aşağılık olmaktan başka değildir; <u>kıyamet gününde</u> de azabın en şiddetli olanına uğratılacaklardır. Allah, yaptıklarınızdan habersiz değildi."[340]

"İşte siz böylesiniz; <u>dünya hayatında</u> onları savundunuz. <u>Peki kıyamet günü</u> onları Allah'a karşı savunacak kimdir? Ya da onlara vekil olacak kimdir?"[341]

"De ki: 'Allah'ın kulları için çıkardığı ziyneti ve temiz rızıkları kim haram kılmıştır?' De ki: 'Bunlar, <u>dünya hayatında iman edenler içindir,</u> <u>kıyamet günü ise</u> yalnızca onlarındır.' Bilen bir topluluk için ayetleri böyle birer birer açıklarız."[342]

"Ve <u>bu dünyada da, kıyamet gününde de</u> lanete tabi tutuldular…"[343]

"…<u>dünyada</u> onun için aşağılanma vardır, <u>kıyamet günü de</u> yakıcı azabı ona taddıracağız."[344]

"Kıyamet Günü" her ne kadar dünyada yaşanacak bir felaket olmasa, felaket olan bir tarafı vardır ☺ Aslen, kıyamet günü, "Ateşin halkı" için felaketten başka bir şey değildir. İyiliğin taraftarları ve doğru yolda yürüyenler, kıyamet gününe, güvenle gelirler. Çünkü onlar, inkarcı insanların üzerinde tutulacaklardır. Dolayısıyla Kıyamet günü, iyiliğin taraftarlarının değil, **kötülüğün taraftarlarının kıyametidir**.

"Ayetlerimiz konusunda çarpıtma yapanlar, Bize gizli kalmazlar. Öyleyse <u>ateşin içine bırakılan</u> mı daha hayırlıdır yoksa <u>kıyamet günü</u> <u>güvenle gelen mi?</u>…"[345]

---

340 Kur'an, Bakara 85
341 Kur'an, Nisa 109
342 Kur'an, Araf 32
343 Kur'an, Hud 60
344 Kur'an, Hac 9
345 Kur'an, Fussilet 40

"İnkar edenlere dünya hayatı çekici kılındı. Onlar, iman edenlerden kimileriyle alay ederler. Oysa korkup sakınanlar, kıyamet günü onların üstündedir. Allah, dilediğine hesapsız rızık verir."[346]

Adalet kavramından söz ederken, ilahi yargılamadan bahsetmiştim. **İşte ilahi yargılamanın yapıldığı yer "Ebedi Âlem" ve zamanı da "Kıyamet Günü"dür.** Sorgulamalarla, şahitliklerle, savunmalarla, hüküm verilmesiyle tam bir "İlahi Yargılama Günü"dür. Tanrı'nın mutlak adaletinin nasıl işlediğini, bizzat görebileceğimiz eşsiz bir deneyim olacaktır. Kimse en ufak haksızlığa uğratılmayacaktır.

Hepimizin, "Hak" ile değerlendirilmenin nasıl bir şey olacağına dair bir fikri olduğunu düşünüyorum. Ancak ben bu değerlendirme sırasında, bizi sürprizler beklediğine de inanıyorum. Hiç önemsemediğimiz bir davranışımızın, mesela trafikte bir sürücüye sıcak sevgiyle bakış anımızın, önümüze büyük bir takdirle konulabileceğine inanıyorum. Bir anlık bir gülümsememiz o sürücüden, başkalarına da yayılmıştır. Ve belki biz o gün pekçok kişinin, iyi bir gün yaşamasına sebep olmuşuzdur. Tanrı'nın mutlak adaletinin çok ihtişamlı olacağını, adımın Banu olduğunu bildiğim gibi biliyorum. Ve o günü büyük heyecanla bekliyorum.

İlahi Yargılamanın, insanlar arasındaki ihtilafların ve kul haklarının hükme bağlanacağı bir yargılanma olduğuna, daha önce "Adalet" kavramından bahsederken değinmiştim. Burada tekrar üzerine yorum yapmayacağım.

Dünya yaşamında, Tanrı insana çok çeşitli kanallardan doğru yolu gösterir, onu uyarır. Kişi bu bilgilendirmelere rağmen, kötü seçim yaparsa Tanrı bağışlayıcıdır, affedicidir. Kişi, Tanrı'dan bağışlanma diledikten sonra temizlenip-arınır. Ancak Ebedi âleme geçişle birlikte, artık seçim yapma evresi geride kalmıştır. Bu yeni evrede, artık bağışlanmak mümkün değildir.

---

346 Kur'an, Bakara 212

Öyle ki, bu aşamada artık Tanrı, ateşi seçenlerle konuşmayı kesmiştir. (Tanrısal İlhamı hatırlayın. Kalp ile iletişimi hatırlayın.)

"Allah'ın indirdiği Kitaptan bir şeyi gözardı edip saklayanlar ve onunla değeri az (bir şeyi) satın alanlar; onların yedikleri, karınlarında ateşten başkası değildir. <u>Allah kıyamet günü onlarla konuşmaz ve onları arındırmaz.</u> Ve onlar için acı bir azab vardır."[347]

"Allah'ın ahdini ve yeminlerini az bir değere karşılık satanlar... İşte onlar; onlar için ahirette hiç bir pay yoktur, <u>kıyamet gününde Allah onlarla konuşmaz, onları gözetmez ve onları arındırmaz.</u> Ve onlar için acı bir azab vardır."[348]

Kıyamet Günü yapılacak ilahi yargılamanın sonucuna göre, kişiler, ebedi yaşam düzlemlerine geçeceklerdir. İlerleyen sayfalarda, "Ebedi Cennet" ve "Cehennem" nasıl yaşam düzlemleridir, inceliyor olacağız. Şimdi dilerseniz, "Kıyamet Gününe" insan ne yollardan geçerek geldi, ona bakalım.

Geriye doğru gidiyoruz şimdi.

Sur'a üfürülmesi ile birlikte, Madde âleminde Vakıa yaşanırken, ruhsal âlemde de, tüm ölmüş insanlar, kabirlerinden kalkmış ve Tanrı'ya doğru ilerlermeye başlamışlardır.

Ölümün uykuda gerçekleşmesi ve kabirlerden kalkış arasında bir ilişki vardır. Buraya spot ışıklarını tutmamız gerekmektedir.

Bu konudaki ayetlere bakalım.

"<u>Sur'a üfürülmüştür; böylece onlar kabirlerinden Rablerine doğru (dalgalar halinde) süzülüp-giderler.</u>"[349]

"<u>Kabirlerinden koşarcasına çıkarılacakları gün, sanki onlar dikili birşeye yönelmiş gibidirler.</u>"[350]

Vakıa anında, maddenin yok olduğunu ve insanın böyle bir tablonun içinde, fiziksel olarak mevcudiyetini sürdüremeyece-

---

347 Kur'an, Bakara 174
348 Kur'an, Ali İmran 77
349 Kur'an, Yasin 51
350 Kur'an, Mearic 43

ğini konuşmuştuk. Diğer taraftan, ölümün de uyku sırasında gerçekleştiğini biliyoruz. Kıyamet gününe de, insanların kabirlerinden kalkarak geldiklerini öğrendik şimdi.

Tüm insanların ruhsal tarafları dünyaya aynı yollardan gelmiştir. Aynı yollardan dünyadan ayrılırlar. Bizler her ne kadar, ölümle ilgili farklı senaryolar izliyor olsak da, ölümü herkes aynı şekilde yaşar. Bu ilahi adaletin bir sonucudur. Kiminin fiziksel bedeni uykuda, kiminin fiziksel bedeni kazada, kiminin fiziksel bedeni hastalıkla yaşamını tamamlamaktadır. Oysa "Ben" dediğimiz tarafımız, tıpatıp aynı yoldan geçerek ebedi aleme geçiş yapar.

Bu yol, yeryüzünde nefislerine zulmetmiş olanlar için çok nahoş bir şekilde deneyimlenir:

"Melekler, kendi nefislerine zulmedenlerin hayatına son verecekleri zaman derler ki: 'Nerde idiniz?' Onlar: 'Biz, yeryüzünde zayıf bırakılmışlar (müstaz'aflar) idik.' derler. (Melekler de:) 'Hicret etmeniz için Allah'ın arzı geniş değil miydi?' derler. İşte onların barınma yeri cehennemdir. Ne kötü yataktır o?"[351]

"Melekleri, onların yüzlerine ve arkalarına vurarak: 'Yakıcı azabı tadın' diye o inkâr edenlerin canlarını alırken görmelisin."[352]

İyilerin ölümleri, yeryüzünde yaşamında yaptıkları iyilikler gibi güzel deneyimlerdir:

"Ki melekler, güzellikle canlarını (Vefat kökü) aldıklarında: 'Selam size' derler. 'Yaptıklarınıza karşılık olmak üzere cennete girin."[353]

Ve ilginçtir, herkes, sanki ağız birliği yapmış gibi, yeryüzü deneyimi için aynı ifadeyi kullanmaktadır.

---

351 Kur'an, Nisa 97
352 Kur'an, Enfal 50
353 Kur'an, Nahl 32

"Gündüzün bir saatinden başka sanki hiç ömür sürmemişler gibi onları bir arada toplayacağı gün, onlar birbirlerini tanımış olacaklar..."[354]

Kişiler ister 10 yaşına, ister 110 yaşına kadar bir hayat sürmüş olsunlar, hepsi de dünyada 1 saat kaldıkları hissi içerisindedirler. Bu yüzden erken ölenlere üzülmek, geç ölmeyi arzu etmek önemsizleşir. İlahi adalet yasası, her zaman olduğu gibi devrededir.

Bir diğer önemli nokta da, Kıyamet günü, herkesin fiziksel bedenlere tekrar sahip olmalarıdır. Yeryüzü yaşamlarında nasıl görünüyorlarsa, aynı şekilde görünürler ve bu sayede birbirlerini tanıyabilirler.

Oysa maddesel düzlemden baktığımızda, ölümü takiben cenazeler toprağa gömülür. Beden yitirilir. Ancak ölümü deneyimleyen kişi bunları yaşamaz. O gece uykusuna yatar, sabah Kıyamet gününe, yine aynı bedeniyle uyanır. Ve elbette, bu uyanış, bu kez çok farklı bir gerçekliğe olmaktadır.

"Hayır, kalkış (Kıyamet) gününe and ederim... İnsan, kendisinin kemiklerini bizim kesin olarak bir araya getirmeyeceğimizi mi sanıyor? Evet; onun parmak uçlarını dahi derleyip-(yeniden) düzene koymaya güç yetirenleriz."[355]

Sevgili okurlarım,

Bu konular asla ve kesinlikle bizleri ürkütmemelidir. Ölüm ve Kıyamet gününe uyanma, iyiler için su gibi akan süreçlerdir. Herhangi bir acı olmamaktadır.

Tekrar etmek isterim ki, "Kıyamet günü" kötülerin kıyametidir. İyiler yeryüzünde sebep oldukları acılar için, onların akibetlerini ibretle izliyor olacaklar. Tanrı'ya inancın ve Tanrı'nın ilahi adaletine olan güveninin karşılık bulacağı, tarihi deneyimlerdir bunlar.

---

354 Kur'an, Yunus 45
355 Kur'an, Kıyamet 4

Firavun Karakterinin Kıyamet Günü Akıbeti

Her dönemde, her ölçekte insan topluluğunda Firavun karakterindeki insanlara rastlayabiliyoruz. Bu kişi ister bir ülke yöneticisi olsun, isterse de, bir grup insana ağabeylik/hocalık yapan biri olsun, hiç fark etmemektedir. Sistem her dönemde ve her coğrafyada yeni Firavunlar yetiştirmekte, kullanıma sokmaktadır:

Firavun karakterinin pekçok kötü özelliğinden benim en önemli gördüklerim:

1- Zalim, zorba ve bencil karakteri.

2- Tanrı ile yarattığı arasına girmeye cüreti. (Musa ve Harun'a, ben size izin vermeden Tanrı'ya iman mı ettiniz? diye çıkışmıştır.)

3- Halkını veya grubunu kötü yola yönlendirmesi.

4- Emrine uyanları yanlış yola sevk etmesi.

Kıyamet günü, Firavun kişisinin ve takipçilerinin ne deneyimleyeceklerine bakalım:

"Firavun'a ve kavminden ileri gelenlere, fakat gene de onlar Firavun'un buyruğuna uymuşlardı, halbuki Firavun'un buyruğu, hiç de doğruyu göstermiyor, hayra sevketmiyordu. O, kıyamet günü kavminin önderliğine geçer, böylece onları ateşe götürmüş olur. Sonunda vardıkları yer, ne kötü bir yerdir."[356]

Kıyamet Gününde, hiçbir dostluk, arkadaşlık, hamilik, taraftarlık, birbirini kollama, birbirine arka çıkma yoktur. Yeryüzündeki seçimleri, bazılarımızın hem kendilerini hüsrana uğratmakta, hem de kendilerini, yakınlarına karşı mahçup duruma düşürmektedir.

---

356 Kur'an, Hud 97-98

"Ne yakın akrabalarınız ne çocuklarınız, kıyamet günü size bir yarar sağlar. (Allah) Sizin aranızı ayıracaktır. Allah yaptıklarınızı görendir."³⁵⁷

"Onları görürsün; zilletten başları önlerine düşmüş bir halde, ona (ateşe) sunulurlarken göz ucuyla sezdirmeden bakarlar. İman edenler de: 'Gerçekten hüsrana uğrayanlar, kıyamet günü hem kendi nefislerini, hem yakın akraba (veya yandaş)larını da hüsrana uğratmışlardır' dediler. Haberiniz olsun; gerçekten zalimler, kalıcı bir azab içindedirler."³⁵⁸

Saat Kavramı

Saat, Kuran'da sıklıkla "Ecel" kavramı ile birlikte kullanılmaktadır:

"Her ümmet için bir ecel vardır. Onların ecelleri gelince, ne bir saat ertelenebilirler ne de öne alınabilirler."³⁵⁹

"...Her ümmetin bir eceli vardır. Onların ecelleri gelince, artık ne bir saat ertelenebilirler, ne öne alınabilirler."³⁶⁰

"...Onların ecelleri gelince ne bir saat ertelenebilirler, ne de öne alınabilirler."³⁶¹

Saat kavramı, bazı ayetlerde belirli bir ifade olan *El Saat* kavramına dönüşür. Bu kez saat, "Kıyamet" kavramı ile birlikte kullanılmaktadır. Bu ayetlerden birinde, "El Saat" ile ölüm arasında ilişki kurulmuştur.

"Kıyamet saatinin (El Saat) bilgisi, şüphesiz Allah'ın katındadır. Yağmuru yağdırır; rahimlerde olanı bilir. Hiç kimse, yarın ne kazanacağını bilmez. Hiç kimse de, hangi yerde öleceğini bilmez. Hiç şüphesiz Allah bilendir, haberdârdır."³⁶²

---

357 Kur'an, Mümtehine 3
358 Kur'an, Şura 45
359 Kur'an, Araf 34
360 Kur'an, Yunus 49
361 Kur'an, Nahl 61
362 Kur'an, Lokman 34

Gece uykuda ruhların alınması ve vakti dolanların ruhlarının tutulması açıklamasının yapıldığı ayet ile, yukarıdaki ayet benzerlik içermektedir. "Hiç kimse, yarın ne kazanacağını bilmez" ve "Kimse hangi yerde öleceğini bilmez" ifadelerinde *"ne zaman"* ve *"nerede"* sorularının cevaplarının bilinmediği vurgusudur bu.

Yeryüzü yaşamından, kıyamet gününe geçiş, ölüm ile olmaktadır. Yeniden dirilişten sonra, ruhsal düzlemden geriye doğru bakıldığında, yeryüzü hayatlarının "Bir saat" lik bir süre olduğu algısı dikkat çekicidir. Ve bu algı kişide, ölümden sonraki kıyamet gününde olmaktadır. Daha önce değinmiştim. Burada ayet örneklerini çoğalttım:

"Gündüzün bir saatinden başka sanki hiç ömür sürmemişler gibi onları bir arada toplayacağı gün, onlar birbirlerini tanımış olacaklar..."[363]

"Kıyamet-saatinin kopacağı gün, suçlu-günahkarlar, tek bir saatin dışında yaşamadıklarına and içerler..."[364]

"...Onlar, tehdit edildikleri şeyi (azabı) gördükleri gün, sanki gündüzün yalnızca bir saati kadar yaşamışlardır..."[365]

Kabir Hayatı ve Zaman

İnsanlık tarihi boyunca, dünyaya milyarlarca insan geldi-geçti. Binlerce yıldır ölü olan insanlar var. Örneğin, benim annem 25 yıl önce yaşam deneyimini tamamladı. Ulusumuzun önderi Atatürk bugünden 77 yıl önce vefat etti. Sokrates 2500 yıl önce, Martin Luther King 47 yıl önce aramızdan ayrıldı. Herkes öldükten sonra zamansızlık boyutuna geçer. Onlar için artık durmuştur.

---

363 Kur'an, Yunus 45
364 Kur'an, Rum 55
365 Kur'an, Ahkaf 35

Kıyamet gününde, Sokrates bugünden 2500 yıl önce yattığı son uykusundan, benim annem de 25 yıl önce yattığı son uykusundan, aynı anda uyanacaklardır. Onlar uykularından uyanırlarken ben de, çocuklarımla birlikte uykularımızdan uyanıyor olacağız. Hepimiz, geçmiş yaşamımızı 1 saatlik bir deneyim gibi hatırlayacağız. İster kişi dünyadan 10 yaşında göçmüş olsun, isterse de 110 yaşında göçmüş olsun. Hepimiz aynı şekilde hissedeceğiz.

Ve milyarlarca insan, kabirlerinden, yeryüzündeki bedenlerinin tıpatıp aynısıyla kalkacaklar. Hiç ölmemiş gibi.

Kıyamet Gününün Zamanı

Kuran'da, zamanın yaklaştığı çok kez ifade edilmektedir.

"Kitab'ı ve mizanı hak olarak indiren Allah'tır. <u>Ne biliyorsun, belki de kıyamet saati (El Saat) yakındır!</u>"[366]

"İnsanlar, sana kıyamet-saatini (El Saat) sorarlar; de ki: 'Onun bilgisi yalnızca Allah'ın katındadır.' <u>Ne bilirsin; belki kıyamet-saati (El Saat) pek yakın da olabilir.</u>"[367]

El Saat, Vakıa'nın koptuğu andır:

"Saat (El Saat) yaklaştı ve **ay yarıldı.**"[368]

Kıyamet gününün zamanlamasına dair bir bilgi de, İsa Peygamber ile birlikte verilmektedir. Tümüyle sırlı bir anlatımdır. Ancak İsa Peygamber ve Kıyamet günü arasında direkt bir ilişki vardır:

"O, yalnızca bir kuldur; kendisine nimet verdik ve onu İsrailoğullarına bir örnek kıldık… <u>Şüphesiz o, kıyamet-saati için bir ilimdir. Öyleyse ondan (kıyametten) yana hiç bir kuşkuya kapılmayın ve bana uyun.</u> Dosdoğru yol budur."[369]

---

366 Kur'an, Şura 17
367 Kur'an, Ahzab 63
368 Kur'an, Kamer 1
369 Kur'an, Zuhruf 59, 61

Reenkarnasyon İnancına Dair

Bana reenkarnasyonu soruyorlar. Yani tekrar bedenlenme konusunu. Tüm kitap boyunca anlattığım Tanrı'nın sistemi içerisinde, benim tekrar bedenlenme ile ilgili gördüğüm yegâne bilgi, Kıyamet Günü ile ilgilidir. Reenkarnasyon inancındaki, yaşama defalarca gidiş-gelişe ben Kuran'da rastlayamadım.

Bu inancın insan için riskleri olduğuna inanıyorum:

- Nasılsa yaşama sürekli gelip-gidiyoruz diye düşünerek, kişi ruhsal gelişimini boş verebilir. Yaşam döngüsüne devamlı girip çıkılan bir sistem, iyi olmayı motive edici değildir.

- Yaşam yolumuzda önümüzü tıkayan, köklü korku, endişe vb. duygusal durumların kökenlerinin geçmiş hayatlardan geldiklerini düşünmek, çözümü zorlaştırabilir. Bir konu, geçmiş yaşamlardan bugünlere uzanıyorsa, o duyguyu şifalandırmaya yönelik, kişi kendisini 3-0 yenik düşünebilir. Konunun, çözülmesinin çok güç olduğu önkabulüyle, önünde kocaman bir dağ yaratabilir. Sevgi ile her şeyin şifalanması mümkündür. Nerede bir sorun varsa, sevgi akışını ne bloke ediyor diye bakmak gerekmektedir. **"Hangi yaşamımda, ne yaşamıştım" diye sorgulamak, çözüm değil çözümsüzlük getirir.**

Geçmiş hayatlardan geldiğini düşündüğümüz anıların kaynağı, pekala atalarımız olabilir. Genetik hafıza konusunu hatırlayın. Kollektif bilinç vardır. Mekânların enerjileri vardır. Kişi kollektif bilinçten gelen anıları veya mekânlara sinmiş yaşanmışlıkların enerjilerini de alabilir. Bunun, kendi geçmiş hayatından gelen bir anı olduğunu zannedebilir.

Bu inanç doğru bile olsa, bu yaşamımıza bir katkısı yoktur. Neticede bu hayattan sorumluyuz.

Ruhsal tekamülün tek bir hayata sığmayacağını düşünen dostlar, bir konuda haklıdırlar. Evet, ruhsal tekamül tek bir yaşama sığmaz. Sonsuza dek devam edebilir. Çok sayıda Cennet olmasının sebebi de budur zaten. Tekamülde yükseldikçe, Cennet basamakları yukarı doğru tırmanılmaktadır. Ve bu basamaklarda artık, insan iyilik ve güzellikle öğrenecektir.

Yeryüzü yaşam deneyimi, mezuniyet için verilmesi gereken bir bitirme tezi gibi düşünülebilir. Ve bu tezi vermek, zor bir konu değildir. Mesele sevgidir, iyiliktir, doğruluktur. Bu değerlerden taviz verilmediğinde, her şey kolayca ilerler. Tıpkı bisiklete binmek kadar kolaydır. Tıpkı nefes alıp-vermek kadar çabasızdır.

Ve bu, başarılabilir...

"Ve seni kolay olan için başarılı kılacağız."[370]

"Biz de onu kolay olan için başarılı kılacağız."[371]

İsa Peygamber'in Göğe Yükselişi

İsa Peygamber'in göğe yükselişi ve dünyaya kıyametten önce tekrar gelecek olma olasılığı, reenkarnasyon ile karıştırılmamalıdır. Bambaşka bir konudur.

Benim Kuran ayetlerinden anladığım kadarıyla, bu olasıdır.

Öncelikle İsa Peygamber ölmemiştir. Yaşam deneyimini tamamlamamıştır. Tanrı katına alınmıştır.

"Ve: 'Biz, Allah'ın Resulü Meryem oğlu Mesih İsa'yı gerçekten öldürdük' demeleri nedeniyle de. Oysa onu öldürmediler ve onu asmadılar. Ama onlara benzeri gösterildi. Gerçekten onun hakkında anlaşmazlığa düşenler, kesin bir şüphe içindedirler. Onların zanna uymaktan başka buna ilişkin hiç bir bilgileri yoktur. Onu kesin olarak öldürmediler."[372]

Direkt olarak İsa Peygamber'in yaşama geri döneceği bilgisi yoktur. Ancak bu çıkarımı yapabileceğimiz, dikkat çekici ifade-

370 Kur'an, Ala 8
371 Kur'an, Leyl 7
372 Kur'an, Nisa 157

ler vardır. Mesela, yukarıdaki ayette, kavminin İsa peygamber hakkında anlaşmazlığa düştüğü ve onunla kesin şüpheleri olduğu bildirilmektedir. Yukarıdaki ayetin devamında, İsa Peygamber ile Kıyamet Günü arasında ilişki kurulmuş ve "Kitap ehlinden, ölmeden önce ona inanmayacak yoktur" vurgusu yapılmıştır.

"Hayır; Allah onu kendine yükseltti. Allah üstün ve güçlüdür, hüküm ve hikmet sahibidir. Andolsun, Kitap ehlinden, ölmeden önce ona inanmayacak kimse yoktur. Kıyamet günü, o da onların aleyhine şahid olacaktır."[373]

Bu anlatımlar, İsa Peygamber'in dünyada ikinci kez bulunacağı olarak düşünülebilir. Ve bu ikinci gelişin, insanlığın son evresinde Kıyamete yakın bir dönemde olacağı kanaatine varılabilir.

İsa Peygamber'in dünyaya tekrar gelişi sözkonusu olacaksa, bu gelişin insanın Tanrı ile araya hiç kimseyi koymayacağı bir bilinç evresinde gerçekleşmesini çok anlamlı buluyorum.

İsa Peygamber'in öğretilerindeki, "İçindeki Mesih", "Göklerin Egemenliği" kavramları aslında bu yeni evreye geçmiş insanlara yöneliktir. Kendi devrindeki insan bu bilgilere -bana göre- hazır değildi. İsa Peygamber, havarilerinden birine deniz üzerinde yürümeyi öğretmişti. Ancak inancı yetersiz olduğu için, havari bir süre yürüdükten sonra sulara gömülmüştü.

İnsanın özünden gelen potansiyeli hatırlayacağı ve onu kullanmayı başlayacağı bir evrede, İsa Peygamber'in tekrar yeryüzünde olabilme olasılığı çok güzeldir. Ancak yukarıda da belirttiğim gibi, bu çok sırlı bir konudur. En doğrusunu Tanrı bilir.

---

373 Kur'an, Nisa 158-159

Meryem Anne

Konu İsa Peygamber olduğunda, Meryem Anne'den bahsetmemek olmaz. Bu bölümü özellikle tüm kadın okurlarıma ithaf ediyorum.

Tanrı, son Kutsal Kitap Kuran'da Meryem'e çokça vurgu yapmıştır. Öyle ki Meryem adı, İsa Peygamber kadar çok geçmektedir. Pekçok ayette İsa Peygamber'den, "**Meryem oğlu İsa**" olarak bahsedilmektedir. Meryem, Tanrı tarafından, adı çokça anılarak onurlandırılmıştır.

Bunun yanı sıra, Meryem'in hayatının neredeyse tüm detayları Kuran'da anlatılmıştır. Doğumu, nasıl büyüdüğü, Tanrı'nın onu bir bitki gibi nasıl özenle nasıl yetiştirdiği, meleklerle görüşmesi, İsa Peygamber'e hamile kalışı, doğumu, evliliği…

Yaşadığı dönemin koşullarına ve mucize hamileliğine rağmen, halkının karşısında dimdik durmuş bir kadındır Meryem. Çok güçlü, bir o kadar zarif, saf ve arı bir kadın.

İsa'nın dünyaya gelişi, mucizeleri ve dünyadan gizemli ayrılışı yüzyıllardır tartışılmaktadır.. Ne var ki, bu yüce insanı dünyaya getirmek üzere seçilmiş Meryem üzerinde kimse düşünmemektedir. Nasıl bir kadındı ki, İsa gibi bir peygamberi hayata getirmek için seçilmişti? Sanki Meryem, yüzyıllardır halen daha bekaretini korumaktadır.

İnsanlığın, Tanrı ile arasına üçüncü kişileri almayacağı, Yaratıcısıyla direkt iletişimde olacağı bir bilinç evresindeyiz artık.

İsa Peygamber'in öğretilerine tüm insanlığın inanacağı bir dönemde, Meryem ruhu da önem taşımaktadır.

Meryem bakireydi. Ona erkek eli değmemişti. Aynı zamanda erkekleşmemiş bir kadındı Meryem. Bir bitki gibi yetiştirilmiş, saf sevgide bir kadın.

Ben bu günlerde, kadınların gittikleri her yere beraberlerinde bahar çiçeklerinin kokularını da götürmeye başladıklarını gözlemlemeye başladım. Kadınların, dünyanın çehresini değiştirmekte önemli görevler üstleneceklerine inanıyorum.

Meryem'in halkının karşısına mertçe çıkması gibi, bugün de mertçe doğruyu konuşan kadınlar görüyorum. Korkuyu umursamayan kadınlar. Birçok erkekten çok daha yiğit ve cesur kadınlar.

İşte bu kadınlarda Meryem'in ruhundan birer parça görüyorum. Ve onlarla gurur duyuyorum...

11. BÖLÜM

EBEDİ YAŞAM DÜZLEMLERİNE GEÇİŞ

Biliyoruz ki, ebedi yaşam düzlemleri "Ebedi Cennet" ve "Cehennem"dir. İki ayrı düzlem sözkonusudur. Ayrıca, birden fazla Cennet vardır. Daha önce bunları konuştuk.

İyilerin ruhsal tekâmülü Cennet düzlemlerinde devam eder. Bu evrede insan artık, iyilik ve güzellikle öğrenmeye başlayacaktır. Ve tekâmülde ilerledikçe, ilk "Ebedi Cennet"ten yukarıdaki Cennetlere doğru yükselmeye devam edecektir.

NUR KAVRAMI

İnsanın bitmiş ürün hali, yeryüzündeki seçimlerine göre, ebedi yaşamını sürdüreceği planla birlikte belirlenir. Kişinin seçimlerinin gücü vardır. İnsan tıpkı anne karnındaki büyümesi gibi, yeryüzü yaşamında başka türlü bir büyüme deneyimler. Tıpkı bir bebeğin büyümesi belirli bir seviyeye gelince, rahme sığmaması gibi, seçimler yapmış insan da, yeryüzüne artık sığmayacaktır. Bu hayatındaki ölümünü takiben, yepyeni ve ebedi bir âleme doğuş yaşayacaktır. Seçimlerinin sonucu olan yeni bedeni ve yeni nitelikleri ile bir doğumdur bu. Yeryüzündeki yeni düzenlemeyi hatırlayın. Bu kez, insan için yeni düzenleme yeryüzünde olmayacaktır. Bu kez Tanrı insan için, yepyeni bir âlem yaratmıştır.

Ebedi Yaşama geçişte, insanın tamamlanması ile birlikte bir kavram kullanılmaktadır. Daha önce düalite tablomuzda karşımıza çıkan "Nur" kavramıdır bu. Bu başlıkta "Nur" kavramına biraz daha yakından bakacağız.

Nur ne demektir?

"Parıltı, flaş, ışıma, göz kamaştırma ve yansımış ışık" anlamlarına gelmektedir. İnsanın henüz tamamlanmamış olduğunu belirten ayetlerde karşımıza çıkar. İlgili ayet şudur:

> "Ey iman edenler, Allah'a kesin bir tevbe ile tevbe edin. Olabilir ki, Allah kötülüklerinizi örter ve altından ırmaklar akan cennetlere sokar. O gün Allah, Peygamberi ve onunla birlikte iman edenleri küçük düşürmeyecektir. <u>Nurları, önlerinde ve sağ yanlarında koşar-parıldar. Derler ki: 'Rabbimiz nurumuzu tamamla,</u> bizi bağışla. Şüphesiz Sen, her şeye güç yetirensin."[374]

"Nur" kavramının özelliği, iyiliğin taraftarlarında bulunmasıdır. Kişilerde bulunan "Nur" önlerinde ve sağ yanlarındadır. Araf'taki görevlilerin iyileri yüzlerinden tanımalarını sağlayan "Nur"ları olabilir. Yeryüzü Cenneti aşamasında kişide mevcuttur. Yukarıdaki ayette, "Nur" sahipleri Cennet için dua etmekte ve bağışlanma dilemektedirler. Temizlenip-arınma ve bağışlanma yeryüzünde olmaktadır. Ve bu kişilerin yürümekte oldukları yön "Ebedi Cennettir".

"Ebedi Cennete" geçiş aşamasında da, kişideki "Nur" yine önlerinde ve sağlarında bulunmaktadır. Ayeti görelim:

> "O gün, mü'min erkekler ile mü'min kadınları, nurları önlerinde ve sağlarında koşarken görürsün. 'Bugün sizin müjdeniz, içinde ebedi

---

374 Kur'an, Tahrim 8

kalıcılar (olduğunuz), altından ırmaklar akan cennetlerdir." İşte 'büyük kurtuluş ve mutluluk' budur."[375]

Yukarıdaki ayet, "Ebedi Cennete" geçiş anını ifade eder gibidir. Bu ayette, cennete kavuşma günü gelmiştir artık. "İşte", "bugün", "bu" vurguları yapılmaktadır. Nur sahibi kişilere kurtuluş ve mutluluk müjdelenmektedir.

En önemlisi de, Tanrı'nın "Nur" sahibi kişilerin kötülüklerini örteceğini söylemesidir. İnsanın elbette kusurları olabilir. Tanrı'nın sisteminde mükemmeliyet aranmamaktadır. Hatalar, günahlar olabilir. Mesele sıklıkla ve kalpten bağışlanma dileyerek, temizlenip-arınmaktır. Sonra da iyiliğin yönünde adımlar atmaktır. Ben iyiyi seçiyorum deyip, suskun kalıp-oturmak, iyiliğin taraftarı olmak değildir. **Zira, "Nur" sahibi insanlar "koşmaktadırlar."**

"Nurlarıyla birlikte koşanlar" ve **"hayırlarda yarışanlar"** ifadeleri bize, iyiliğin taraftarlarının, çok aktif olduklarını ve oturmanın kıyısından geçmediklerini gösterir.

İnsanın ebedi yaşamda "tamamlanması" ve "Nihai Ürün" tanımımla ilgili de bir açıklama yapmak istiyorum. Yeryüzünden, ebedi âleme bakıldığında, kişi bitmiş ürün haline gelmektedir. Evet. Yeni bir yaratımla yaratılacaktır. Ancak ebedi âlemden bakıldığında, kişi tekâmül etmeye devam etmektedir. İnsanın "Nuru" ne zaman tamamlanır? İnsan ebedi âlemdeki tekâmülünde yükselirken nasıl bir varlığa dönüşür? "Halife" olarak yaratılan insanın ebedi âlemde de halifeliği devam etmektedir. Bir halifenin, tekâmülünün devam evrelerinde, çok yüksek bir varlığa dönüşeceği de muhakkaktır. Ve bu durum bende büyük bir merak ve heyecan yaratmaktadır.

---

375 Kur'an, Hadid 12

EBEDİ YAŞAM VE ORTA YOLDAKİLER

"Ebedi Cennet" ve "Cehennem" olarak, iki ebedi yaşam planı var, demişik. Peki ya orta yoldakiler? Hatırlarsanız, Araf bahsinde, 3.cü bir yoldan bahsetmiştik. Onların, Tanrı'ya inanmayan ancak iyi insanlar olabileceklerinden bahsetmiştik. Yeryüzü yaşamlarında Tanrı'yı unutmuşlardı veya O'na inanmamayı seçmişlerdi. Ancak onlardan bazıları iyi insanlar oldular. Doğru insan oldular. Ve doğruyu konuştular. Adalete ve canlıların yaşam haklarına saygı duydular. Bunlar için mücadele ettiler. Tanınmış veya tanınmamış, hepimizin bildiği böyle insanlar vardır.

Bir Vakıa anlatımı ayetinde, üçüncü yoldakilerle ilgili yine bir anlatım karşımıza çıkmaktadır. Ne var ki, Tanrı onların varlıklarını hangi yaşam düzleminde sürdüreceklerini bildirmemiştir. Önce ayeti görelim:

"Derken toz duman halinde dağılıp-savrulduğu, <u>Ve sizler de üç sınıf olduğunuz zaman;</u>"[376]

Onların ebedi yaşam düzlemlerinin bildirilmemiş olmasının sebebi, kıyamet günündeki ilahi değerlendirmeden sonra belirlenecek olmasıdır. O gün, herkes bir değerlendirmeye tabi tutulacaktır. Tartıları ağır ve hafif gelenleri hatırlayın. Üçüncü yoldakilerin durumlarının değerlendirilmesi, siyah ve beyaz ayrımı gibi net değildir. Kişiye göre değişir. Genelleme yapılamaz. Onların durumları tıpkı Grinin 50 tonu gibidir ☺

Ben inanıyorum ve tüm varlığımla diliyorum ki, bütün iyi insanlar, "Ebedi Cennetlerde" yaşamlarını sürdürürler.

Tanrı'ya inanmamayı seçen ruhların, yaşamlarında var güçleriyle kalplerini sevgiye açmaları, bu sevgiyi büyütmeleri ve iyilik skorlarını rekor seviyeye çıkarmaları, ilahi değerlendirmeden yüzlerinin aklarıyla çıkmalarını sağlayacaktır. Hiç kuşkum yok.

---

376 Kur'an, Vakıa 6-7

EBEDİ CENNET VS. CEHENNEM

Araf sistemi altında, "Yeryüzü Cenneti" ve "Ateş" birbirlerine yakınlardı. Aynı doğa sisteminde yaşıyorlardı. Yeryüzü yaşamı, insanlara iyinin ve kötünün ne olduklarını öğreten bir yapıydı. İyi ve kötünün yanyana olması, kişinin her iki tarafı da tanımasına, aralarından bir seçim yapmasına imkan tanıyordu.

Bu düzlem, kişi için misyonunu tamamladığında, yani kişi yaptığı seçiminde kararlılık göstererek onu nihai hale getirdiğinde artık iyi ve kötünün yanyana olmasına gerek yoktur.

İyi ve kötünün yanyana olması, kişilerin seçimlerini netleştirirken, diğer taraftan onları gidecekleri ebedi yaşam düzlemlerine de hazırlar.

Ebedi Cennette yaşamayı seçenlerin, o düzleme gitmeden önce, mesela adil olmayı öğrenmiş olmaları gerekir. Çünkü, Cennet düzlemi adaletin mutlak olduğu bir yerdir. **Kişi, her koşul altında, bedeli ne olursa olsun, saf adil olmayı öğrenmelidir ki, Cennet düzleminde yaşayabilsin**. Çünkü Cennette bir sosyal yaşam vardır. Ve orada, belirli koşullar altında hukuku askıya alan bir zihniyet yaşayamaz. Kendini adalet sisteminin üzerinde gören zihniyet de bulunamaz. Ancak ve ancak, saflaşıp, arı hale gelen kişiler, steril ortam Ebedi Cennete girebilirler.

Ebedi Cennet ve Cehennem, tıpkı dünya gibi yaşam düzlemleridir. Ancak bu düzlemlerdeki doğa, dünyadakinden farklıdır.

Yeryüzündeki doğa sistemini hatırlayalım:

Daha önce doğada iyi-kötü olmadığından, bizlerin kötü zannettiği doğa olaylarının, bütünsel olarak baktığımızda aslında iyiye hizmet ettiğinden bahsetmiştim.

Mesela kasırgalar için ne demiştim?

"Şiddetli rüzgârlar Afrika çöllerinden tozlar kaldırarak, Dünyanın diğer bölgelerine taşırlar ve altın değerindeki verimli toprağın oluşmasına katkıda bulunurlar. Bu tozların içinde taşınan demir, fosfor gibi mineraller, toprağa düşerse mahsulü; denizlere veya akarsulara düşerse balık yoğunluğunu artırır. Kasırgalar da zannediğildi gibi kötü değildir."

Doğadaki iyinin altına bakmanın, şimdi tam zamanı:

Evet, kasırgalar, yeryüzünde yaşamın devamı için çok önemlidirler. Ekosistemin devamı için görevlerini yerine getirirken, doğanın bazı unsurlarına –minimal- zararlar verdikleri de olur. Mesela bazı ağaçlar devrilebilir. Kasırganın yeryüzüne faydaları için +1000, devrilen ağaç zararları için -10 değerlerini koyarsak, onları topladığımızda +990 değerini elde ederiz. Kasırgalar +990 değerinde, yeryüzünde yaşama hizmet etmişlerdir, diyebiliriz. Doğa iyidir, ancak "mutlak iyi" değildir.

İşte yeryüzündeki doğanın içerisinde küçük eksi değerler olsa da, artılar daha fazla olduğu için yaşam mümkün olabilmektedir. Şayet eksi değerler yüksek olsaydı, mesela kasırgalar yeryüzündeki tüm ağaçları devirseydi, o zaman zarar için -990 derdik. Çünkü ağaçlar olmadığı için oksijen üretilemez ve hava temizlenemezdi artık. İnsanlar ve tüm canlılar böyle bir durumda yaşayamazlardı. Eksi etkilerin çoğunlukta olması, yeryüzünde yaşamı bitirirdi.

Şuraya varmak istiyorum: Ebedi Cennetteki tüm doğa sistemi, sadece ve sadece artılar üzerine kurulmuştur. Aynı şekilde, Cehennemdeki Doğanın yapısı tümüyle eksiye hizmet etmektedir. Yaşamı asgaride mümkün kılan, bir artı-eksi dengesi olan bir yerdir, cehennem. Ne içilen su susuzluğu giderir, ne yenilenler açlığı giderir. İçilen serin değil, kaynar sudur. Yenilen ise zakkum ile sembolize edilen, lezzet içermeyen aksine acı bir yemektir.

Mesela yeryüzü doğa sistemi içerisinde yaratılan insanın sureti güzel kılınmıştır. Özellikle bedendeki deridir, insanı güzelleştiren. Deri kalktığı anda, ürkütücü kadavralar gibi görünürdü insanoğlu.. Eminim biyoloji kitaplarında, kasların meydanda olduğu, dudakların, gözkapaklarının, saçların ve kirpiklerin olmadığı görselleri hepiniz görmüşsünüzdür. Bu görüntüyü, kanlı-canlı gözünüzün önüne getirin. Gerçekten çok ürkütücü değil mi?

İşte kötülüğü seçen ve ebedi yaşamı için Cehennemi isteyen insanlar aynen böyle görünmektedirler:

"Ateş, onların yüzlerini yalayarak yakar da onun içinde onlar, (etleri sıyrılmış olarak sırıtan) dişleriyle kalıverirler."[377]

Diğer tarafta Ebedi Cennette ise durumlar çok farklıdır. Buradaki insan da yeni bir bedenle bedenlenmiştir. Fiziksel olarak geliştirilmiş üst versiyonundadır bu kez. Her zaman genç, her zaman bakire... En güzel halleriyle. Öyle ki eşler gözlerini birbirlerinden alamamaktadırlar.

"Gerçek şu ki, Biz onları yeni bir inşa ile inşa edip-yarattık. Onları hep bakireler olarak kıldık, Eşlerine sevgiyle tutkun (ve) hep yaşıt,"[378]

"İman edip salih amellerde bulunanları müjdele. Gerçekten onlar için altlarından ırmaklar akan cennetler vardır. Kendilerine rızık olarak bu ürünlerden her yedirildiğinde: 'Bu daha önce de rızıklandığımızdır' derler. Bu, onlara, (dünyadakine) benzer olarak sunulmuştur. Orada, kendileri için tertemiz eşler vardır ve onlar orada süresiz kalacaklardır."[379]

Ebedi Cennetin doğasında artık kötü bakteriler bulunmamaktadır. Bu yüzden bozulma, çürüme, hastalık vs. olmaz. Bunu Ebedi Cennet tasvirleri içeren aşağıdaki ayetten anlıyoruz:

"Takva sahiplerine va'dedilen cennetin misali: İçinde bozulmayan sudan ırmaklar, tadı değişmeyen sütten ırmaklar, içenler için lezzet veren şaraptan ırmaklar ve süzme baldan ırmaklar vardır; orada

---

377   Kur'an, Müminun 104
378   Kur'an, Vakıa 35-37
379 Kur'an, Bakara 25

onlar için meyvelerin her türlüsünden ve Rablerinden bir mağfiret vardır...?"[380]

Ayette, "Bozulmayan su, tadı değişmeyen süt" ifadeleri, orada kötü bakteri olmadığı bilgisini bize veriyor. Hal böyle iken, insanın yeni bedeninde yara, enfeksiyon vs. olamıyor.

Mutlak temiz bir âlem burası. Kirlenmek yok. Duş alıp-temizlenme ihtiyacı yok! Sadece keyif için su kullanılıyor. Tadı şarap ve bal gibi olan ırmaklar var burada.

"İman edip salih amellerde bulunanları, altından ırmaklar akan, içinde ebedi kalacakları cennetlere sokacağız. Onda onlar için ter-temiz kılınmış eşler vardır..."[381]

Yeni bedenleriyle insanların dışkılama ihtiyacı da kalmayacağını düşünüyorum. Eskimeyen, yaşlanmayan, kendi kendini tamir eden, uykuya ve temizlenmeye ihtiyaç duymayan tertemiz bir bedendir bu.

Ebedi Cennette, zıtlıklar da yoktur. Her şey en ideal halindedir.

"Ve onları, 'ne sıcak-ne soğuk, tam kararında gölgeliğe' sokacağız."[382]

Özetle, Ebedi Cennette yeryüzüne çok benzeyen, ancak eksikliklerden arınmış, mutlak iyi bir doğa sistemi vardır. Gölgenin sürekliliği, gecenin de olmadığını anlatır bize. Cennetteki gölge, dünyadaki gölgeden farklıdır. Işık, Güneş gibi tek bir kaynaktan gelmemektedir.

"Takva sahiplerine vadedilen cennet; onun altından ırmaklar akar, yemişleri ve gölgelikleri süreklidir..."[383]

---

380 Kur'an, Muhammed 15
381 Kur'an, Nisa 57
382 Kur'an, Nisa 57
383 Kur'an, Rad 35

"Yayılıp-uzanmış gölgeler,"[384]

Ben Cennetteki gölgeyi yaratanın, yani ışık kaynağının, Nur olduğunu düşünüyorum. Nur'un kaynağı Tanrı'dır. *"Allah'ın Nuru"* kavramı da Kuran'da çokça kullanılmaktadır.

Yine Ebedi Cennette mutlak bolluk vardır. Yaşamak için para kazanmak, içinde oturulacak ev için kira ödenmek zorunda olunmaz. Müthiş, öyle değil mi?

"(Onlar da) Dediler ki: 'Bize olan va'dinde sadık kalan ve bizi bu yere mirasçı kılan Allah'a hamd olsun ki, cennetten dilediğimiz yerde konaklayabiliriz. (Salih) Amellerde bulunanların ecri ne güzeldir."[385]

"Dilediğimiz yerde konaklayabiliriz," ifadesi bana, aynı zamanda, dilendiği gibi seyahat edebileceğini, ulaşım, vize derdinin ortadan kalkacağını düşündürtüyor.

Peki ya hayvanlar? Onlar da olabilir mi dersiniz Ebedi Cennette? Bence olur. Hayvanlarla konuşan Süleyman Peygamber'i hatırlayın. Ebedi Cennet düzleminde hayvanlara da yer olması çok muhtemeldir. İnsanın dilediği her şeyin olacağı bir düzlemde, hayvanlar baş tacıdır. **Ancak mutlak iyi olarak niteleyebileceğimiz, "ısırmayan, gagalamayan, pençe atmayan" hayvanlar olsa gerek diye düşünüyorum.** Çizgi film karakterleri gibi sevimli, konuşulabilen, oyuncu ve sevilip-okşanmaktan mest olan hayvanlarla bir "Ebedi Cennet" hayal ediyorum, ben. **"Ben hayal edebiliyorsam, Tanrı'nın hayali benimkinden daha büyüktür" diye de ekliyorum.**

RUHSAL AİLELERİMİZ

Yeryüzündeki aile üyelerimizle, "Ebedi Cennetteki" aile üyelerimiz birebir aynı olmayabilir. Eşlerimiz, çocuklarımızın seçimleri elbette ki bizlerden bağımsızdır. Tıpkı Nuh ve Lut pey-

---

384 Kur'an, Vakıa 30
385 Kur'an, Zümer 74

gamberlerin eşlerinin inançsız olması veya Firavun'un eşinin inançlı olması gibi. Tıpkı Nuh'un oğlunun inançsız olması gibi.

"Ebedi Cennet"teki aile üyelerimiz, aslen ruhsal ailemizin üyeleridir. Aile üyelerimizden, yakın çalışma arkadaşlarımızdan, dostlarımızdan, aramızda bağ hissettiğimiz herkes bizim ruhsal ailelerimizi oluşturur.

"Cehennem" ile ilgili daha fazla detaylı bilgi vermeyeceğim. Bu kitabın okurlarını, Ebedi Cennetin güçlü adayları görüyorum, çünkü. Öyle olmasaydı, Tanrı'ya inançtan ve iyilikten-sevgiden bahseden bu kalınca kitabı okurlar mıydı?

Elbette ben bunu ne kendim, ne de bir başkası için ilan edebilecek bir yetkili değilim. Kuran ifadesiyle şöyle söyleyeyim: **Bu kitabın okurları, "Henüz Cennet'e girmemiş, ancak ona girmeyi şiddetle arzu edenler ve umut edenlerdir."**

Bu başlığı, Vakıa Suresindeki Cennet-Cehennem anlatımlarını içeren ayetlerle tamamlıyorum. Ayetleri, iki tarafı karşılaştırır biçimde sıraladım.

Ebedi Cennet   Cehennem

15. 'Özenle işlenmiş mücevher' tahtlar üzerindedirler.

16. Karşılıklı yaslanmışlardır.

17. Çevrelerinde ölümsüzlüğe ulaşmış gençler dönüp dolaşır;

42. Hücrelere işleyen kavurucu bir sıcaklık ve kaynar su,

18. Kaynağından testiler, ibrikler ve kadehler,

43. Ve kapkara dumandan bir gölge içindedirler.

44. Ki o, ne serindir, ne ferahlatıcı.

20. Arzulayıp-seçecekleri meyveler,

21. Canlarının çektiği kuş eti.

52. Şüphesiz zakkum olan bir ağaçtan yiyeceksiniz.

53. Böylece karınları(nızı) ondan dolduracaksınız.

22. Ve iri gözlü huriler,

23. Sanki saklı inciler gibi;

24. Yaptıklarına bir karşılık olmak üzere (onlara sunulur);

25. Orada, ne 'saçma ve boş bir söz' işitirler, ne günaha sokma.

26. Yalnızca bir söz: 'Selam, selam.'

28. Yüklü dalları bükülmüş kiraz (ağaçları),

54. Onun üzerine de alabildiğine kaynar sudan içeceksiniz.

29. Üstüste dizili meyveleri sarkmış muz ağaçları,

55. Üstelik 'içtikçe susayan hasta develerin' içişi gibi içeceksiniz.

30. Yayılıp-uzanmış gölgeler,

31. Durmaksızın akan su(lar);

93. Artık (onun için) alabildiğine kaynar sudan bir şölen vardır

32. Ve birçok meyveler arasında,

33. Kesilip-eksilmeyen ve yasaklanmayan (meyveler).

34. Yükseklere-kurulmuş döşekler.

94. Ve çılgınca yanan ateşe bir atılma da.

35. Gerçek şu ki, Biz onları yeni bir inşa ile inşa edip-yarattık.

36. Onları hep bakireler olarak kıldık,

37. Eşlerine sevgiyle tutkun, hep yaşıt,

İleri Ebedi Cennetler

Ebedi Cennete gidenlerin tekâmülü bitmiş değildir. Tekâmül devam eder. İnsan yeni erdemler kazanır, yeni ilimler alır.

Bu düzlemde öğrenme, yeryüzündeki gibi acı ile, sıkıntı ile, yer yer sıkışarak değil, iyilikle ve güzellikle gerçekleşecektir artık. Ve insanın yükselişi devam eder. Çünkü Tanrı, insanı bir Halife olarak yaratmıştır. Halife eğitiminin daha pek çok evresi olacaktır. Ebedi Cennetlerde yükselirken, Halife İnsanın ruhsal potansiyelinin nerelere ulaşabileceğini hiç bilemiyorum. Tahmin de yürütemiyorum. Sınırları kaldırdık ancak, Ebedi Cennetlerin basamaklarıdır, burada sözkonusu olan. Ve o merdivenler, insanı nereye, hangi seviyeye taşımaktadır?

Bu soruların cevaplarını, o merdivenlere ulaşmayı başarabilenler alacaklardır.

İleri Ebedi Cennetlerden bahseden ayet aşağıdadır:

"Bu-ikisinin ötesinde iki cennet daha var."[386]

CEHENNEME SEVKEDİLME

Cehenneme sevkediliş ile ilgili Kuran'da pekçok ayet var. Ancak ben iki örnek vermekle yetineceğim:

"Öyleyse içinde ebedi kalıcılar olarak cehennemin kapılarından girin. Büyüklük taslayanların konaklama yeri ne kötüdür."[387]

"Dediler ki: 'İçinde ebedi kalıcılar olarak cehennemin kapılarından (içeri) girin. kibirlenenlerin konaklama yeri ne kötüdür.'"[388]

Cehenneme sevkedilenler, adeta iteklenerek oraya sürüklenirler. Tanrı onlar için hükmünü verdiği andan itibaren, onlara merhamet gösterilmemektedir.

---

386 Kur'an, Rahman 62
387 Kur'an, Nahl 29
388 Kur'an, Zümer 72

HARİKALAR DİYÂRI EBEDİ CENNETE YOLCULUK

"Ki melekler, güzellikle canlarını aldıklarında (Vefat): 'Selam size' derler. 'Yaptıklarınıza karşılık olmak üzere cennete girin."[389]

"Siz ve eşleriniz cennete girin; sevinç içinde ağırlanacaksınız."[390]

Uzun bir yolculuktan sonra nihayet bu bölüme ulaştık. Tıpkı meleklerin "Ebedi Cennetin" kapılarında karşılaması gibi, ben de sizleri bu bölümün kapısında karşılamak istedim.

Hoş geldiniz ☺

Sizler ki, ruhsal potansiyellerinizi aradınız. Ve hatırladınız.

Sonra da yaratımınıza uygun olarak, iyiliği-güzelliği-doğruluğu seçtiniz. Bu seçimlerinizle, ruhsal özünüzden gelen gücü de kullanmaya başladınız. Önce sınırlardan özgürleştiniz, sonra da bolluk bilincine geçtiniz. Ruhsal tarafınızla, bedensel tarafınızın tam bir uyum içine gelmesini sağladınız. Bu sayede, yeryüzü yaşamınızda sizi en mutlu edecek işi yaptınız, sizi en mutlu edecek partnerinizi seçtiniz, sizi en mutlu edecek sevgi merkezli dostluklar yaşadınız. Doğayla da uyum içinde oldunuz. Her ne pahasına olursa olsun, doğrunun yanında-yanlışın karşısında dimdik duracak cesareti gösterdiniz.

Yeryüzünde, destansı bir yaşam yaşadınız. Dünyaya izinizi kazıdınız. Sizden sonra da isminiz dünyada şükranla, sevgiyle ve hürmetle anıldı. Ancak yeryüzü misyonunu tamamladı. Şimdi artık bambaşka bir gerçekliktesiniz ve önünüzde yaşanmayı bekleyen bir sonsuzluk uzanıyor...

Dilerim, bu kitabın yazarı ve okurları olarak, bu satırlardaki karşılaşmamız Ebedi Cennette de gerçekleşir ve bizler sevinçle

---

389 Kur'an, Nahl 32
390 Kur'an, Zuhruf 70

kucaklaşırız. Mutluluğun gözyaşlarını dökeriz. Çünkü burada sadece ve sadece mutluluktan gözyaşı dökülebiliyor.

Burada iyi ve kötü ayrımı yok. Çünkü burada, her şey iyi ve güzel!

Şimdi birlikte derin bir nefes alalım ve yeryüzünde yaşadığımız tüm deneyimler için teşekkür edelim. Buradan arkaya baktığımızda, hatırladığımız üzüntüler, acılar, korkular, endişeler... Hepsi anlamını yitirdi. Her ne yaşandıysa, iyi ki yaşandı. Yaşananların her biri çok yüce deneyimlermiş. Yaşam kutsal bir yermiş.

Burası çok yüksek titreşimi olan bir yer. İçinizin coşması için bir şeye ihtiyacınız yok. Sadece burada bulunmak, yüreğinizi çarptırmaya yetiyor. Önceden aldığınız, şimdi aldığınız ve sonsuzlukta alacağınız her nefese büyük bir aşk duyuyorsunuz. Sadece ve sadece sevgi var burada. Öyle ki, bu sevginin belirli bir adresi de yok. Sanki atmosferi, suyu, oksijeni sevgiden meydana gelmiş bir yer burası.

Tam bir doyum duygusu.

Her şey tamam ve bütün.

Ait olduğunuz yerdesiniz şimdi.

Yuvadasınız...

Tekrar Tanrı'ya teşekkür edin, sonra da yaşamda yaptığınız seçimlerden dolayı kendinizi kutlayın. Buraya gelmeyi hak ettiniz siz.

Henüz daha kapıdasınız.

Henüz daha içeri girip etrafı keşfetmediniz.

Coşkunun -tarifinin mümkün olmadığı- çok yüksek seviyesinde bir kutlama hazırlanmış sizin için. Sanki, sadece ve sadece sizin için düzenlenmiş. O derece bir ihtimam görüyorsunuz.

Meğer ne kadar değerli ve önemliymişsiniz. Meğer ne kadar çok seviliyormuşsunuz.

Alkış sesleri tüm "Yeni Evrende" çınlıyor.

Alkış seslerini, olağanüstü bir müziğin sesi bastırıyor. Daha önce hiç duymadığınız tonlarda, hiç bilmediğiniz enstrümanlardan çıkan bir müzik bu. Anlaşılan o ki, burada yepyeni kelimelere ihtiyacınız olacak. Çünkü bildiğiniz 'olağanüstü, muhteşem, harikulade' kelimeleri burayı tanımlamaya yetmiyor. Tıpkı müziğin yeryüzünde 7 nota ile sınırlanmış olması gibi, meğer kelimeler de ne kadar sınırlıymış..

İçerilere doğru ilerledikçe, karşılama töreni, bir kutlama törenine dönüşüyor. İki tören arasında hiç 'es' verilmiyor. Etrafa bir parça bakınınca, birazdan bir ödül kutlaması yapılacağı anlaşılıyor. Herkes alımlı, ışıklı.

Herkes mutlak şıklık ve zerafet içinde.

Herkes en mükemmel hallerinde…

Burada çok seçkin bir topluluk var. Kırmızı halılar üzerinde yürümüyor, kırmızı tahtlar üzerinde taşınıyorlar… Ve herkes, bir diğerini gördüğünde çok seviniyor. "Yaşasın o da burada! Şu da burada!" çığlıkları etrafta çınlıyor. Herkes sevinçle kucaklaşıyor.

Herkes, bir diğerini güzel görmekten dolayı mutlu. Kendinin nasıl göründüğü ile değil, diğerinin güzelliği ile ilgili…

Herkes, kendini anlatmak yerine, diğerini dinlemeye istekli…

Bu kutlama, tıpkı dünyadaki *Oscar* törenlerine benziyor. Buradakini görünce, yeryüzündekinin kötü bir taklit olduğu anlaşılıyor ☺ Sanki Evren çapında bir Oscar töreni bu. Ödül alacaklar, o yıl içerisinde iş yapmış adaylar arasından bir kişi olarak seçilmiyor. Burada, uzun soluklu işler değerlendiriliyor. Tıpkı 12 yılda çekilen *Boyhood* (Çocukluk) filmi gibi.

Burada, "Ömür Boyu Performanslar" değerlendiriliyor. En güzeli de, buradaki herkesin ödül almaya hak kazanmış olması. Yeryüzünde, tarih boyunca yaşamış tüm iyiler orada. Her bir kişi, kendi yaşamının filmiyle ödülünü kucaklayacak. Elbette En İyi Film, En İyi Yönetmen, En İyi Animasyon, En İyi Kurgu, En İyi Kostüm Tasarımı, En İyi Yapım Tasarımı ödüllerinin sahibi Tanrısal Niyet ve Tanrısal Zihindir. En İyi Kadın ve En İyi Erkek Oyuncu ile En İyi Özgün Senaryo ödüllerinin sahibi, Tanrısal Öz sahibi insandır. Bu Kainat çapındaki Oscar töreninde, kişinin epik, destansı yaşamı tüm ilahi âlem tarafından takdir edilmekte ve ödüllendirilmektedir.

Ortama iyice ısındıktan sonra, devasa ekranlar gözünüze ilişiyor. Bu ekranlara, sizin yaşamınızdaki önemli seçimleriniz, önemli duruşlarınız, önemli koşulsuz sevgi gösterme anlarınız yansıyor. Bu muhteşem performans anlarınız, milyarlarca insan ve tüm ilahi varlıklar tarafından çılgınca alkışlanıyor. İlahi ıslık sesleri kulaklarda çınlıyor.

Bu ne büyük bir takdir, bu ne büyük bir gurur, bu ne büyük bir kıvançtır böyle... O özel anları yaşarken, bu çapta bir onurlandırmayla karşılaşacağınızı hiç düşünmemiştiniz. O özel anlarda, siz, herhangi bir karşılık beklememiştiniz. Yaratımınıza uygun şekilde, mutlulukla ve çabasızca yapmıştınız. Böyle bir karşılık görmek?

"Ebedi Cennet" bir "Ebedi Sürprizler Âlemi"ymiş aynı zamanda... Ve buradaki mutluluk gözyaşlarının tadı, bal gibi tatlıymış...

Ödül töreni tüm coşkusuyla devam ediyor... Işıklar halen daha açık, müzik halen daha devam ediyor, insanlar halen daha orada... Gösterinin sonunun geldiğine dair herhangi bir alamet yok...

Kesinsitisiz devam eden bu coşkunun yerini başka bir coşkuya vereceğini hissetmeye başlıyorsunuz...

Ve birden çok heybetli bir ses, müzik ve kahkaha seslerini yarıyor... Sesin geldiği yöne dönüp baktığınızda, DEVASA bir kapının açılmakta olduğunu görüyorsunuz.. Kapı açıldıkça, arkasındaki parlaklık gözlerinizi kamaştırmaya başlıyor.

O parlaklık, tüm hücrelerinize işliyor. Ve tüm hücreleriniz, o ışıkla kavuştuklarında adeta cümbüş yapmaya başlıyorlar. Bir bedende, sayısız âlem taşıdığınızı hissediyorsunuz.

Sizin coşkunuz ile içinizdeki âlemlerde yaşanan coşkular birbirlerine karışıyor. Hangisi sizden hangileri onlardan, ayırt edemiyorsunuz.

Tam o anda,

İşte tam o anda,

Bu yeni evrenin her bir köşesinde çınlayan,

Size hitaben, yüce bir ses yankılanıyor:

"Ve cennetime gir."[391]

---

391 Kur'an, Fecr 30

SONSÖZ

Yeryüzü yaşamının sonuna kadar, iyiler ve kötüler olmaya devam edecektir. Kötülük hiçbir zaman bitmeyecektir. Benim inancım şudur ki, iyiler ruhsal potansiyellerini hatırladıklarında, güçlerini de ellerine alırlar. Önce kendi yaşamlarının, sonra dünyanın çehresini değiştirirler. **Güç artık kötülerin elinden çıkmış, iyilerin eline geçmiştir.** Bu hep böyle olmuştur. Yine böyle olacaktır.

İyilik her zaman kazanır.

Mesele, iyilik kazanmakta iken, bizim nerede durduğumuzdur...

Ey İyilik,

Sen neredesin?

İyilik: "Ben yaratılışımdan beri buradayım. Olduğum yerde duruyorum. Benim yerimi Tanrı belirlemiştir. Beni bulmaya giden yol bellidir. "Çalmayacaksın, yalan söylemeyeceksin, kötü söz kullanmayacaksın." Hiç işitmedin mi?

Benim yerim sabittir. Ve benim yerim, insanların dudaklarının arasından çıkan sözlere göre değişmez.

Benim yerim, dün de aynıydı, bugün de aynıdır.

Şayet iyiyi arıyorsan, iyiliğin taraftarı olmak istiyorsan, senin de gideceğin yön bellidir.

Seçim sana aittir.

Sen beni seçsen de, seçmesen de, yaşam sürdükçe, ben burada durmaya devam edeceğim.

Benim de sana sorum şudur:

Ben buradayım da, sen neredesin?"

Tüm insanlığa ve canlı âleme şifa olması dileklerimle

Banu Özdemir Toros

TEŞEKKÜRLER

Sevgili Tanrım,

Bu kitabı başta sana, sonra da insanlığa ve tüm canlı âleme hizmet etmek için yazdım. Tüm hayatım boyunca öğrendiklerimi ve senin armağanın yeteneklerimi, sanki böyle bir kitabı kaleme almak için biriktirmişim gibi hissettim. Bir kişinin bile hayatına ışık tutmayı başarabilirsem, ben emeğimin karşılığını almış olacağım. Teşekkür ederim. Bunun dışında, bana herhangi bir övgü gelirse, bu övgünün gerçek sahibi sensin.

Kitabımı yazarken senden çok yardım istedim. Kibirden hep sana sığındım. Dualarıma, ilhamınla ve yardımınla cevap verdin. Beni yarattığın ve kalbime inanç yerleştirdiğin için sana şükran duyuyorum. Huzurunda saygıyla eğiliyorum Tanrım. Sana çok çok çok teşekkür ederim.

İlk kitabımda Anneme teşekkür etmiştim. Bu kitabımda ise teşekkürüm Babam Atilla Özdemir'e. Ben onun beni yetiştirme yöntemlerini hep kınadım. Ona karşı büyüklendim. Oysa babamdı bana yaşamı akıtan. Babamdı beni güzel yetiştiren. Babacığım, sana çok teşekkür ederim.

Eşim Tarık Toros'a da huzurlarınızda çok teşekkür ediyorum. İlk tanıştığımız günden beri hep yanımda oldu. Beni destekledi. Zaman zaman bana sabretmek durumunda kaldı ☺ Bana iki kez Anneliği armağan etti. Onun mesleğindeki cesur ve onurlu duruşuna hayranlık duyuyorum.

Aslında aile üyelerimden ve kadim dostlarımdan çok isim var teşekkür etmek istediğim. Ancak, kitabımın fikir aşamasından yayınlanmasına kadarki süreçte, bana dokunduğunu hissettiğim kişilerin isimlerini burada anmak istiyorum. Dayım Yılmaz Sebat, arkadaşlarım Füsun Paşa, Ayla Yavuz Tığlı, Deniz Mercan, Kevser Yeşiltaş, Esin Kumlu, Nalan Sakarya, Ayşin Altuniç Güven, Süheyla Köseler, Dr. Ünal Yılmaz ve eşi Necla Yılmaz, Tuğçe Özal…

Bir özel teşekkürüm Alkan Şimşek'e. Sistem kavramını, yıllar önce ilk ondan duymuştum. Ne olduğunu da anlayamamıştım. Kitabıma çok değerli başka katkıları da oldu.

Çok özel bir başka teşekkürüm daha var: Kadim dostum Mümin Sekman'a. İlk kitabımın konseptinin sahibiydi ve bana kitap yazmayı teklif etmişti. Bu kez bana konsept değil ama başka bir şey verdi: Yeni kitabı "Hayat Bilgesi"ni hediye etti. Sekman'ın kitabındaki Oprah Winfrey'in bir sözü, bu kitabı yazma ilhamım oldu. Ve Mümin Sekman, farkında olmadan, yeni kitabımın konseptine de aracı olmuştu.

YAZAR HAKKINDA

Banu Özdemir Toros, sırasıyla, Saint-Benoit Fransız Lise-
si ve İstanbul Üniversitesi İktisat Fakültesi'nden mezun oldu.
Işık Üniversitesi'nde İşletme Masteri yaptı. Yaklaşık on beş sene
Uluslararası İlaç firmalarında yönetici olarak çalıştı. 2003'te bir
yıl süreyle, Radyo 92.3'te Özgür Saatler adlı kendi programını
hazırlayıp sundu. 2004 yılında çok satan ilk kitabı *"30 Mumlu
Pasta"*yı yazdı. 2004 ve 2005 yıllarının en popüler etkinliklerin-
den *"30'lu Yaşlar"* Partilerini düzenledi. 2006 yılında İlaç sektö-
ründeki kariyerini sonlandırıp, *Güzeldünya Kitapları*'nı kurdu.
40'dan fazla esere editörlük yaptı, bu eserlerin bazılarının İngi-
lizce ve Fransızca'dan Türkçe'ye tercümelerini de üstlendi. Bun-
ların yanı sıra, Banu Özdemir Toros, Reiki Master, TSDE'den
sertifikalı Aile Sistem Dizimcisi ve Doreen Virtue'dan sertifikalı
Melek Terapistidir. Gazeteci **Tarık Toros** ile evlidir. Halen, eşi
ve iki çocuklarıyla birlikte İstanbul'da yaşamaktadır. Kendi ya-
yınevinde yeni kitaplar yayına hazırlamaya ve seminer-söyleşi-
ler vermeye devam etmektedir.

Yazarla İletişim:
banutoros@gmail.com
Facebook.com/BanuOzdemirT

Atalik Tohumlarimizi Koruyalim

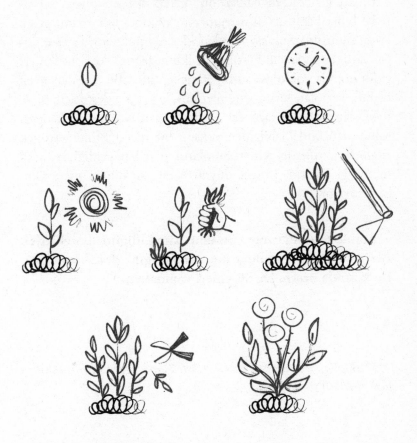

Atalık Tohum Nedir?

Yüzlerce yıldır kuraklık, hastalık ve değişen iklim koşulları gibi türlü maceralar geçirmiş tohumlardır. Dolayısıyla hayranlık uyandıracak kadar keskin bir genetik hafızayı barındırırlar. Kendilerini sürdürebilme özellikleriyle, yaşamın sürekliliğini temsil ederler.

Atalık Tohumlarımız Neden Tehlikededir?

Anadolu'ya özgü yerel tohum çeşitliliğimiz yok olmaktadır. Tarımsal genetik kaynaklarımız, gerek değişen piyasa şartları ve buna bağlı olarak yaygınlaşan monokültür tarım, gerek kırsal nüfusun azalması ve geleneklerini bırakması, gerekse doğal varlıklara yönelik tahribat ve iklim değişiklikleri nedeniyle ciddi oranda yok oluşa sürüklenmektedirler. Bu gelişmelere ek olarak, var olan tarım sistemlerinin "tek tip"i desteklemesi ve hektarlarca alanda tarımsal üretim yapan bazı dev şirketlerin tohumu özündeki bilgiden yoksun bir meta haline getirmek istemeleri, tüketicilerin tohumların nereden geldiği ve nasıl üretildiği yolunda ihtiyaç duyduğu sağlıklı bilgiye ulaşmasını zorlaştırıyor. (*)

Atalık tohumlarımız yaşamın sürekliliğini desteklerler. Biz de onların yaşamlarının sürekliliğini desteklemeliyiz. Bu konuda üzerimize düşenleri yapmalıyız.

(*)Buğday Ekolojik Yaşamı Destekleme Derneğinin tanıtım föyünden alıntılanmıştır.